アジア
ビジネス法務の
基礎

タイのビジネス法務

BUSINESS LAW IN THAILAND

西村あさひ法律事務所／編

「アジアビジネス法務の基礎」シリーズの刊行にあたって

日本企業にとってアジアの重要性は論を俟たない。ビジネス法務におけるサービス提供を本領とする当事務所は，アジアにおける日本企業の活動をビジネス法務面から支えることを最重要の使命の１つと位置づけている。特に2010年以降，アジア諸国にオフィスを設置し，人的・物的リソースを鋭意投入してきている。また，個々の具体的な案件におけるリーガルサービス提供に止まることなく，これらを通して獲得し蓄積した経験や知見を，世の中に還元することにより法律実務の発展に資するという事務所理念のもと，書籍や講演，ロースクールなどの教育機関での教鞭，政府委員会等への参画など，様々な態様での活動を積極的に行ってきている。

今般，有斐閣から「アジアビジネス法務の基礎」とのタイトルのもと，アジア諸国のビジネス法務をシリーズで提供する機会を得た。まさに，上記の当事務所の本領と理念を発揮する場となる。

執筆は，各国のビジネス法務の実務経験豊富な者が担当する。当事務所現地オフィスに駐在，当該国の制度上の理由等から当事務所現地オフィスの設置のない国についても，現地の法律事務所に駐在したり，当事務所現地オフィスで採用したりした各国の有資格弁護士などが，現地におけるクライアントの方々の日々直面する様々なビジネス法務問題について共に取り組んだ経験と知見に裏打ちされた真に役立つシリーズを企図している。

このシリーズがその企図通りの評価をいただけることを謙虚に信じている。

2021年10月

西村あさひ法律事務所
執行パートナー
弁護士　中山龍太郎

目　次

本文中のタイの法令について（v）／執筆者紹介（vii）

Column 一覧

本文中のタイの法令について

・本文中で出てくる法令名は，特にことわりのない限り，タイの法令を示す。
・主要な法令の略称は，下記のとおりである。

憲法	Constitution of the Kingdom of Thailand, B. E. 2560（2017）
民商法典	Civil and Commercial Code, B. E. 2535（1992）
刑法典	Criminal Code, B. E. 2499（1956）
民事訴訟法典	Civil Procedure Code, B. E. 2477（1934）
刑事訴訟法典	Criminal Procedure Code, B. E. 2477（1934）
外国人事業法	Foreign Business Act, B. E. 2542（1999）
投資奨励法	Investment Promotion Act, B. E. 2520（1977）
土地法	Land Code, B. E. 2497（1954）
タイ工業団地公社法	Act on Industrial Estate Authority of Thailand, B. E. 2522（1979）
公開会社法	Public Limited Company Act, B. E. 2535（1992）
証券取引法	Securities and Exchange Act, B. E. 2535（1992）
不公正契約法	Unfair Contract Terms Act, B. E. 2540（1997）
取引競争法	Trade Competition Act, B. E. 2560（2017）
債権回収法	Debt Collection Act, B. E. 2558（2015）
事業担保法	Business Collateral Act, B. E. 2558（2015）
労働者保護法	Labor Protection Act, B. E. 2541（1998）
労働関係法	Labor Relations Act, B. E. 2518（1975）
商標法	Trademark Act, B. E. 2534（1991）
特許法	Patent Act, B. E. 2522（1979）
著作権法	Copyright Act, B. E. 2537（1944）
営業秘密法	Trade Secrets Act, B. E. 2545（2002）
植物品種保護法（種苗法）	Plant Varieties Protection Act, B. E. 2542（1999）
地理的表示保護法（GIP 法）	Geographical Indication Protection Act, B. E. 2546（2003）
集積回路の回路図保	Protection of Layout-Designs of Integrated Circuits Act,

護法（回路図保護法）	B. E. 2543（2000）
消費者保護法	Consumer Protection Act, B. E. 2522（1979）
安全性欠如製品から生じる損害に対する責任法（製造物責任法）	Liability for Damages Arising from Unsafe Products Act, B. E. 2551（2008）
消費者事件手続法	Consumer Case Procedure Act, B. E. 2551（2008）
汚職行為防止法	Organic Act on Counter Corruption, B. E. 2542（1999）
個人情報保護法	Personal Data Protection Act, B. E. 2562（2019）
租税裁判所設置及び租税訴訟法	Act on the Establishment of and Procedure for Tax Court, B. E. 2528（1985）
労働裁判所設置及び労働訴訟法	Act on the Establishment of and Procedure for Labor Court, B. E. 2522（1979）
破産裁判所設置及び破産訴訟法	Act on the Establishment of and Procedure for Bankruptcy Court, B. E. 2542（1999）
知的財産・国際通商裁判所設置及び知的財産・国際通商訴訟法	Act on the Establishment of and Procedure for Intellectual Property and International Trade Court, B. E. 2539（1996）
少年・家庭裁判所及び少年・家庭訴訟法	Juvenile and Family Court and Procedure Act, B. E. 2553（2010）
仲裁法	Arbitration Act, B. E. 2545（2002）
破産法	Bankruptcy Act, B. E. 2483（1940）

・法令の基準時については，原則として2021年6月末日時点とするが，その後のアップデートについて触れている箇所もある。

執筆者紹介

小原　英志（おばら　ひでし）　パートナー
2003年東京弁護士会，2009年ニューヨーク州弁護士登録

松永　徳宏（まつなが　とくひろ）　パートナー
2003年第二東京弁護士会登録

今泉　勇（いまいずみ　いさむ）　パートナー
2006年第一東京弁護士会，2013年ニューヨーク州弁護士登録

紺田　哲司（こんだ　てつし）　パートナー
2008年第二東京弁護士会登録

下向　智子（しもむかい　ともこ）　パートナー
2010年東京弁護士会，2008年ニューヨーク州弁護士登録

村田　知信（むらた　とものぶ）　アソシエイト
2010年第二東京弁護士会，2020年ニューヨーク州弁護士登録

中島　朋子（なかしま　ともこ）　アソシエイト
2012年東京弁護士会，2021年ニューヨーク州弁護士登録

村上　達明（むらかみ　たつあき）　アソシエイト
2013年第二東京弁護士会登録

山本　恭平（やまもと　きょうへい）　アソシエイト
2017年第二東京弁護士会登録

稲岡　優美子（いなおか　ゆみこ）　アソシエイト
2018年第一東京弁護士会登録

執筆者紹介

山田　智裕（やまだ　ともひろ）　アソシエイト
2018年第一東京弁護士会登録

数井　航（かずい　わたる）　アソシエイト
2018年第一東京弁護士会登録

田中　栄里花（たなか　えりか）　アソシエイト
2020年第二東京弁護士会登録

西村あさひ法律事務所は，2019年10月にタイのSCL Law Groupと経営統合し，現在，タイの総合法律事務所（SCL Nishimura & Asahi）として，タイをはじめ東南アジア諸国やグローバルでの豊富な専門知識と経験を通じ，タイでビジネスを展開する国際的なクライアント，国内及び海外で活動するタイのクライアントに対し，最大限のリーガルサービスを提供することに注力している。

本書の執筆に際しても，SCL Nishimura & Asahiに所属するタイ法弁護士から多大なる協力を得ている。

I

総　　論

1 タイの投資環境及び進出動向

(1) 投資環境[1)]

タイは，インドシナ半島の中央に位置し，その国土面積は約51万4,000平方キロメートル（日本の約1.4倍），人口は約6,641万人（2018年）である。日本からの時差は2時間となっている。

タイは，東南アジアで唯一植民地化の経験がない国であり，国王を元首とする立憲君主制となっている。多くの国民が日本と同じ仏教徒であるが，南部においてはイスラム教も一部広まっている（国全体においては仏教徒が約94%，イスラム教徒が約5%）。東南アジアの中では国民の教育水準も高い。

タイは，1990年後半のアジア通貨危機を乗り越え，2000年以降大きな経済発展を遂げた。近年，経済発展のペースは減速しているものの，引き続き一定の成長率を保っていたが（2019年のGDPは約5,436億ドル〔名目〕，1人あたりGDPは約7,810ドル），新型コロナウイルス感染症の影響により観光業を中心に大きな打撃を受け，2020年は6.1%のマイナス成長となった。

(2) 日系企業の進出状況と特色

タイにとって日本は主要な経済パートナーである。タイにおける輸出，輸入ともに日本の占める割合は高く（2018年において，輸出の約9.9%，輸入の約14.1%を日本が占める）[2)]，タイにとって日本は主要な貿易相手国の一つとなっている。

また，タイへの投資に関しても，2018年における対内直接投資に占める日本の割合は約36.6%であるところ[3)]，日本は長年にわたりタイに対する最大投資国であり，多くの日系企業がタイに進出している。

1） 外務省ウェブサイト（http://www.mofa.go.jp/mofaj/area/thailand/data.html）参照
2） ジェトロ「世界貿易投資報告2019年版（タイ）」
3） ジェトロ「世界貿易投資報告2019年版（タイ）」

(ア) 日系企業の進出状況と特色

バンコク日本人商工会議所の会員数は2021年4月1日時点において1,685社であり[4]，世界最大規模である。また，タイには日本人商工会議所に登録していない企業も数多くある。実際，ジェトロバンコク事務所による2020年の調査[5]によれば，当該調査で活動が確認できた日系企業は5,856社であった。

タイへ進出している日系企業の業種は広範であり，上記のジェトロバンコク事務所による調査によれば，2020年において，製造業が全体の約40%，非製造業が約56%であり，非製造業の内訳としては卸売業が最も多い。従来は製造業の割合がより高かったが，近年では非製造業の進出が増加している（特に，新型コロナウイルス感染症の拡大前においては，日本の大手デベロッパーによるコンドミニアムやオフィス等への不動産投資が活発であった）。また，以前は大企業による進出が過半数を占めていたが，近年では，中小企業又は個人による進出の方が多くなっている。

日系企業にとってのタイの魅力としては様々な要素があるが，まず，すでに多くの日系企業が進出していることから日系企業が集積しており，また，充実したサプライチェーンを背景に部材やサービスの調達が容易であることが挙げられる。タイ政府による積極的な外資優遇政策や良質なインフラ環境（整備された工業団地，空港・港湾，道路網，電力供給等）も大きな魅力である。加えて，国民の多くが仏教徒で文化的親和性があり，親日的であることや，医療水準等も含めて駐在員の住環境が充実していることもメリットとして挙げることができる。

近年では，2億人を超す人口を有するメコン地域（タイ，ベトナム，カンボジア，ラオス，ミャンマー）の開発が活発に進められる中，タイは地理的にも経済的にもメコン地域の中心にあり，メコン地域への進出という意味でもタイの重要性は高い。メコン地域を結ぶ国際経済回廊が整備され，タイからカンボジア，ラオスといったより人件費の安い国へのアクセスが改善された結果，タイをメコン地域における本拠点としつつ，製造機能の一部はカンボジアやラオスに移管する日系企業も見られる。

---

4)　盤谷日本人商工会議所ウェブサイト（http://www.jcc.or.th/）参照
5)　ジェトロバンコク事務所「タイ日系企業進出動向調査2020年」調査結果（2021年3月）

このように東南アジア・メコン地域に進出する日系企業にとってタイは重要な存在であり続けているが，他方で，2006年，2014年と軍部によるクーデターが発生し，また，2020年には反体制派によるデモが活発に行われるなど，タイの政治情勢は予断を許さない状況ともいえ，タイの経済成長に対する不安要素も存在する。また，タイはミャンマーとの間で2,400キロにわたって国境を接し，経済的な結びつきも強いところ，2021年2月に生じたミャンマーにおけるクーデターによる影響についても注視する必要がある。

また，タイの失業率は新型コロナウイルス感染症の拡大前において1%前後と極めて低水準であったところ，同感染症拡大後の2020年には2%前後まで悪化したものの，依然として周辺国との比較では低水準にあり，日系企業にとっては優秀な人材確保が経営上の課題となりつつある。さらに，近年では，労働者保護のために1月あたりの最低賃金が引き上げられており，中小企業の経営に影響が生じる可能性がある。最近では，2020年1月から313バーツ～336バーツ[6]にと最低賃金が引き上げられた。

(イ) 日・タイの経済関係

2007年4月，日本とタイは日・タイ経済連携協定を締結し，同協定は同年11月1日に発効している。同協定では，貿易及び投資の自由化及び円滑化，知的財産，競争及びビジネス環境の向上や中小企業等の分野での二国間協力等が広く定められている。

また，タイはASEAN加盟国であるところ，日本とASEAN加盟国は，2008年4月に，包括的経済連携協定を締結し，タイとの関係では2009年1月にこれが発効されている。

さらに，2020年11月には，ASEAN10か国，日本，中国，オーストラリア及びニュージーランドの15か国が東アジア地域包括的経済連携（RCEP）協定に署名した。

6） チョンブリー，プーケットで336バーツ，ラヨーンで335バーツ，バンコクを含む6都県で331バーツ，チュチュンサオで330バーツ，14県で325バーツ，プラチンブリで324バーツ，6県で323バーツ，21県で320バーツ，22県で315バーツ，3県で313バーツ。

2　法制度の特徴

(1)　法令の種類と概要

タイは東南アジアの中では法制度が整った国である。いわゆる基本法典は，民商法典，刑法典，民事訴訟法典，刑事訴訟法典の四法である。この中でも民商法典は，日本における民法，商法及び会社法に相当する内容を含んでおり，企業の経済活動にとって最も重要な法律であるといえる。タイは一般的に日本と同様に大陸法系（civil law）の国であり，基本的にはいわゆる成文法主義を採用している。

(ア)　憲　法

タイの憲法は1932年に初めて公布された。その後，クーデターによる政権交代等の度に憲法が改正されてきたが，最近では2017年4月6日に新憲法が公布・施行されている。

(イ)　法律・法典等

多くの法案は，法制委員会によって検討された後，内閣による承認を経て，Whip[7]に提出され，その後，国会において検討されることになる（なお，タイの国会は，上院と下院の二院制を採用している)。国会で法案が承認されると，国王による署名及び官報における公布によって成立する。

基本的な法形式は「法律」(prarachabanyai) であるが，民商法典，刑法典，民事訴訟法典，刑事訴訟法典など一部の法令は「法典」(pramuan kotmai) と呼ばれ，特別な名称を与えられている（もっとも，法典の立法・改正手続は，基本的に法律と同様である)。

7)　首相によって任命される政府の機関であり，内閣と国会との間の調整を行う機関とされている。

(ウ) 勅令・省令等

政府は，国家・公共の安全若しくは国家経済の安全を維持するため又は災害を避けるため緊急の必要がある場合には，国会の承認を得ることなく国王の名で「緊急勅令」(Phrarachakamnot Emergency Decree) を発することができ，これは法律と同様の効力を有するとされている（但し，事後的に国会の承認を得る必要があり，承認が得られなかった場合には失効する)。

また，法律や緊急勅令の授権に基づき制定される行政規則として，政府が国王の名で発令する勅令 (phrarachakrusadika)，大臣の名で発令される省令 (kot krasuan) のほか，より下位の規則 (rabiab や khobangkhap)，命令 (khamsang) も存在する。

(エ) 条　例

地方自治体は，条例 (khobangyat) を制定する権限を有している。タイの地方自治体には県，タムボン，市，村といったものがある。

(2) タイ法の特徴

(ア) 法令と実務の乖離

タイにおいては，法令と実務の取扱いが必ずしも一致しない（又は一致しないようにみえる）場合がある。例えば，外国人事業法上，外国人によるタイ国内での事業活動については広範で厳しい規制が定められているが，過去においてはかかる規制は必ずしも厳格には執行されておらず，摘発例も限定的であった。そのため，実務的に行われており，摘発例もないからといった理由で，法令との適合性に疑義がある行為がなされる現状がある。

しかし，コンプライアンスの重要性に対する認識はタイにおいても日々高まっており，過去に摘発がなかったからといって安易に法令に適合するか疑義のある行為を行うことは極めて危険である（例えば，カルテル等の競争法違反や贈収賄規制への違反についても，過去においては当局による執行は欧米や日本におけるほど活発であったとはいえないが，現在ではコンプライアンス意識が高まってきており，かかる違反行為によるリスクは大きなものとなりつつある)。

(イ) 当局の裁量

行政当局の許認可や承認等を要する行為については，当該許認可・承認等のための基準が法令や規則に明確に定められておらず，当局（担当官）の裁量が非常に大きいことに注意が必要である。

例えば，法令上は，外国人事業法の規制対象となる事業活動であっても，外国人は当局からの許可（ライセンス）を得れば当該事業活動を行うことができるが，いかなる場合に当該許可が得られるかについて明確な基準はなく，許可が得られるか否か，審査手続にどの程度の期間を要するかはケースバイケースであるため，手続の予測可能性が低い。同様に，投資奨励法に基づく恩典の付与，就労許可（ワークパーミット）の付与等についても，当局の担当官の裁量によるところが大きい。

したがって，当局の許認可等が必要となる際には，担当官への事前協議を含め，慎重な対応が必要となる。

(ウ) 政治の影響

タイにおいては，1932 年に初めて憲法が制定されて以降，軍事クーデターが繰り返し発生し，その度に新たな憲法が制定（改正）されてきており，政治的にも法制度としてもやや不安定な状況が存在する。

このような政治的・法的に不安定な状況は国会における立法活動にも影響を生じさせており，検討されていた法案が立ち消えとなったり，あるいは成立に非常に長い時間を要する，又は成立直前に法案の内容に大きな変更が加えられるといったことも珍しくない。また，法律が制定された後の政府による下位規則の制定や法執行についても同様に政治状況が影響することがある。

(3) 司法制度

(ア) 裁判所

裁判所は国王の名の下に機能し，憲法及びその施行法を根拠に存在している。現在の憲法下においては，四つの異なる種類の裁判所が存在する。なお，陪審制は採用されていない。

憲法裁判所	法律の合憲性や下院，上院，国会，内閣又は独立機関の責務又は権限等に関する事件を取り扱う
行政裁判所	行政権の行使や行政行為から生じる事件を取り扱う
司法裁判所	税務，労働，知的財産，国際通商，破産等を含む民事事件や刑事事件を取り扱う
軍事裁判所	軍当局者が関与した刑事事件を取り扱う

行政裁判所は，政府機関又は国家公務員と私人又は民間企業との間の紛争及び政府機関又は国家公務員同士の紛争について管轄権を有しており，私人と政府機関との契約に関する紛争についても行政裁判所で判断される。行政裁判は二審制となっており，行政裁判所での判断に対しては最高行政裁判所に上訴することができる。

司法裁判所は，通常裁判所と専門裁判所から構成されている。通常裁判所は，各管轄における民事裁判所及び刑事裁判所により構成される。また，専門裁判所には，次の五つがある。

1. 少年・家庭裁判所
2. 労働裁判所
3. 租税裁判所
4. 知的財産・国際通商裁判所
5. 破産裁判所

従前，専門裁判所の判断に対しては直接最高裁判所に上訴することとされていたが，最高裁判所の負担軽減のため新たに専門控訴裁判所が設けられ，専門裁判所の判断に対しては専門控訴裁判所に上訴することとなる。

なお，東南アジア各国における司法制度においては，汚職が問題となっている国もあるが，タイに関しては少なくとも裁判官については一般的には汚職のリスクはあまり高くはないといわれている。但し，裁判手続はタイ語で行われることになるため，証拠資料等が英語や日本語で作成されている場合には，タイ語への翻訳が必要となる。

(イ) 弁護士

タイの法律専門家となることができるのはタイ国民に限られているが，1972年に最初の外国人労働法が可決された際に終身労働許可証を取得した外国人弁護士は，引き続き法的助言を提供することが許されている。

一般的に，タイの法曹は3段階に分けて考えることができる。

まず，法的助言を提供するといった弁護士業務を行うためには，タイ弁護士会の承認を受けた機関が発行した学士号を有していなければならない。

次に，訴訟に関連する業務を行うためには，上記に加えてタイ市民権及び法的な経験を有した上で，弁護士試験に合格しなければならない。これには，(1)法律事務所で1年間研修し，続いて弁護士試験を受ける方法と，(2)事前に弁護士試験を受け，その後6か月間の法律研修を経た後に，さらに追試験を受ける方法がある。

さらに，訴訟を行うことを希望する者は，上記に加えて法律家協会による1年間の履修を経て法廷弁護士の学位を取得しなければならず，かかる学位取得は裁判官や検察官を目指す者にとっては必須とされている。

弁護士は，個人事業主として業務を行うこともできるが，パートナーシップ又は会社形態で業務を行うこともできる。タイに所在する国際的な法律事務所の大多数やバンコクにある現地の大手法律事務所の多くは会社形態で業務を行っているが，地方には個人事業主として業務を行っている弁護士も多数存在する。弁護士は，その他，企業内弁護士，政府内弁護士，裁判官等の多様な法律関連の職業に従事することができる。

なお，弁護士試験に合格していない者であっても，大学の法学部を卒業していれば弁護士と名乗ることが一般に行われているため，タイで弁護士を起用する場合には資格の有無等を確認することが望ましい。また，弁護士の守秘義務や倫理が必ずしも高いとはいえない状況が見受けられるため，日系企業にとって信頼できる現地のタイ人弁護士を見付けることは課題となっている。

II

進　出

1 外資規制

⑴ 概　要

外資規制はタイに進出する日本企業にとって非常に重要な法規制である。主な外資規制に関する法律としては，外国人事業法と土地法が挙げられる。

外国人事業法では広範な分野の事業について外国人による事業の実施が規制されている。そのため，日本企業がタイに進出する場合，まずは，タイ現地資本との合弁会社とすることでそもそも外国人事業法の適用を受けないスキームとするか，外資企業として当局からの許認可取得を目指すかを検討しなければならない。

外国人事業法が適用されるのは，あくまでも外国人事業法上の「外国人」に対してだけであり，外国資本の出資比率が 50% 未満に留まる場合，外資規制は基本的には適用されない。そのため，日系企業のタイ進出にあたっては，タイ現地資本との合弁会社を設立して自らの出資比率を 50% 未満としつつ，株主間協定等によって経営上の重要な権利は確保するというスキームを採る例も多く見られる。

当局からの許認可取得については，許認可付与の可否は当局に広範な裁量が認められており，定められた要件を満たせば効果（すなわち許認可の付与）が得られるという仕組みとはなっていないのが現状である。また，許認可の付与の可否に関する当局の決定までにどの程度の期間を要するかもケースバイケースであり，当局の裁量や業務状況によって大きく異なる。このように，許認可に関しては事前に取得可能性やスケジュールを予測することが困難なことが多い。

また，外国人事業法に加え，土地法によって，外国人による土地の所有は原則として禁止されている。そのため，外国人が事業のために土地を取得・保有するためには，投資委員会による投資恩典等によって当該規制の適用免除を受ける必要がある。

さらに，金融業，運送業，電気通信，人材派遣等，一定の事業については個別の事業法が存在し，外国人事業法とは異なる外資規制が存在することに留意が必要である。

(2) 外国人事業法

(ア) 規制対象

日本企業を含む外国会社がタイに投資する場合，外国人事業法の定める外資規制の適用が問題となる。外国人事業法は規制業種を以下の3種類に分けて定めている（同法8条）。

リスト1：　特別の理由により外国人による営業が禁止されている事業分野（絶対的禁止）
リスト2：　国家の安全保障，芸術，文化，伝統，慣習，工芸品，天然資源・環境に影響を与える事業分野（内閣の承認に基づく商務大臣の許可が必要。但し，商務大臣がリスト2に基づいて外国人事業者に対して許可を付与した例は不見当）
リスト3：　タイ人が外国人と対等に競争する準備ができていない事業分野（外国人事業委員会の承認に基づく商務省事業開発局局長の許可が必要）[1]

各リストの対象となる具体的な業種は下記のとおりである。最も注意が必要と思われるのはサービス分野である。サービス業には様々な事業が含まれ得るものの，原則としてリスト3に該当するため，外国人事業法上の外資規制の適用を受けると解されている。

また，この点に関して実務上問題となりやすいのは「製造業」の取扱いである。外国人事業法上，製造業は規制対象業種のリストに含まれておらず規制の対象外となっているが，ここでいう「製造業」とは自社製品を製造して販売するだけの純粋な製造業に限られ，オーダーメイドといった受注製造型の製造業はここでいう「製造業」には該当せず委託加工を行う「サービス業」にあたる

1)　リスト3の事業について，外国人が許可を受けられるかどうかは，事業開発局の裁量の内部方針に大きく左右され，また，事業開発局は，①当該外国人がタイに多額の資金を投資するか，②当該外国人はタイ人従業員を雇用するか，③当該外国人からタイ国民への技術移転が行われるか，④申請されたサービスが複雑でなお外国企業の専門知識を必要とするかといった点についても考慮する。

と解されている。また，販売後にメンテナンス等のサービスを行うことも，基本的には「サービス業」として外国人事業法の規制の対象と解される。

日本で「製造業」といえば，いわゆるものづくりを意味するためオーダーメイドといった受託製造も含む概念で使われることが多く，アフターケア等のメンテナンスも製造業者としては当然行うべき業務として捉えられていると思われるが，そのような日本式の「製造業」概念の下タイで100% 子会社を設立してしまうと，実は想定していた業務を許認可等なしに行うことができないという状況となってしまう可能性があることに注意が必要である。

さらに，小売業・卸売業の取扱いについても注意が必要である。下記リストにあるとおり，小売業の場合資本金1億バーツ以上且つ1店舗あたりの資本金2,000万バーツ以上，卸売業の場合1店舗あたりの資本金1億バーツ以上であれば，事業の実施にあたり外国人事業許可を得る必要はないとされているが，かかる資本金に関する要件は店舗毎に累積的に適用される。すなわち，例えば，卸売業を営む場合に事業所が3店舗あるとすると，外国人事業法の適用例外とするためには「1億バーツ×3店舗＝3億バーツ」の資本金が必要となる。小売業に関しては2,000万バーツで1店舗とされていることから，1億バーツの資本金で5店舗まで保有できるが，その後1店舗毎に資本金を2,000万バーツ追加しなければならないこととなる。

他方で，グループ会社に対して，人事，経理，金銭の貸付，（土地・建物等の）リース等といったサービスを提供する場合，従前，商務省はこれらをリスト3に定めるサービス業に該当すると解釈していたため，実施にあたっては許認可等を得る必要があったが，以下のサービスの提供に関しては，外国人事業法の規制対象となる「サービス業」からは除外されることとなった。

① タイ国内のグループ会社への貸付[2)]
② グループ会社への事業所の賃貸（ユーティリティの提供を含む）
③ グループ会社に対するマネジメント，マーケティング，人事及びITに関するコンサルタントサービスの提供

2） 但し，タイ国外のグループ会社に対する貸付や保証の提供は明示的に除外されていない点に留意が必要である。

外国人事業法上の規制業種

	種 類	条 件	業 種
リスト1	特別の理由により外国人による営業が禁止されている事業分野	絶対禁止(外国人は許可を得ることはできない)	1. 新聞事業，ラジオ局・テレビ局事業 2. 稲作，畑作，園芸 3. 畜産 4. 林業及び木材加工 5. タイ領海及び経済水域における漁業 6. タイ薬草からの抽出 7. タイの古美術品又は歴史的に価値のある物の取引及び競売 8. 仏像及びバート（托鉢用の鉢）の製造・鋳造 9. 土地取引
リスト2	国家安全保障，芸術・文化，伝統，慣習，工芸品，天然資源・環境に影響を与える事業分野	内閣の承認に基づき，商務大臣が許可	第1群　国家安全保障に係る事業 1. 以下の製造，販売，修繕 (a)銃器，銃弾，火薬，爆薬 (b)銃器，銃弾，爆薬の構成部品 (c)兵器，軍用の船，飛行機，輸送機器 (d)すべての戦争用機器又は構成部品 2. 国内陸運，水運，空運，国内航空事業 第2群　芸術，文化，伝統，慣習，工芸品に影響を及ぼす事業 1. タイ美術工芸である古美術品又は民芸品の取引 2. 木彫品製造 3. 養蚕，タイシルク製糸，タイシルク織布又はタイシルク模様染め 4. タイ楽器製造 5. 金細工品，銀細工品，ニエロ細工品，金象眼細工品（クルアントーン・ローンヒン），漆器の製造 6. タイ美術文化である椀類，陶器製造 第3群　天然資源又は環境に影響を及ぼす事業 1. さとうきびからの製糖 2. 地下塩汲み出しを含む塩田事業 3. 岩塩事業 4. 爆破又は砕石を含む鉱業

			5. 家具及び家庭用具の製造に係る木材加工
リスト3	タイ人が外国人と対等に競争する準備ができていない事業分野 3)	外国人事業委員会の承認に基づき，商務省事業開発局局長が許可	1. 精米及び米粉・穀物粉製造 2. 水産物養殖 3. 植林による林業 4. 合板，ベニヤ板，チップボード，ハードボード製造 5. 石灰製造 6. 会計サービス 7. 法律サービス 8. 建築設計サービス 9. エンジニアリングサービス 10. 以下を除く，建設業 (a) 外国人の最低資本金が5億バーツ以上の，特別な工具，機械，技術，専門性を使用しなければならない公衆への基礎サービスとなる公共施設，通信施設の建設 (b) 省令の規定に基づくその他の建設 11. 以下を除く，仲介業又は代理業 (a) 証券売買又は農産物，金融商品若しくは証券の先物取引に係る仲介業又は代理業 (b) 同一グループ内の企業における製造又はサービス提供に必要な財・サービスの売買又は調達に関する仲介業又は代理業 (c) 外国人の最低資本金が1億バーツ以上の，国際取引としての性格を有する，国内製造製品又は輸入製品の販売のための国内外での売買，調達，セールス，マーケティングに関する仲介業又は代理業 (d) 省令の規定に基づくその他の仲介業又は代理業 12. 以下を除く，競売業

3) なお，日・タイ経済連携協定により，総合経営コンサルティングサービス，ロジスティクス・サービス（運送業を除く），保守・修理サービス，卸売・小売業，ホテル・ロッジング・サービス，レストランサービス等については，これに定める条件を充足することにより，外資規制が緩和されている。

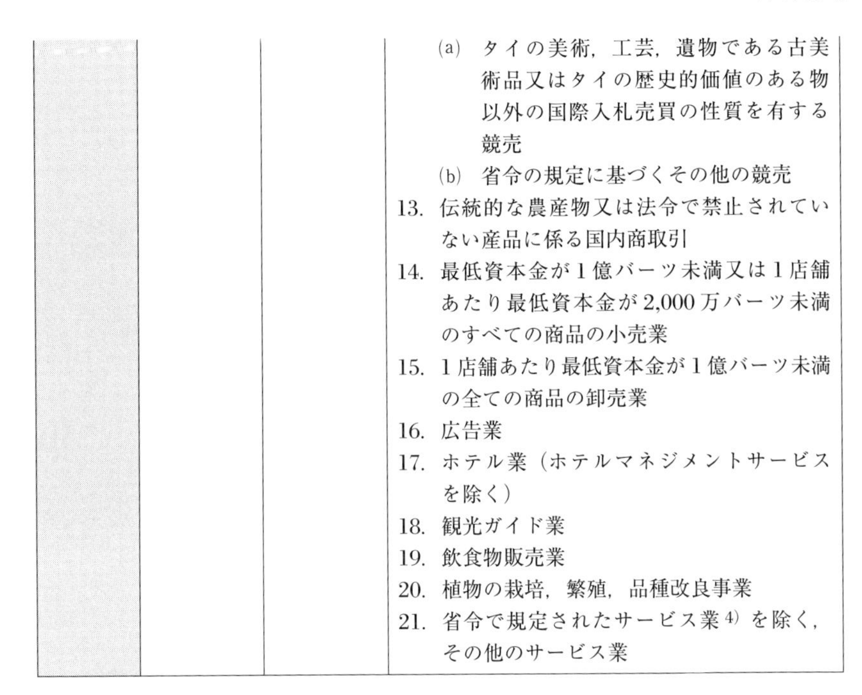

			(a) タイの美術，工芸，遺物である古美術品又はタイの歴史的価値のある物以外の国際入札売買の性質を有する競売
			(b) 省令の規定に基づくその他の競売
			13. 伝統的な農産物又は法令で禁止されていない産品に係る国内商取引
			14. 最低資本金が1億バーツ未満又は1店舗あたり最低資本金が2,000万バーツ未満のすべての商品の小売業
			15. 1店舗あたり最低資本金が1億バーツ未満の全ての商品の卸売業
			16. 広告業
			17. ホテル業（ホテルマネジメントサービスを除く）
			18. 観光ガイド業
			19. 飲食物販売業
			20. 植物の栽培，繁殖，品種改良事業
			21. 省令で規定されたサービス業[4] を除く，その他のサービス業

(イ) 「外国人」の範囲

外国人事業法を理解するに際して鍵となるのは，その規制対象の範囲である。外国人事業法の規制を受けるのは「外国人」であるとされている。外国人事業法は「外国人」を以下のように定義している（同法4条）。

外国人事業法上の「外国人」

① タイ国籍を有していない自然人（外国籍の者）
② タイ国内で登記していない法人（外国法人）
③ タイ国内で登記している法人（タイ法人）ではあるが，
　(a) 外国籍の者又は外国法人が資本株式の50％以上を保有する法人
　(b) 外国籍の者がマネージング・パートナー又はマネージャーとなっている有限責任パートナーシップ又は登記通常パートナーシップ
④ タイ国内で登記している法人（タイ法人）ではあるが，上記①，②又は③に基づく外国人が資本株式の50％以上を保有する法人

すなわち，タイで設立された法人であっても外国法人（例えば，日本の親会

社）が 50% 以上（50% も含まれる）の資本株式を保有している場合，外国人事業法上は外国人である（上記③参照）。また，外国法人（例えば，日本の親会社）が 50% 以上の資本株式を保有しているタイ法人が 50% 以上の資本株式を保有しているタイ法人（つまり，日本法人の孫会社）も外国人と見なされる（上記④参照）。

(ウ) レイヤースキーム

かかる外国人の定義を踏まえ，実務上，レイヤースキームと呼ばれる手法が検討されることがある。レイヤースキームとは，①タイ法人が過半数を保有して残りの株式を外国法人が保有するタイ法人（図中の C 社）を設立し，②当該タイ法人が過半数を保有して残りの株式を外国法人が保有するタイ法人（図中の B 社）を設立し，③それを繰り返すことで外国人の累積的な保有割合を増やしていくスキームを指す。

4） 以下の業務については「その他のサービス業」から除外されているものの，これらの業務には，外国人事業法の適用はないとはいえ，各個別の事業に係る法令の規制を受けることには留意が必要である。

1　証券取引法に基づく証券業務（a. 証券取引 b. 投資助言 c. 証券の引受 d. 証券の賃借 e. 投資信託の運用 f. プライベートファンドの運用 g. ベンチャーキャピタルの運用 h. 証券業についての信用供与 i. ファイナンシャルアドバイザー j. 証券登録期間としてのサービスの提供 k. 証券会社の顧客又はデリバティブ取引業者の顧客の資産の管理 l. プライベートファンドの財産の受託 m. 投資信託の管理 n. 社債権者代理人）
2　デリバティブ法に基づくデリバティブ業務（a. デリバティブ取引 b. デリバティブに関する投資助言 c. デリバティブファンドの運用）
3　資本市場取引信託法に基づく受託業務
4　金融機関に関する法律に基づく金融機関業務，これの運営に付随する又は必要な業務及び金融機関の金融グループ内の会社の業務（a. 商業銀行業務 b. 駐在員事務所のサービス業務 c. イスラム金融サービス d. 金融機関代理業 e.〔顧客の要求に応じた引き出しに係る定めの下での〕預金サービス及びカストディアンサービス f. プライベート・レポ取引 g. 輸出保険及び信用保険に係る代理業 h. 金融機関，金融グループ内の会社，タイ中央銀行及び政府機関に提供される金融業務に関連するサービス i. 不動産リース j. ローン債権の購入又は譲渡 k. ファイナンシング・サービス l. 顧客の事業に関連するドキュメンテーション m. 債権の回収代理業 n. 割賦販売及びリース）
5　生命保険法に基づく生命保険業
6　損害保険法に基づく損害保険業
7　資産管理会社に関する法律に基づくアセット・マネージメント業務
8　国際取引サービスに係る外国法人の駐在員事務所
9　国際取引サービスに係る外国法人の地域統括本部
10　予算手続に関する法律に基づく政府機関が当事者であるサービス業務
11　予算手続に関する法律に基づく国営企業が当事者であるサービス業務

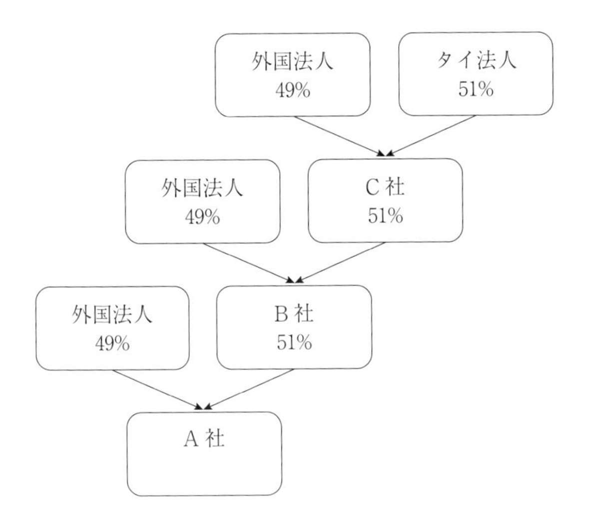

このようなレイヤースキームにより設立された法人が「外国人」にあたるか否かを判断するにあたっては，以下の二つの考え方が存在する。

① 直接・間接を問わず，実質的に外国資本の割合を算定する場合

この場合，外国資本の割合はA社で86.7%，B社で73.99%，C社で49%となる。

② 直接の株主が外国人か否かのみをもって外国資本の割合を算定する場合

この場合，A社，B社及びC社のいずれも外国資本の割合は49%となる。

この点，商務省の外国人事業運営委員会（Foreign Business Operation Committee）は，過去に上記②の考え方を採用するとの見解を示している。そのため，直接の株主が保有する株式の過半数がタイ法人又はタイ自然人により保有されている場合であれば当該会社は外国人事業法上はタイ法人と見なすことが可能と考えられており，かかる解釈に基づけば，上記の例におけるA社，B社及びC社のいずれもタイ法人となる。

もっとも，上記は当局によって示された解釈ではあるものの，今後解釈が変更される可能性は否定できないため，留意が必要である。また，後述するとお

り，商務省の管轄ではない外資規制（土地保有規制，金融業規制，航空・船舶業規制等）に関しては必ずしも上記と同様に考えることはできないため，外国人事業法以外の外資規制が適用される事案においては別途注意が必要となる。

Column ①

レイヤースキーム

レイヤースキームに関する当局の現状の解釈では，対象となる会社が外国人にあたるか否かは，当該会社の株式の過半数を直接保有する株主がタイ法人又はタイ自然人であるか否かによって判断するとされているが，かかる解釈を推し進めた場合，以下のようなスキームは，外国人事業法の観点からはどのように評価されるのであろうか。

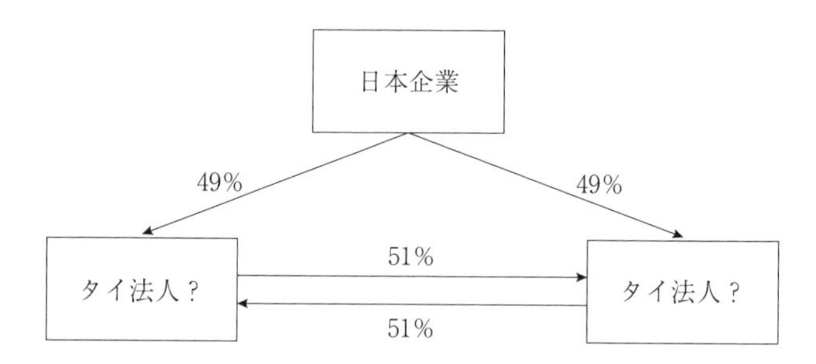

外国人事業法上は過半数の株式をタイ法人が保有していれば「外国会社」には該当しないとされていることからすれば，上記スキームのタイにある2社はタイ法人にあたるようにも思われる。しかし，外国人事業法を含めた外資規制のそもそもの趣旨は，外資企業がタイ資本を入れずにビジネスをすることを規制して自国の企業を保護する点にあるが，上記スキームは日本資本のみで完結しておりタイ資本は一切入っていない。したがって，当該2社について，現在の当局の解釈を純粋に形式的に当てはめて外国人にあたらないとすることは，法令の趣旨には反するようにも思われる。

こういったスキームが実際に取られた場合に商務省がどのような判断を行うかはケースバイケースであると思われるが，例えば，以下の二つの事例（商務省の担当者のルーリングと呼ばれる書面回答で示された事例。もっとも，ルーリングは特定の事例にのみ適用されるとされているため，他の事例にもそのまま適用されるわけではない点に注意が必要である）は，このような問題を検討するにあたっての参考になるように思われる。

［ルーリング　その1］

① 日本企業とタイ企業がタイに日本企業による出資49%，タイ企業による出資51%の合弁会社（A）を設立する。

② 日本企業とAがタイに日本企業による出資49%，Aによる出資51%の合弁会社（B）を設立する。

③ Bが①のタイ企業からAの株式51%を取得する。

④ ルーリング：AとBは「タイ法人」である。

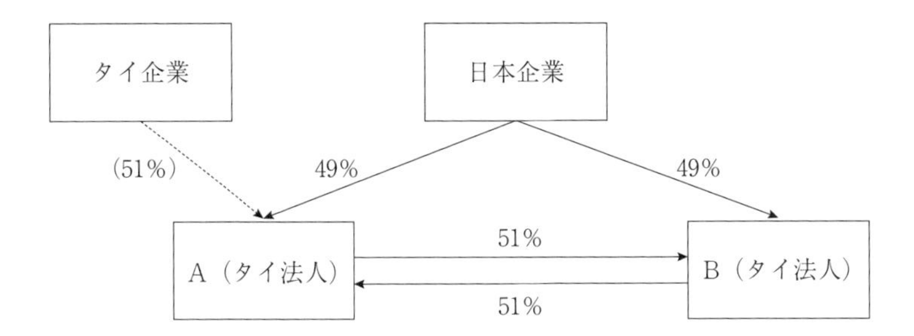

［ルーリング　その2］

① 日本企業がタイに100%子会社（A）を設立する。

② 日本企業とAがタイに日本企業による出資49%，Aによる出資51%の合弁会社（B）を設立する。

③ Bが日本企業からAの株式51%を取得する。

④ ルーリング：AとBは「外国会社」である。

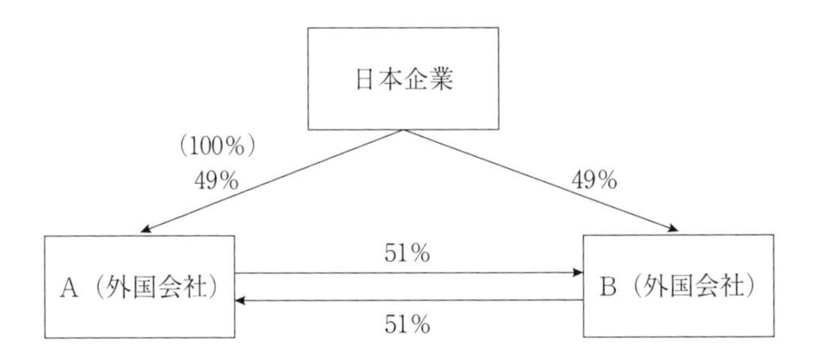

以上のとおり，ルーリングその1とルーリングその2では最終形態は同じように見えるにもかかわらず異なる結論が採られている。両者の違いは，ルーリングそ

の1においては「タイ企業による出資」が現実になされているのに対して，ルーリングその2においては「タイ企業による出資」が一度もなされていない点にある。これらのルーリングはあくまで個別の案件における判断にすぎず他の様々な事情が影響した可能性もあるが，かかる「タイ企業による実際の出資」の有無が「外国人」にあたるか否かの判断に影響した可能性もあるものと思われる。

もっとも，ルーリングその1のスキームを採用する場合であっても，後述する名義貸しの問題が生じないかは慎重な検討が必要であろう。特に，形式的にはタイ企業が出資を行う場合でも，実質的には外国会社が当該タイ企業に資金を供与しているような場合には名義貸しの問題が生じるように思われる。また，そもそも初めから将来完全に相互保有とすることを目的としてまずタイ企業が実際に出資する合弁会社を設立し，その後直ちにルーリングその1の方法でタイ法人の2社が相互に株式を保有するというスキームを採るような場合には，AとBが本当にタイ企業であるといえるのか疑問が残るといわざるを得ない。さらに，上記の相互保有スキームに関しては，会計や税務の観点からも検討すべき事項がないかを十分に注意する必要があると思われる。

(エ) 優先株スキーム

日本企業がタイ現地資本と合弁会社を設立するにあたり，外国人事業法の適用を避けるため，以下に説明する「優先株スキーム」が検討される場合もある。

タイ法上，定款に定めることにより，議決権が異なる優先株を発行することが一般に可能であるため，例えば，外国人株主には1株あたり議決権が複数付与された株式を発行し，タイ人株主には1株あたり1議決権の株式を発行することで，株式の保有割合をタイ人株主51%，外国人株主49%としつつ，議決権ベースでは外国人株主に過半数の議決権を付与することが実務上可能な場合がある。

外国人事業法上の「外国人」に該当するか否かは，原則として株式（capital share）の保有割合によって判断されるとの当局の見解が示されているため，このような「優先株スキーム」を採用したとしても，直ちに当該合弁会社は「外国人」と断定されるわけではないと理解されている。また，同様に，配当請求権及び残余財産分配請求権に関する優先株を発行することにより株式の保有割合とは異なる比率でこれらを配分することも一般に可能とされているが，このような優先株の発行によっても直ちに「外国人」と判断されるわけではないと解されている。

もっとも，かかる優先株スキームについても，後述する名義貸しと見なされる可能性がないか慎重な検討が必要である。

また，優先株の内容は商務省に登記する必要があるところ，登記の可否についての法令・ガイドライン上の明確な基準は示されていないのがタイの現状であり，登記を受け付けるかについては商務省の担当官が広範な裁量を有しているところである。そのため，優先株の内容によっては，当局の担当官が登記を拒否したり優先株設定の理由の説明を求めたりすることがある点にも留意する必要がある。

優先株スキーム

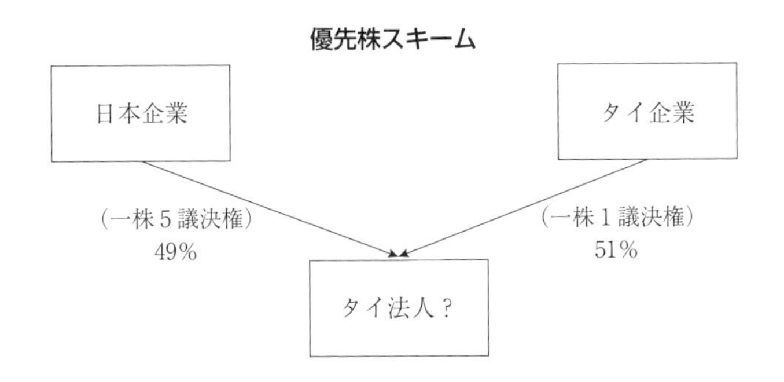

(オ) 名義貸しの禁止

外国人事業法上，タイ人が名義貸しをすることにより外資規制を潜脱することは禁止されている（同法36条）。かかる名義貸しの禁止の趣旨は，実質的な資本参加を目的とする本来的な投資家ではない者が形式的に出資する行為を規制する点にある。違反者は，３年以下の懲役若しくは10万バーツ以上100バーツ以下の罰金又はその併科という刑事罰の対象とされる。

このように刑事罰を伴う厳しい規制が定められているものの，法律上名義貸しについては詳細な定義や判断基準が設けられておらず，当局の実際の摘発事例も現時点では活発とはいえない状況であるため，規制範囲は不明確であるといわざるを得ないのが現状となっている。

もっとも，名義貸しにあたるか否かの判断基準は明確ではないものの，商務省事業開発局は，対象となる会社の株式保有構成，出資金や資金調達の流れ，議決権，配当権，経営権限，取引銀行等，様々な関連要素を総合的に検討し，名義貸しにあたるか否かを判断するという手法を取っているようである。また，近年は重要な要素として，実際にタイ人の投資家が自らの資金を出資しているかという点を考慮しているといわれている。

Column ②

名義貸しに関する議論の動向

名義貸しに関する取締りの強化はこれまで何度となく議論となってきたところであるが，2014 年にも名義貸しに対する規制を強化するための外国人事業法の改正に向けた動きがあり，タイ国内で大きな議論となった。

上記のとおり，現行の外国人事業法の下では，会社が「外国人」にあたるか否かを判断するための出資比率はあくまで株式数又は株式の価値基準で判断され議決権比率は勘案されていないため，「優先株スキーム」を採用する日本企業が少なからず存在し，また，実務上間接出資分をカウントしないため，いわゆる「レイヤースキーム」を採用する日本企業も多い。

これに対し，商務省事業開発局は，2014 年 10 月に外国人事業法改正の是非及び改正による産業界への影響についての共通理解を得ることを目的とした公聴会を開催するとともに商務省内で改正案を固める作業を進め，2014 年中にも第 1 案をまとめる方針を明らかにした。現地での報道によれば，商務省事業開発局は，外国人事業法改正の大きな理由の一つとして，外国人によるタイ人の「名義借り」が頻繁に利用されている事態に対応する必要性を強調していたとのことである。

同局が明らかにした改正案は，外国人の定義に「持ち株比率のみならず議決権比率でも外国人が過半数を有する会社」との語句を追記するものであり，優先株スキームを否定するものであった。同改正案には法令違反に対する罰則を強化する規定も設けられていた。他方，外国人取締役数などの制限については改正案には明記されず，レイヤースキームについても特にこれを否定する規定は設けられていなかった。

かかる法改正の動きに対し，外国人商工会議所は改正案による「外国人」定義の見直しはサービス業の自由化に逆行する措置として強く反発し，タイ外国人商工会議所連合会（JFCCT）やタイ米国商工会議所（AMCHAM）は，外国人事業法の改正によるサービス業への実質的な規制強化を支持しない旨の声明を発表した。商務省は，10 月の説明会以降複数回にわたって国内産業界・関連団体向けの公聴会などを通じて意見を聴取したが，JFCCTは「実質的な外資規制強化につながる改正を支持しない」との立場で一貫して法改正に反対の姿勢を示した。

そうした状況の中，プラユット首相は外国人事業法は当面改正せず，将来的な改正があるとすればそれは規制緩和を目的とするものであると述べ，改正作業そのものを見直す方針を示した。

このように2014年における外国人事業法の改正もひとまず見送られたが，名義貸しの問題は引き続き存在するため，今後も，外国人事業法に関する規制・取締りの動向には注視が必要と思われる。

(3) 土地法及び土地の所有権・占有権

(ア) はじめに

タイの不動産法制に関し，日本と大きく異なる点の一つとして外国人による土地取得・保有に関する制限が挙げられる。タイでは，外国人による土地所有は一般に規制されており，また，所有が認められる場合であっても面積や用途が限定されている。

土地所有に関する法令としては，主に，①土地法，②民商法典，③都市計画法，④タイ工業団地公社法，⑤投資奨励法などが挙げられるが，その他の法令においても土地利用方法やその例外が規定されているため，土地取得にあたっては都度専門家に確認することが望ましい。

なお，土地法86条では「不動産所有権を規定した条約により，また，本法の規定に従い，外国人は土地を取得することができる」と規定されているが，現在のところ外国人に土地の所有権を認める条約は締結されていない。

また，タイの土地については「所有権」と「占有権」が認められており，これは日本の所有権，占有権と類似の概念であるものの，権利内容の詳細や譲渡方法には特徴が見られる。

以下では，タイの不動産法制に関して土地取得が制限される「外国人」の定義，例外的に外国人が土地を取得するための具体的な方法を述べるとともに，所有権・占有権の内容について権利を証する証書や登記方法などにも触れながら説明することとする。

なお，建物に関しては原則としては外国人による所有に係る特段の規制は存在しない。

(イ) 外国人による土地取得の制限

土地法上，外国人が土地を取得・保有するためには主務大臣から法令上必要な許可を得る必要があり，後述する例外的な場合を除いて土地を取得・保有することは認められていない。したがって「外国人」の定義が非常に重要となるところ，土地法上，「外国人」は以下のとおり定義されている（土地法97条）。これは，先述した外国人事業法上の「外国人」の定義とは異なっていることに留意が必要である。

土地法上の「外国人」

① タイ国籍を有しない者
② 外国人が登録資本の49％超の株式を保有する，又は外国人株主の数が全株主の数の過半数を占める公開会社又は非公開会社
③ 登録資本の49％超を外国人が出資した，又は外国人出資者の数が全出資者の数の過半数を占める有限責任パートナーシップ又は登記通常パートナーシップ
④ 外国人会員が過半数を占める，又は主として外国人に資する事業を行う協会及び組合
⑤ 主に外国人に資する目的を有する財団

(ウ) 外国人による土地取得が認められる場合（取得方法）

外国人がタイにおいて土地を取得するためには，一般に以下の方法によることが考えられる。

① 投資委員会（BOI）からの許可の取得

投資奨励法に基づき，投資委員会[5]は，投資奨励事業を行うための土地を所有することを外国人に許可することができるとされている。但し，事務所又は住居とするために土地を所有する場合には以下の条件が定められている[6]。

5） 産業発展を促進する役割を担う政府機関であり，日本にも東京と大阪に事務所を有している。投資委員会（BOI），投資奨励事業に関する詳細は，**2**を参照されたい。

6） 投資奨励法27条，投資委員会布告第1/2551号「奨励外国法人に対し事務所及び住居のための土地の所有権を許可する原則」，同布告第4/2556号「奨励外国法人の住居又は事務所のための不動産所有許可期間の延長」

(a) 投資奨励事業を行う事務所として使用する土地面積の合計が8,000平方メートル以下であること
(b) 投資奨励事業の管理者又は技能者の居住地として使用する土地面積の合計が16,000平方メートル以下であること
(c) 投資奨励事業に従事する労働者の居住地として使用する土地面積の合計が32,000平方メートル以下であること

なお，投資奨励事業実施のため取得された土地は，事業終了後1年以内に処分されなければならない。

② タイ工業団地公社（IEAT）からの許可の取得

タイ工業団地公社は，工業団地の土地を外国法人が取得する許可を与えることができるとされている[7]。

許可の可否は申請毎に個別判断されることとなる。但し，以下の個人の住居のための土地所有については許可可能な土地面積に関する制限が定められている。

(a) 役員，専門家，熟練工の場合，1家族あたり800平方メートル以下。但し，所有する土地面積の合計は，バンコク，サムットプラカーン，ノンタブリー，パトゥムターニー，サムットサーコーン，又はナコンパトム所在の場合4,800平方メートル，これら以外の地域所在の場合は8,000平方メートルを超えてはならない。
(b) 工場従業員のための土地は100家族あたり1,600平方メートル以下。但し，所有する土地面積の合計は，バンコク，サムットプラカーン，ノンタブリー，パトゥムターニー，サムットサーコーン，又はナコンパトム所在の場合8,000平方メートル，これら以外の地域所在の場合は16,000平方メートルを超えてはならない。

---

7) タイ工業団地公社法及びそれに基づき発出された「工業団地の土地所有許可取得のための規則，方法及び要件」（タイ工業団地公社理事会布告）

③ 居住目的の場合（土地法96条の2）

居住目的の場合に限り，以下の要件を満たした場合には外国人であっても土地を取得することができる。

(a) 購入地の面積の合計が1,600平方メートル以内であること
(b) 購入者が4,000万バーツ以上の投資金をタイに持ち込み，当該投資期間が5年以上であること
(c) 内務大臣の許可を得ていること
(d) 投資が，以下の事業又は活動に関連して行われること
 ✓ タイ国債，タイ国銀行債，国営企業の債券，又は財務省保証付債券の購入
 ✓ 不動産投資信託（property mutual fund）又は証券及び証券取引に関する法律に基づき金融機関問題処理のために発行された投資信託
 ✓ 投資奨励法に基づき恩典が認められている公開会社又は非公開会社への資本出資
 ✓ 投資委員会によって投資奨励法に基づく投資奨励適格活動であると指定されている活動に対する投資
(e) 購入する土地が，バンコク都，パタヤ市，テーサバーン（自治地域），又は都市計画法に基づき居住区域と定められた地域に所在し，軍事安全地域法による軍事安全地域に所在しないこと
(f) 土地取得許可を得た外国人は，土地を自身又は家族の居住のみに利用し，地域の慣習や地域社会の風紀を乱さないこと
(g) 土地取得許可を得た外国人が，規則や許可の諸条件に従わない場合，土地局長官により定められた期間内（180日以上1年以内）に，外国人は土地を処分しなければならず，期間内に処分しなかった場合，長官が土地の処分権を有すること
(h) 土地取得許可を得た外国人が，土地取得の登記日から2年以内に，取得した土地を住居として使用しない場合は，長官が土地の処分権を有すること

④ 相続の場合（土地法93条）

土地法93条によれば，相続人となる外国人は，大臣の許可を得ることにより一定の面積（居住目的の場合1,600平方メートル，商業目的の場合1,600平方メートル，工業目的の場合16,000平方メートル〔但し，内閣の許可によりこれを超える面

積の土地についても取得可能」）を超えない限りにおいて，土地を相続することができるとされている[8)]。

⑤ その他の方法

上記以外にも，例外的に外国人による土地所有が認められる場合がある。例えば，石油法は，石油営業権者に操業に必要な土地の所有を認めている。また，コンドミニアム法では，全ユニットの総面積の49%を超えない範囲での外国人（個人及び法人）によるコンドミニアムのユニットの取得が認められている。

以上，例外的に外国人による土地取得が認められる方法を挙げたが，これらの要件に該当する場合でも，外国人は土地所有に先立ち土地が都市計画法に基づく総合計画実施地域に所在しているか否か（いわゆるゾーニング規制）を確認する必要があることに注意しなければならない。総合計画実施地域においては，総合計画の規定に反する土地利用が認められていないためである（都市計画法27条）。

さらに，不動産に係る物権の取得は，一般に，法律行為が書面でなされ，且つ，管轄の土地局に登記されていなければ無効とされる（民商法典1299条）ことにも十分留意する必要がある。

(エ) 土地の所有権・占有権

① 所 有 権

タイでは，法律の制限がない限り，所有権者は所有物を使用及び処分し，これから収益を得る権利を有し，また，土地の所有権は地面の上下に及ぶ。これらの点は，日本における所有権と同様である。また，所有権者には，返還請求権，妨害排除請求権，妨害予防請求権が認められており，これらの点も日本における所有権と同様である。

但し，土地所有権には，民商法典により一定の制限が課されている（民商法典1339条～1355条）。制限の内容は，公道に至るための他の土地の通行権（民商法典1349条）や，自然水流に対する妨害の禁止（民商法典1339条）など日本

8) 土地法93条の許可を大臣がしない場合，又は相続する土地が土地法に定める面積を超える場合には，土地法94条により，取得者は，長官が定める180日以上1年以内の期間に，当該土地を処分しなければならない。

と類似の規定も多く見られる一方で，家畜の通行等に関する規定（民商法典1353条）があるなど，タイならではの規定も存在する。

② 占 有 権

自己のためにする意思で物を所持する者は占有権（シッティ・クローブクローン）を取得し，また，他人を通じて占有することも可能である（民商法典1367条，1368条）。これは日本における占有権と類似している。

また，占有物については，自己のために，適法に，善意で，平穏に，且つ公然に占有をなすものと推定され，前後の両時点において占有をしたことを証明できるときは，占有はその間継続したものと推定される（民商法典1369条～1372条）。日本における占有権と異なる点としては，登記された不動産については所有権者として登記された者が占有権者であると推定される点が挙げられる（民商法典1373条）。

③ 土地に関する権利証

土地に関する権利証は，譲渡や登記等の際に必要となるため重要な位置付けを占める。所有権に関する証書としては以下のものがある。

権利証書（Chanote/Title Deed）	土地局の地方事務所が発行する真正な権利証書である。当権利証書は，全国土地調査区画（grid）に関して，土地に設置された固有の地番（unique number）を記す境界標の配置を含む正確な測量に基づいて作成される。

また，所有権に満たない一定の利用権（占有権）に関する証書としては，以下のようなものがある。

利用権証明書 Nor. Sor. 3	Nor. Sor. 3は正確には「確認済土地利用権証明書」と訳され，所管の地方土地局（District Land Office）が発行し管理する。提出された所有権の明確な記録が保持されていることを前提に，Nor. Sor. 3に基づく土地は売却，賃貸又は抵当権の設定が可能である。土地のステータスに変更を行う際には，登記の30日前の公告が必要とされる点に注意が必要である。一般に，Nor. Sor. 3の対象となる土地は，権利証書の対象となる土地ほどは正確な測量が行われていない。土地の境界は，隣接する区画に関連して記録されるのみである。最近では発行される例は少なくなってきている。
利用権証明書	Nor. Sor. 3 Gor. は上記Nor. Sor. 3に類似する書類であるが，より

Nor. Sor. 3 Gor.	最近になってから発行されているものである。Nor. Sor. 3 Gor. の対象となる土地は，各区画毎に対象地域のマスター調査及び航空写真と相互に照合されており，上記 Nor. Sor. 3 の対象となる土地に比べてより正確な測量が行われている。Nor. Sor. 3 Gor. の対象となる土地の取引にあたっては，土地の取得前に隣接地との境界の確認を行っておくことが望ましい。Nor. Sor. 3 Gor. に基づき特定の土地の占有の登記又は所有者による賃貸を行うことができる。
利用権証明書 Nor. Sor. 3 Khor.	Nor. Sor. 3 Khor. はそれを所持する者が土地の利用権を有することを証するものである。当該地域の航空写真が存在しない地域において発行される。
占有証明書 Sor. Kor. 1	Sor. Kor. 1 は土地の権利を記録する書類である。特定土地の占有についての政府への通知に基づき発行され，既存の権利の保持の役割を果たす。Sor. Kor. 1 が依拠する土地測量は正確でないことがある。Sor. Kor. 1 の対象となる土地は，法定相続人に限り譲渡が可能である。ただし，Sor. Kor. 1 と引換えに Nor. Sor. 3 又は Nor. Sor. 3 Gor. を発行することが可能であり，これにより当該土地は容易に譲渡ができるようになる。
Por. Bor. Tor. 5，6	無権利占拠者又は開拓者の権利を確認するために所管の地方土地局ではなく地方事務局に提出される書類である。正式な土地の登記書類ではなく，土地の所有権を創設するものではない。Por. Bor. Tor. 5，6 の対象となる土地の取得には極めて高いリスクが伴う。銀行は当該土地を担保の設定対象としては認めておらず，当該土地上に永久構造物を建設すること，当該土地を賃貸することはできない。
Sor. Por. Kor.	Sor. Por. Kor. は農地改革局の発行によるもので，農業従事者に専ら農業を目的とする土地の利用権を認めるものである。Sor. Por. Kor. の対象となる土地を分筆することはできず，土地に対する権利は法定相続人に限り譲渡が可能である。
フォーム 3 Form 3	フォーム 3（Form 3）は土地の占有を通知するものとして，地方事務局に提出される書類である。

④ 不動産登記等の確認方法

タイ政府は，土地の所在地を管轄する土地事務所において，当該土地の所有権及び占有権に関する書面を保有している。

但し，ほとんどの政府登記システムは手作業でコンピュータ化されていないため，検索には多大な時間と手間がかかることを覚悟する必要がある。

(オ) 所有権・占有権の権利喪失事由

① 民商法典上の事由

所有権の権利喪失事由としては，時効取得がある。タイでは，他人の不動産を平穏，公然に所有の意思を持って10年にわたって占有したときは，その所有権を取得するものとされている（民商法典1382条）9)。

占有権の権利喪失事由としては，占有を他人に妨害され又は奪われた際に，適時に訴えを起こさなかった場合が考えられる。

具体的には，占有者が不法に占有を妨害されたときは当該妨害を排除する権利を有し，また，妨害のおそれがあるときは妨害禁止を命じるよう裁判所に対して請求することができるが，妨害排除のための訴えは妨害時から1年以内になされなければならないとされている（民商法典1374条）。また，占有者が不法に占有を奪われたときは占有回収の権利を有するが，占有回収の訴えは占有を奪われたときから1年以内になされなければならないとされている（民商法典1375条）。

② タイ政府による強制収用

権利喪失事由としては，政府による強制収用についても十分留意する必要がある。

不動産収用法は，公共の福祉の実現，国家の防衛，天然資源獲得，都市計画，農業開発，工業，土地改良，又は他の公の目的のために必要な場合，政府が不動産に係る強制収用を行うことを認めている（不動産収用法5条）。

また，収用される地域が規定された勅令が発出された場合，当局は調査目的でいかなる必要な手段も採ることができ，登記された所有者の収用不動産について購入又は売却と補償の権限を有するものとされている。

(カ) 権利の譲渡方法

タイでは，不動産又は不動産に係る物権の取得は，その法律行為が書面でな

---

9) なお，動産の場合は5年である（民商法典1382条）。

され，且つ，登記されていなければ無効とされている（民商法典1299条）。一方，土地の占有については，占有物の引渡しによって権利を移転することができる（民商法典1379条）。

土地法では，不動産に係る権利と法律行為について登記する場合には，関係当事者は，土地証書，検査書又は利用保証書を，管轄の土地局又は土地事務所に持参して登記申請することとされている（土地法72条）。但し，公示又は測量が必要な登記の場合はこの限りではない。

土地の権利及び法律行為の登記手続において，担当官は，これに係る合意事項又は契約を記録し，また，土地事務所と土地所有者の土地証書又は利用保証書に重要事項を記載することとされている。もっとも，タイでは土地の登記に関して担当官が広範な裁量を有しているほか，土地局は贈収賄が一般に見られるといわれている当局であることから，土地の登記手続にあたっては経験を有する専門家に相談することが望ましい。

2 投資奨励制度[10)]

(1) 概　要

タイへの投資奨励と産業振興を目的として，1977年に投資奨励法が制定された。首相府の下にある政府機関である投資委員会事務局では，投資奨励法に基づき，奨励すべき産業や恩典等の投資奨励政策を定めている。

投資委員会事務局は，東京，大阪など世界各地に海外事務所を有しており，投資委員会による恩典や申請に関して，投資家に対するコンサルティング業務を提供している。

投資委員会布告第2/2557号に基づく2015年から2021年の7か年の投資方針は，以下の六つを目的としている。

① 研究開発，イノベーションの創出，農業・工業・サービス業における付加価値の創出，中小企業の促進，公正な競争，経済的・社会的不平等の是正を促すことにより，国の競争力向上に寄与する投資を奨励する。
② 持続的且つバランスのとれた成長のため，環境に優しい事業，省エネ事業又は代替エネルギーを使用する事業を奨励する。
③ バリューチェーンの強化と地域のポテンシャルに合致する投資クラスターの創出を奨励する。
④ 南部国境地域内における経済発展支援の目的で，域内投資を奨励し，地域の安定化を後押しする。
⑤ 近隣諸国の経済連携の構築と，ASEAN経済共同体（AEC）発足に向けた準備のため，特別経済開発区，特に国境地帯の工業団地内外での投資を奨励する。
⑥ タイ企業の競争力及びグローバル経済におけるタイの役割の拡大を図るべく，タイからの対外投資を奨励する。

10) 本書は，投資委員会のウェブサイト（https://www.boi.go.th/index.php?page=index&language=ja）に掲載されている投資委員会ガイド（A Guide to the Board of Investment）を参照しており，こちらのガイドに投資奨励制度の内容や手続が詳細に記載されているので，適宜参照されたい。

投資委員会から投資奨励の認可を受けることにより，税制面の恩典が付与されるほか，外国人が外国人事業法の規制対象業種を営む会社の株式の過半数を保有することが許容され[11]，また，外国人就労基準の緩和や土地の所有が認められることがある。

また，投資奨励施策は，随時変更や拡充がなされているところ，2021年1月13日には，電気自動車分野及び医療・ヘルスケア分野（高齢者向けの病院及び介護サービスセンター）への投資について新たな投資恩典が設けられることが公表された。さらに，同日，2014年に一度廃止された国際調達事務所（International Procurement Office，IPO）という卸売業に関連する投資恩典が復活することも公表された。IPOの対象事業は，製造業に用いる原材料，部品，素材のような半製品等の調達に関する事業であり，完成品の卸売業は含まれない。

(2)　プロジェクトの認可基準

投資委員会によって投資奨励の認可及び恩典を受けるには，以下の基準を満たす必要がある。

(ア)　農業・工業・サービス業の競争力向上

① 収入の20％以上の付加価値を有すること。但し，農業及び農産品事業，電子製品及び部品事業，コイルセンター事業は収入の10％以上の付加価値を有すること。
② 近代的な製造工程を有すること。
③ 新品の機械を使用すること。中古機械を使用する場合は，機械の状態（何年経過しているか）によって使用の可否や法人所得税免除の上限額の算入，輸入税免除等が制限される。
④ 投資額（土地代及び運転資金を除く）が1000万バーツ以上の事業は，操業開始期限日より2年以内にISO9000又はISO14000等の国際規格を取得すること。
⑤ コンセッション事業及び民営化事業については，投資委員会は，1998年5月

11）　但し，投資委員会は，適当と認められる外国人株式の保有制限を設けることができる。

25日及び2004年11月30日の閣議決定に基づく検討方針を用いる。

ⅰ．国営企業資本法に基づく国営企業の投資プロジェクトは奨励対象外とする。

ⅱ．民間が特権を受け実施し，最終的に国に所有権を引き渡す公益事業（Build-Transfer-Operate又はBuild-Operate-Transfer）に関し，この投資奨励の恩典付与を希望する場合，これを企画する担当政府当局が入札招請する前の時点で投資委員会にプロジェクトを提出しなければならない。また，入札の段階で民間にどのような恩典が付与されるのかについて明確に公告をしなくてはならない。原則として，投資委員会は国に対して見返りを支払う特権事業を奨励しない。但し，政府がそのプロジェクトに投資した金額の妥当な見返りを有する場合を除く。

ⅲ．政府プロジェクトを民間に運営・所有させるBuild-Own-Operate事業については，政府に賃借料の形式で見返りを支払う民間に貸与又は運営させる場合，投資委員会は通常の基準に基づき奨励を検討する。

ⅳ．国営企業資本法に基づき民営化した企業は，事業を拡大したい場合，その拡大投資事業部分のみを奨励申請することができ，通常の基準に基づき恩典が付与される。

(イ) 環境への影響の予防

① 環境への影響の予防・軽減に十分且つ効率的な方針や措置を有すること。環境への影響が発生する可能性のある事業については，投資委員会は立地及び汚染処理について特別審議を行う。

② 環境影響評価報告書を提出しなければならない対象の業種や規模のプロジェクトは，関連する環境法規制や内閣の決議を遵守すること。

③ ラヨン県に立地するプロジェクトは，2011年5月2日付投資委員会事務局布告第Por 1/2554号「ラヨン県地域における投資奨励政策」に従うこと。

(ウ) 最低投資額とプロジェクトの実現可能性

① 各プロジェクトの最低投資金額（土地代及び運転資金を除く）は，100万バー

ツとする。但し，投資奨励対象業種表に定めがある場合を除く。ナレッジベースのサービス業については，業種表内で指定するとおり，年間人件費から最低投資金額を検討する。

② 新規プロジェクトの負債と登録資本金の比率は3：1以内であること。拡大プロジェクトについては，案件ごとに検討する。

③ 投資金額（土地代及び運転資金を除く）が7億5000万バーツを超えるプロジェクトについては，投資委員会の定めに従い，プロジェクトの可能性調査報告書を提出すること。

(3) 基礎的恩典

基礎的恩典を受けることができる業種は八つ（A1～A4，B1，B2，ターゲット技術開発の支援事業，8類：技術及びイノベーションの発展）に分けられ，それぞれにおいて異なる恩典が付与される（✓は該当するものを指す。以下同じ）。

	法人所得税の免除	機械輸入税の免除	研究開発に使用する原材料の輸入税の免除	輸出向け原材料の輸入税の免除	税制以外の恩典
A1 12)	8年間／免除金額に上限なし	✓	7.11及び7.12.1～7.12.4に記載の業種に限る	✓	✓
A2 13)	8年間	✓	–	✓	✓
A3 14)	5年間	✓	–	✓	✓
A4 15)	3年間	✓	–	✓	✓

12) 国の競争力を向上させる，デザインや研究開発（R&D）に主眼を置いたナレッジベースの産業

13) 国の発展に貢献するインフラ事業，タイ国内の投資が少ないか，又はまだ投資が行われておらず，付加価値の創出に高度技術を使用する事業

14) すでにタイ国内に生産拠点が少数あるものの，国の発展にとって重要な高度技術を使用する事業

15) 技術がA1～A3ほど高度でないものの，国内原材料の付加価値を高め，サプライチェーンを強化する事業

B1 16)	–	✓	–	✓	✓
B2 17)	–	–	–	✓	✓
支援事業 18)	10年間/免除金額に上限なし	✓	7.11 記載の業種に限る	✓	✓
8類 19)	10年間/免除金額に上限なし	✓	✓	✓	✓

(4) メリットによる追加恩典

国又は産業発展に貢献する活動への投資を促進するため，一定の活動に関しては基礎的恩典に加えメリットによる追加恩典も付与される。追加恩典は，次の三つに分類される。

(ア) 競争力向上のための追加恩典

活動内容	法人所得税の追加免税 投資額／支出額の割合
技術・イノベーションの研究開発：自社研究開発／タイ国内の外注による研究開発又はタイ国外の機関との共同研究開発	300%
BOIが同意するタイ国内にある技術・人材開発基金，教育機関，専門訓練センター，研究開発機関及び科学技術分野の機関に対する支援	100%
タイ国内で開発された技術のライセンス料	200%
高度技術訓練	200%

16) 高度技術を使用しないものの，バリューチェーンにとって重要な裾野産業
17) 高度技術を使用しないものの，バリューチェーンにとって重要な裾野産業
18) 定められた条件のとおりに連携した5.6，7.11，7.13，7.14，7.15及び7.19に記載の業種のターゲット技術開発の支援事業
19) 技術及びイノベーションの発展：バイオテクノロジー，ナノテクノロジー，先端材料技術，デジタル技術等のターゲット技術開発事業

タイ国籍者が51％以上の株式を保有するタイ国内の原材料及び部品メーカー（Local Supplier）の開発：高度な技術訓練及び技術支援	200％
投資委員会が同意する製品及びパッケージのデザイン：自社又はタイ国内の外注	200％

法人所得税の追加免除期間は，以下のとおりである。

① 1年間：投資／支出額が最初の3年間の総売上の1％又は2億バーツ以上のいずれか少ない方
② 2年間：投資／支出額が最初の3年間の総売上の2％又は4億バーツ以上のいずれか少ない方
③ 3年間：投資／支出額が最初の3年間の総売上の3％又は6億バーツ以上のいずれか少ない方

上記追加恩典の対象の活動に該当する場合，各グループに付与される法人所得税の免除期間は以下のとおりとなる。

	法人所得税の免除	法人所得税の追加免除	合　計
A1	8年間／免除金額に上限なし	1～3年間／免除金額に上限なし	9～11年間／免除金額に上限なし
A2	8年間	1～3年間／上限額の追加	9～11年間／上限額の追加
A3	5年間	1～3年間／上限額の追加	6～8年間／上限額の追加
A4	3年間	1～3年間／上限額の追加	4～6年間／上限額の追加
B1	－	1～3年間	1～3年間
B2	－	－	－
支援事業	10年間／免除金額に上限なし	1～3年間	11～13年間／免除金額に上限なし

8類	10年間／免除金額に上限なし	1～3年間	11～13年間／免除金額に上限なし

(イ) 地方分散のための追加恩典

1人あたりの所得の低い20県[20]（特別措置が別途ある南部国境地域や特別経済開発区を除く）に立地する事業についても，追加恩典が付与される。これらの県において事業を行う場合，各グループに付与される法人所得税の免除期間は以下のとおりとなる。

	法人所得税の免除	法人所得税の追加免除	5年間法人所得税を50％減税	合　計	支出控除[21]
A1	8年間／免除金額に上限なし	-	✓	8年間／免除金額に上限なし[22]	✓
A2	8年間	-	✓	8年間[23]	✓
A3	5年間	3年間	-	8年間	✓
A4	3年間	3年間	-	6年間	✓
B1	−	3年間	−	3年間	✓
B2	−	−	−	−	−
支援事業	10年間／免除金額に上限なし	3年間	−	13年間／免除金額に上限なし	✓
8類	10年間／免除金額に上限なし	3年間	−	13年間／免除金額に上限なし	✓

20) カーラシン県，チャイヤプーム県，ナコーンパノム県，ナーン県，ブンカーン県，ブリーラム県，プレー県，マハーサーラカーム県，ムクダーハーン県，メーホンソーン県，ヤソートーン県，ローイエット県，シーサケート県，サコンナコーン県，サケーオ県，スコータイ県，スリン県，ノーンブアラムプー県，ウボンラーチャターニー県及びアムナートチャルーン県

21) ①輸送費，電気代，水道代の2倍を10年間控除，②インフラの設置・建設費の25％を追加控除

22) さらに，法人所得税の免除期間終了後5年間にわたり法人所得税を50％減税

23) さらに，法人所得税の免除期間終了後5年間にわたり法人所得税を50％減税

(ウ) 工業用地開発のための追加恩典

事業が工業団地又は奨励されている工業区に立地する場合は，法人所得税の免除期間が1年間追加される。これらの工業団地又は工業区において事業を行う場合，各グループに付与される法人所得税の免除期間は以下のとおりとなる。

	法人所得税の免除	法人所得税の追加免除	合　計
A1	8年間／ 免除金額に上限なし	–	8年間／ 免除金額に上限なし
A2	8年間	–	8年間
A3	5年間	1年間	6年間
A4	3年間	1年間	4年間
B1	–	–	–
B2	–	–	–
支援事業	10年間／ 免除金額に上限なし	1年間	11年間／ 免除金額に上限なし
8類	10年間／ 免除金額に上限なし	1年間	11年間／ 免除金額に上限なし

(5) その他の政策及び特別措置

(ア) 特別経済開発区（SEZ）における投資奨励政策

特別経済開発区政策委員会によって指定された特別経済開発区に該当する10県23郡90地区においては，特別の恩典が付与される[24]。

すなわち，一般の投資奨励対象業種事業であれば，法人所得税の免除期間が3年追加され（但し，合計で8年を超えることはできない），また，すでに8年間の法人所得税の免除期間が付与されている場合（A1又はA2に該当する業種の場合）には，5年間，法人所得税の50%が減額される。また，14業種の対象事業[25]であれば，法人所得税が8年間免除され，その後5年間，法人所得税の50%が減額される。

24) 投資委員会によって，「経済特区のための投資促進政策」の有効期間を2022年12月の最終営業日まで延長する投資委員会布告第7/2564号が発布された。

さらに，以下の恩典が付与される。

① 機械の輸入税を免除
② 輸出向け製造用の原材料及び必要資材の輸入税を免除
③ 輸送費，電気代及び水道代の2倍までを10年間控除
④ インフラの設置費又は建設費の25%を控除
⑤ 税制以外の恩典（土地の所有，技術者の導入など）

(イ) 南部国境地域における投資奨励政策

南部国境地域における産業開発のための投資奨励政策として，対象事業が南部国境県（ナラテイワート県，パッタニー県，ヤラー県，サトウーン県及びソンクラー県内の4郡（チヤナ郡，ナータウエー郡，サバーヨーイ郡及びテーパー郡））に立地する場合，以下の恩典が付与される[26]。

① 法人所得税を8年間免除（上限なし）
② 追加で法人所得税を5年間50%減税
③ 輸送費，電気代及び水道代の2倍までを15年間控除
④ インフラの設置費又は建設費の25%を控除
⑤ 機械の輸入税を免除
⑥ タイ国内販売向けの原材料及び必要資材の輸入税を通常税率の90%で5年間減税
⑦ 輸出向け製造用の原材料及び必要資材の輸入税を5年間免除
⑧ 未熟練外国人労働者の導入許可

また，「安定，豊富，持続的」方針に基づく南部国境地域におけるモデル都

25） 1. 農業・水産業・関連産業，2. セラミックス製品，3. 繊維・衣類・皮革産業，4. 家具の製造，5. 宝石及び宝飾品，6. 医療機器の製造，7. 自動車部品，機械及び部品，8. 電気電子産業，9. プラスチック製造，10. 薬品製造，11. ロジスティクス，12. 工業団地・工業区，13. 観光関連産業，14. その他
26） 2022年の最終営業日までに申請書類を提出することが必要となる。

市産業開発のための投資奨励措置として，対象事業及び追加の6業種がパタニー県ノーンチク郡，ヤラー県ベートン郡，ナラテイワート県スガイコーロック郡又はソンクラー県チヤナ郡に立地する場合，上記③は20年間，上記⑥は10年間，上記⑦は10年間にそれぞれ伸長される。

(ウ) 生産効率向上のための投資奨励措置

この措置は，すでに操業している事業が対象となり，奨励を受けた事業か否かは問われない。但し，奨励を受けていない事業の場合，投資奨励対象業種に該当する事業であることが必要となる。また，すでに投資奨励を受けている事業については，法人所得税の免除又は減税期間が終了するか，法人所得税免除の恩典が付与されていない事業でなければならない。土地代及び運転資金を除く投資金額が100万バーツ以上であること，2022年12月の最終営業日までに申請書を投資委員会に提出し，奨励証書の発行日から3年以内に投資を完了することも条件となる。

① 省エネ，代替エネルギー使用，環境負荷軽減のための投資奨励措置[27)]

i．機械輸入税の免除
ii．既存事業からの収入に係る法人所得税の3年間免除。但し，生産効率向上のための投資金額（土地代及び運転資金を除く）の50％を上限とする。法人所得税の免除期間は，奨励証書発行後の収入が発生した日からとする。

② 生産効率向上のための機械の入れ替えに対する投資奨励措置[28)]

i．機械輸入税の免除
ii．既存事業からの収入に係る法人所得税の3年間免除。但し，生産効率向上のための投資金額（土地代及び運転資金を除く）の50％を上限とする。法人所得税の免除期間は，奨励証書発行後の収入が発生した日からとする。

27) Eコマース，天然ガスサービス・ステーション，貿易投資支援事務所（TISO），コワーキングスペース，国際ビジネスセンター及び国際調達事務所（IPO）は対象とならない。

ⅲ．国内の自動化機械製造産業に連携・支援のある機械を代替金額の 30% 以上使用する場合，法人所得税の免除は投資金額（土地代及び運転資金を除く）の 100% に引き上げられる。

③ 生産効率向上のための研究開発及びエンジニアリングデザインへの投資奨励措置[29]

ⅰ．機械輸入税の免除
ⅱ．既存事業からの収入に係る法人所得税の 3 年間免除。但し，生産効率向上のための投資金額（土地代及び運転資金を除く）の 50% を上限とする。法人所得税の免除期間は，奨励証書発行後の収入が発生した日からとする。

④ 農林水産業の国際基準向上への投資奨励措置

ⅰ．機械輸入税の免除
ⅱ．既存事業からの収入に係る法人所得税の 3 年間免除。但し，基準向上のための投資金額（土地代及び運転資金を除く）の 50% を上限とする。法人所得税の免除期間は，奨励証書発行後の収入が発生した日からとする。

⑤ 生産効率向上のためのデジタル技術への投資奨励措置

既存事業からの収入に係る法人所得税の 3 年間免除。但し，基準向上のための投資金額（土地代及び運転資金を除く）の 50% を上限とする。法人所得税の免除期

28) 一般自動車の製造，オートバイの製造（総排気量が 248cc 未満のものを除く），E コマース，天然ガスサービス・ステーション，貿易投資支援事務所（TISO），コワーキングスペース，国際ビジネスセンター及び国際調達事務所（IPO）は対象とならない。

29) E コマース，天然ガスサービス・ステーション，貿易投資支援事務所（TISO），コワーキングスペース，国際ビジネスセンター及び国際調達事務所（IPO）は対象とならない。

間は，奨励証書発行後の収入が発生した日からとする。

(6) 奨励証書受領後の手続

奨励証書を受領して以降，100万バーツ以上の投資を実行する（土地代及び運転資金を除く），奨励証書の発行日から36か月以内に操業を開始するなど，奨励証書に明記された条件を遵守しなければならない。36か月以内に操業できない場合には，期間の延長を申請することもできるが，特定の事業には認められない。所定の期間内に操業を開始できない場合，投資委員会より奨励や付与された税務上の恩典が遡及的に取り消されることとなる。

また，投資奨励を受けた者は，毎年2月と7月にプロジェクトの進捗状況を投資委員会に報告しなければならない。さらに，操業開始に関する証明書を付与された後は，毎年7月に，プロジェクトの年次報告書を投資委員会事務局に提出しなければならない。

奨励証書に記載された条件が遵守されなかった場合，投資委員会は，恩典の全部又は一部を取り消すことができる。但し，投資委員会が違反や不遵守が意図的でないと判断した場合，所定の期間内に違反等を治癒するよう書面で通知をすることができる（投資奨励法54条）。

投資委員会が輸出入に関する税金の恩典を取り消したときは，当初からかかる恩典を受けたことがなかったものとされる（投資奨励法55条）。

投資委員会が法人所得税に関する恩典を取り消した場合，取り消された事業年度において法人所得税の減免が失効したものとされる。また，投資委員会は，違反が開始した事業年度に遡って法人所得税に関する恩典を取り消すことができる。この場合，かかる恩典を受けた者は，減免を受けた法人所得税を追加で納税しなければならない（投資奨励法55/1条）。

3 進出方法

⑴ 概　論

日系企業がタイに進出する場合の手法としては，大きく，①（原則として）単独で事業を行う方法，②タイ資本との合弁会社によって事業を行う方法，③フランチャイズ等，タイの現地パートナーとの間の契約によって事業を行う方法に分けることができる。①及び②の手法については，新たに会社を設立することもあれば，既存の会社の株式取得による場合もある。

日系企業がタイへの進出方法を検討するにあたって大きなポイントとなるのは，外国人事業法上のタイ会社（タイ資本が過半数）となるか，そうでない外国会社として事業を展開するかの選択である。

合弁会社によって事業を行い，タイ資本を50% 超とする場合には，外国人事業法の適用がなく，この場合，実施できる事業の範囲は広がる。また，タイ資本が51% 以上且つタイ人株主が全株主の半数以上となれば土地法上も土地の所有が可能となる等のメリットがある。但し，これらの場合には，株主として信頼できるタイ企業のパートナーを見つける必要がある。タイで新たに事業を展開する場合には，ビジネス上も現地でのパートナーあるいは協力者を見つけることが重要となってくることが多いが，共同出資者になってもらうパートナー候補のタイ企業に関しては特に十分に検討し，お互いに信頼できる関係を築けるか確認する必要があろう。また，タイ人個人に株主となってもらう場合には，時間の経過とともに相続等が発生し，いつの間にか株主が多数になっていて手続が極めて煩雑になる等の可能性もあるため，将来的な対処を含め検討する必要がある。会社の利益は株主に公平に分配されるのが原則であるため，日系企業への利益の環流が小さくなるというデメリットもある。

他方，単独資本として事業を行う等外国企業として進出する場合には，日系企業が会社の生み出す利益を全て享受することができるものの，外国人事業法の適用を受けることになるため，実施しようとする事業の内容に応じて，外国人事業許可の取得等の要否を細かく確認していくことが必要となる。すなわち，この場合，対象となる会社は外国人事業法上の「外国人」に該当するため，まずは当該会社の事業が外国人事業法上の規制の対象となっているか否かを確認する必要があるが，外国人事業法上の規制対象は広範に及ぶため，結局，同法上の許可等が必要となることが多い。会社の主要事業以外についても，例えば，関連会社に資金の貸付けを行ったり，賃借しているオフィスを転貸したりする場合であっても外国人事業法上の許可等が必要となるものと解される。

もっとも，タイ政府は，外国人事業法による外資規制に対する重要な例外として，タイへの投資促進の見地から，投資奨励法に基づく投資委員会（BOI）による投資奨励制度や，タイ国工業団地公団（IEAT）による事業許可制度を設けており，いずれかの制度の下で恩典等を受けている場合には，事業登録証を取得することにより，当該登録証の範囲内において外国人事業法の規制が適用されない（外国人事業法12条1項）。よって，単独資本等での事業を検討する場合には，かかるBOIやIEATによる恩典等を受けることができるかについても検討する必要がある。

なお，これらのBOIやIEATによる恩典等はタイ資本との合弁会社でも利用可能である。また，外国人事業法の適用を免除されるのは，あくまでも当該恩典等の対象となっている事業のみであり，対象外の事業については引き続き外国人事業法の規制を受けることに注意が必要である。

⑵ 新規設立

タイにおける事業組織の形態は以下のとおりである。実務上は，日系企業がタイに進出するにあたっては，非公開会社又は駐在員事務所が選択されることが多い。

- 非公開会社
- 公開会社
- 駐在員事務所
- 外国法人の支店
- 地域事務所

- 個人事業主
- 普通パートナーシップ（非登記）
- 普通パートナーシップ（登記）
- 有限責任パートナーシップ
- ジョイント・ベンチャー（法人化されていないもの）

㈠ 非公開会社の設立

非公開会社は，民商法典に基づき設立される株式会社である。タイへの進出方法としては，この非公開会社を設立する方法が最も一般的である。

非公開会社の設立は，発起人又は取締役による①商号予約，②基本定款の作成，③株式の引受け，④創立総会の開催，⑤株式に係る払込み，⑥設立登記という流れで進む。

なお，新会社設立にあたっては，3人以上の発起人が必要となる（民商法典1097条）[30]。発起人は自然人に限られているため，法人が発起人となることはできない。他方，国籍要件はなく，タイ国籍の自然人であれ，日本国籍の自然人であれ，いずれも発起人となることができる。また，発起人には居住要件もなく，日本に居住する日本国籍の自然人が発起人となることも可能である。

① 商 号 予 約

まず，同一又は類似の商号がすでに登記されていないか等をチェックするため，新会社の商号の候補（三つ）をインターネットを通じて予約する（登記官からは通常同日又は翌日に登記の可否に関する返答が得られる）。予約から30日以内に基本定款の登記をしないと予約は無効になるとされているが，再予約も可能であることから，急ぐ場合には予約を先行することもある。

この商号の予約は，発起人又は取締役になる者が行うことができる。また，1日での会社設立方法[31]を採用する場合には，株主も申請者となることができる。

30） 但し，2020年6月の閣議において承認された民商法典改正案では，非公開会社の発起人・株主の最低人数を，3人以上から2人以上とする旨が定められている。今後の立法化の動向を注視する必要がある。

予約する商号について，「Thailand」を商号に含める場合には，これを括弧でくくり「(Thailand)」としなければならない。一方，「Thai」や「Bangkok」等の地名を付す場合には，現状は括弧でくくる必要はない。また，商号予約の段階では，「Limited」，「Ltd.」，「Company Limited」，「Co., Ltd.」をつける必要はなく，これらのうちどれを使用するかは会社を登記する際に選択することとなる。

② 基本定款の作成

タイの非公開会社における「定款」には，Memorandum of Association（MOA）と呼ばれる基本定款と，Articles of Association（AOA）と呼ばれる付属定款の2種類がある。会社の設立手続においては，まずは基本定款の登記が必要とされる。

基本定款には，商号，所在地，目的，株主の責任が有限であることの宣言，登録資本金の額及び1株あたりの額面額，発起人の氏名・住所・職業，各発起人の引受株式数を記載する（民商法典1098条）。基本定款は，全ての発起人がこれに署名の上，2通を作成し（民商法典1099条1項），このうち1通を登記しなければならない（民商法典1099条2項）。

この点，会社は基本定款の目的に記載されていない事業を営むことができないため，会社の目的には，当該会社の主要事業だけでなく，会社の日常業務を運営する上で想定される事項（例えば，融資を受けること，支店を設置すること，訴訟を提起すること等）についても可能な限り広く規定しておく必要がある。基本定款については，商務省が雛形をウェブサイトにおいて公表しているが，十分な確認をすることなく当該雛形のとおりに登記してしまうと，会社の実際の事業が基本定款に記載する会社の目的の範囲を超えてしまう可能性がある。したがって，会社の目的の内容については十分な確認が必要である。基本定款の会社の目的に規定する事業の一部を行わなかったとしても法令上特に問題とはならないため，当面そのような事業を行う予定がない場合であっても，今後実

31） 基本定款の作成と同日に①全ての株式が引き受けられ，②創立総会が開催され，③発起人が全ての事業を取締役に引き渡し，④取締役が株式の引受人に対して払込みを要求し，払込みがなされている場合には，取締役は，基本定款及び会社の設立の登記を同日に行うことができる（民商法典1111/1条）。

施する可能性がある事業は目的の範囲に含まれるよう，広めに会社の目的を規定しておくのが一般的である。

③ 株式の引受け

発行予定の株式は，その全てについて創立総会の前に引き受けられている必要がある（民商法典1104条）。また，発起人は，新会社の株式を少なくとも1株引き受けなければならない（民商法典1100条）。

④ 創立総会の開催

全ての株式に係る引受けがなされた後，発起人は速やかに株式引受人によって構成される創立総会を招集することになる（民商法典1107条1項）。創立総会では，(i)付属定款の承認，(ii)会社設立に際し発起人が締結した契約及び支払った費用の追認，(iii)発起人の報酬，(iv)種類株式の発行数及び内容，(v)現金以外の資産によりその全部又は一部の払込みがなされる普通株式又は種類株式の数，及び，払い込んだものとみなされる額，(vi)設立時取締役及び会計監査人の選任並びにこれらの者の権限の決定に係る決議を行う（民商法典1108条）。

⑤ 株式に係る払込み

創立総会後，取締役は，全ての発起人及び他の株式引受人に対して，株式に係る払込みを求めなければならない（民商法典1110条2項）。この点，タイの資本制度においては額面額の全額を一度に払い込むことは求められていないものの，各株式の額面額の25%以上の払込みが必要となる点に留意が必要である[32]（民商法典1110条2項）。すなわち，払込みが必要となるのは「登録資本金額の25%」ではなく「各株式の25%」となる。そのため，まずは一部の株主のみにより合計で登録資本金額の25%相当額を払い込み，他の株主は後れて払い込むといった方法をとることはできない。

上記のとおり，発起人は，新会社の株式を少なくとも1株引き受けなければならない。もっとも，発起人が引き受けた株式については，新会社の設立後直ちに譲渡することが可能であり，また，自然人だけでなく法人も株主となることができるため，発起人から法人への当該株式の譲渡も可能である。日系企

32) 外国人事業法に基づく外国人事業許可を取得する場合，BOIによる恩典を受ける場合，日本人を含む外国人を雇用する場合等には，別途最低登録・払込資本金額が定められているため，これらの条件についても確認することが必要となる。

業が新会社を設立する場合には，発起人には日系企業の役員や従業員が就任することが多く，発起人の保有する株式は設立直後に当該日系企業に譲渡されることが一般的である。

また，実務的な取扱いとして，登録資本金が500万バーツを超える会社を設立する場合，署名権限を有する取締役は資本金の払込みを受けるためにタイ国内に銀行口座を有していることが必要とされ，株主は会社の登記日に先立ち各々の払込額を当該署名権限を有する取締役の銀行口座に振り込まなければならないものとされている。また，当該署名権限を有する取締役の銀行口座に資本金が振り込まれたことを証明する銀行の預金証明書を登記を行うに際して商務省に提出することが義務づけられている。

但し，2015年3月31日付けの商務省事業開発局によるガイドラインでは，以下のいずれかの理由を記載したレターを登記申請書類とあわせて提出した場合，署名権限を有する取締役の銀行口座に資本金が振り込まれたことを証明する銀行の預金証明書の提出なしに，登記官の裁量により，登記申請が受理される場合があることが示された。

(a) 署名権限を有する取締役の全員が外国人であり，労働許可証（ワークパーミット）を有しておらず個人による銀行口座の開設が困難な場合
(b) BOI又はIEATから，会社の資本金を，署名権限を有する取締役を介さずに株主が直接会社に振り込むことが義務づけられている場合

なお，新会社の登録資本金が500万バーツを超える場合，登記から15日以内に，当該会社の銀行口座に資本金が振り込まれたことを証明する銀行の預金証明書を商務省に提出することが義務づけられている。

一方で，現物出資により登録資本金が500万バーツを超える会社を設立する場合には，出資される資産の所有者がその資産を会社へ譲渡する旨の確認書を登記を行うに際して商務省に提出する必要がある。さらに，登記から90日以内に以下の書類を商務省へ提出することが義務づけられている。

(a) 不動産又は権利証がある資産の場合：会社が所有者であることが記載された権利証の写し
(b) その他の資産の場合：資産及びその価値の一覧表

⑥ 設立登記

株式引受人による払込み後，創立総会から3か月以内に，取締役は設立登記の申請を行わなければならない（民商法典1111条1項，1112条1項）。

以上の手続について，必要な署名も含め全ての必要書類の準備が整っている場合には1日のうちに設立登記の申請まで完了することも理論上可能ではあるが，実際の会社設立にあたっては様々な事項について検討・判断が必要となり，また，書類については全てタイ語で準備する必要があることから，実務上は設立手続におおよそ1か月～2か月程度の期間がかかる場合が多い。

Column ③

非公開会社の設立に際しての実務上のポイント

(1) 付属定款の重要性

付属定款には，株主総会・取締役会の開催・決議方法，配当に関する定め，株式の譲渡制限等の極めて重要な事項が記載される。特に出資者にとっては，付属定款にいかなる規定を設けるかは非常に重要である。また，合弁契約や株主間契約に詳細な規定を設けたとしても，その内容が付属定款に反映されていなければ第三者に対抗することはできない。

例えば，株主間契約において取締役の選出方法を定めていても，付属定款にこれが規定されていないと，株式の過半数を有するタイ人パートナーが当該選出方法に反する内容で勝手に取締役を変更できてしまい，日系企業が当該取締役の選任について無効を主張できないといったケースも生じ得る。この場合，取締役の選任行為自体は付属定款上は有効となってしまい，当該日系企業は，タイ人パートナーの行為が株主間契約に違反するとして損害賠償請求を行うことはできるものの，損害の算定及び立証は必ずしも容易ではない。

もっとも，合弁契約の条項を全てそのまま付属定款に規定することができるわけではない。付属定款を登記するにあたっては商務省の担当官が登記内容の審査を行うところ，担当官は提出された登記を受け付けるか否かに関して広い裁量を有している。また，商務省は付属定款の雛形を公表しており，雛形どおりであれば担当官の審査で問題とされることは少ないが，雛形とは異なる内容の付属定款については担当官がその内容を理解することができず，記載された事項を登記することに難色を示されることもある。

また，基本定款も付属定款も当局に登記する書面は全てタイ語で記載しなければならず，担当官とのやり取りや担当官からの文言修正指示等も全てタイ語で行われることとなる。仮に当局に提出したタイ語版の内容が確認していた日本語版や英語版と違っていたということが後で判明しても，タイ語版が正文であるため，提出時の書面は専門家の目を通したり複数回の確認を重ねる等慎重に対応することが重要である。日系企業とタイ企業の合弁会社の場合，付属定款の登記はタイ語での対応が必要なためタイ企業側に全て任せてしまい，タイ企業側が商務省の雛形のまま付属定款を登記したため，合弁契約の内容が全く反映されていなかったというケースもあるようである。特に，設立が古い企業においては，設立当初，日系企業側が付属定款の内容まで十分確認できていなかったということもあるようである。登記時にはタイ企業側に日系企業を害する意図はなく，ただ登記申請の簡便さから雛形を用いてしまうこともあるようであるが，その後両者の関係性が悪化してしまうと，当該合弁会社をタイ企業ステータスとするためにタイ企業側が当該合弁会社の株式の過半数を保有している等の場合には，民商法典に従いタイ企業側が単独で取締役を選任することができる等，タイ企業側が一方的に当該合弁会社をコントロールすることができてしまい，合弁契約を作り込んでいたにもかかわらず日系企業側が当該合弁会社から締め出されるといった状況が起きてしまうケースも考えられる。

したがって，合弁契約に規定される主な事項として，①取締役の人数及びその選任方法，②取締役の署名権限，③取締役会決議事項・決議要件，④株主総会決議事項・決議要件，⑤株式の譲渡制限等が挙げられるが，これらの事項を付属定款に反映することは必須であると考えられる。

(2)　登記申請にあたっての留意点

会社設立登記の申請にあたっては，付属定款を含め多くのタイ語の書類を準備する必要があるところ，当局に提出する書類の全ての頁に創立総会において選任された署名権限のある取締役による署名が必要となる。そこで，当該取締役がタイ国内に居住していない場合には手続に時間を要することとなる。また，商務省の担当官はパスポートの署名と同じ署名を要求することが一般的であり，パスポートの署名が漢字であるにもかかわらず申請書類にアルファベットで署名した場合には担当官がこれを受け付けない可能性がある。

また，担当官から指摘が多い書面の一つとして，発起人・取締役に就任する者のパスポートのコピーが挙げられる。パスポートのコピーが不鮮明で顔が十分に判別できない場合には申請が受理されないことがある。また，パスポートのコピーには当該パスポートの名義人の署名を付す必要があるところ，この署名はコピーの余白部分に付さなければならず，パスポートの記載事項と重なってしまっている場合には再提出を求められるようである。さらに，実務上，商務省への提出書類は全て「白い」用紙である必要があり，わら半紙や黄みがかったような再生紙の場合には申請の受理を拒否されることがあるようである。

(イ) 公開会社

公開会社は，公開会社法に基づき設立される株式会社である。株式の公募やタイにおいて上場を企図する場合には，公開会社を設立することとなる。

公開会社の設立には，15 人以上の自然人である発起人が必要となり，また，発起人の半数以上はタイに居住する者でなければならない（公開会社法 16 条，17 条 2 号）。発起人は，基本定款を作成し，これを登記する（公開会社法 19 条 1 項）。基本定款が登記されると，発起人は，公募又は第三者に対して株式を売り出すことができるが（公開会社法 23 条），この場合，証券取引法に従う必要がある（公開会社法 24 条）。

引受株式数が目論見書又は公募文書に記載された数（基本定款に定める株式数の 50% 以上でなければならない）に達すると，発起人は，創立総会を招集しなければならない（公開会社法 27 条 1 項）。この点，創立総会の招集通知は，引受株式数が目論見書又は公募文書に記載された数に達した日から 2 か月以内且つ基本定款が登記された日から 6 か月以内になされなければならない（公開会社法 27 条 1 項）。

創立総会では，(i)付属定款の承認，(ii)発起人によってなされた事業の追認及び会社の設立にあたって支払われた費用の承認，(iii)発起人の報酬の額の決定，(iv)種類株式の内容，(v)現金以外の資産によりその全部の払込みがなされる普通株式又は優先株式の数，(vi)取締役の選任，(vii)会計監査人の選任及びその報酬の決定に係る決議を行う（公開会社法 35 条）。

株式に係る払込み後，取締役会は，創立総会の日から3か月以内に会社の登記申請をするとともに（公開会社法39条1項），その際，会社の付属定款，株主リスト及び創立総会の議事録を提出しなければならない（公開会社法39条2項）。

(ウ) 駐在員事務所

駐在員事務所は，外国の本社やグループ会社に対してサービスを提供するためのものであるところ，かかるサービスの対価（但し，駐在員事務所の維持に必要な費用を除く）を受領することはできず，また，商品等を売買することもできない。

また，駐在員事務所に認められる活動は以下の五つに限定される。

- 本社のためにタイで商品やサービスの供給源を探索すること
- 本社がタイで購入する商品の品質及び数量をチェックし，管理すること
- 本社がタイの代理店又は消費者に販売する商品に関して，アドバイスや支援を提供すること
- 本社の新商品や新サービスについて情報発信すること
- 本社に向けたタイのビジネスに関するレポートを作成すること

なお，駐在員事務所によるサービスの提供は，外国人事業法のリスト3に定めるサービス活動とみなされるため，駐在員事務所の設立に際しては，商務省による外国人事業許可を取得しなければならなかったが，2017年に公布された省令により外国人事業許可の取得が必要な対象からは除外されることとなった。

駐在員事務所に認められる上記の活動を行う限りにおいては，タイにおいて必要な費用を本社より補填されるのみであることから，タイで課税されることはない。駐在員事務所が本社から受け取る収入は，法人税の計算において所得には該当しないものとされる。

但し，全ての駐在員事務所は，法人税ID番号を取得し，納税申告書と監査

済財務諸表を歳入庁と商務省事業開発局に提出する必要がある。

(エ) 支　店

外国会社はその支店を通じてタイにおいて事業を行うことができる。法人格としては，支店は外国会社の一部をなすため，支店がタイの法令に違反した場合には，外国会社自身がタイにおける刑事，民事又は税務上の責任を負うことになる。また，外国会社は，タイの支店における責任者を少なくとも1人指名する必要がある。

外国会社がタイで事業を行うため支店を設立するにあたって，特に登記する義務は課されていない。もっとも，事業を行うにあたっては，通常，何らかの登録等（付加価値税に関する登録，納税者IDカード，商業登記証明等）が必要とされる。また，外国人事業法上の規制業種に該当する事業を行う場合には，同法に基づく外国人事業許可を取得しなくてはならない。

(オ) 地域事務所

地域事務所は，多国籍企業が，その本社が登記されている国以外で設立した事務所をいい，地域事務所が設立された国の法令上法人として登記されていないものをいう。

タイの地域事務所は，以下の活動に従事することが認められている。

- 本社に代わって，地域事務所と同じ地域の支店又は子会社の活動につき，連絡，調整，監督すること
- 本社の支店及び子会社に対し，助言，管理，人材育成及び研修，財務管理，マーケティング管理及び販売促進計画の立案，商品開発，R&D等のサービスを提供すること

重要な点として，上記の活動から対価を得ることができない点が挙げられる。地域事務所は，販売の注文を受けたり，申込みをしたりすることはできず，タイにおいていかなる者との間でも契約の交渉や締結をすることができない。他

方で，上記活動に伴って地域事務所に発生する全ての費用は本社が負担することになる。

なお，地域事務所に認められている上記の活動は，外国人事業法のリスト3のサービス活動とみなされるため，地域事務所の設立には，商務省による外国人事業許可が必要であったが，2017年に公布された省令により外国人事業許可の取得が必要な対象からは除外されることとなった。

(カ) その他（組合，個人事業主等）

① 個人事業主

個人事業主の場合，事業主の全ての資産，事業及び私有物が，事業に関係するか否かにかかわらず責任財産を構成し，債権者による差押えの対象となる。個人事業主は，納税者番号及び（適用のある場合には）付加価値税証明書を取得しなければならない。また，個人事業主の一部は，商務省で商業登記証明書を取得しなければならない。

なお，実務上，特にバンコク以外では，非タイ人である個人事業主の登記にはより長い時間を要する可能性があるが，これは登記官が外国人事業法の規制及び免除規定に照らして，当該個人事業主が営もうとする事業活動について，外国人が単独でも適切に従事できるものであるかどうかを確認しようとするためである。

② パートナーシップ

タイでは，以下の3種類のパートナーシップが認められている。これらのパートナーシップは，主にパートナーの責任の点で異なっている。

- 非登記通常パートナーシップ
- 登記通常パートナーシップ
- 有限責任パートナーシップ

また，タイの内国パートナーシップは，各外国人パートナーにつき2人のタイの自然人又は法人によるパートナーシップと定義され，実務上あらゆる形態の事業に従事することができる。もっとも，外国人を業務執行パートナー又は業務執行者とするパートナーシップ，又は，外国人による出資が全出資の半分以上を占めるパートナーシップは外国パートナーシップとされ，外国人事業法が適用される。

概して，事業組織としてパートナーシップの形態をとることはタイ人の間では一般的であるが，法人ではなく個人の立場に基づく組織であるため，海外投資家においては一般的とはいえない。タイ法で認められるこれらの３種類のパートナーシップは，大部分の外国人投資家のニーズには合わないものとなっている。事業の多くは外国人事業法による規制対象に含まれるため，投資委員会もパートナーシップの利用を推奨していない。さらに，パートナーシップの持分や支配権に変更があった場合には，パートナーシップの有効な存続や許認可を失わせる可能性もある。

(a)　非登記通常パートナーシップ

非登記通常パートナーシップは，パートナーシップの全ての法的義務及び債務につき，全てのパートナーが共同で責任を負うパートナーシップであり，商務省には登記されていないものである。したがって，この種類のパートナーシップには法人格はなく，個人に適用される税率に従い税金を支払うことになる。もっとも，歳入法のもとでは，非登記通常パートナーシップは法人格を有さないものの，独立した課税対象として扱われ，パートナーシップ自体が税金を納めることにより，利益の分配を受けるパートナーに課税されることはない。

各パートナーは，金銭その他の資産又はサービスをパートナーシップに対して出資しなければならない。サービスにより出資をする場合，パートナーシップ契約がサービスの価額を定めていないときは，現金その他の資産による出資をした他のパートナーと同等の出資をしたものとみなされる。

(b)　登記通常パートナーシップ

登記通常パートナーシップは，商務省に登記され，各パートナーとは独立した法人格を有する。非登記通常パートナーシップと同様に，パートナーシップの全ての義務・債務につき全パートナーが共同で無限責任を負う。登記通常パートナーシップのパートナーは，実際には事業に参加していない場合であっても，パートナーシップの第三者に対する裁判上の申立てや権利を主張することができる。パートナーシップの義務に関するパートナーの責任は，パートナーシップを脱退してから2年経過すると消滅する。

(c) 有限責任パートナーシップ

有限責任パートナーシップは，1人以上のパートナーが自己の出資額を限度とする責任を負い，且つ，1人以上のパートナーがパートナーシップの全ての義務について無制限の共同責任を負うパートナーシップである。

登記通常パートナーシップと同様，有限責任パートナーシップも，パートナーシップの主たる事業所が所在する地区の登記所で登記されなければならない。登記前においては，通常パートナーシップであり，パートナーシップの全ての義務について全てのパートナーが共同且つ個別に責任を負うことになる。

有限責任パートナーシップの名称には，有限責任パートナーの名前を入れてはならない。名称に有限責任パートナーの名前が含まれる場合，当該パートナーは第三者に対して無限責任パートナーと同じ範囲で責任を負うことになる。

有限責任パートナーの出資は，現金その他の資産でなされなければならず，有限責任パートナーがサービスだけを出資することはできない。有限責任パートナーは，パートナーシップの利益からのみ配当又は分配を受けることができる。一般的に，有限責任パートナーシップは，無限責任パートナーのみによって運営され，パートナーシップの経営に積極的に参加する有限責任パートナーは，パートナーシップの義務につき無制限の共同責任を負うことになる。

登記通常パートナーシップ又は有限責任パートナーシップで3人以上のパートナーを有するパートナーシップは，非公開会社に転換することができる。この点，転換するには，全パートナーが同意した日から14日以内に，登記所に全パートナーによる同意書面を提出しなくてはならない。また，少なくとも1以上の地方紙で非公開会社への転換を公告した上で，パートナーシップの債権者全員に対して当該転換を通知するとともに，異議のある債権者においては，通知を受領してから30日以内に転換に対する異議を通知するよう求めなければならない。債権者から異議がなされた場合，パートナーシップは，当該債権者に対する義務を履行するか，又は当該債権者に対して担保を提供しない限り，非公開会社へ転換することができない。

③　ジョイントベンチャー（法人化されていないもの）

タイにおいてジョイントベンチャーという場合，しばしば二つ以上の企業がその株式を保有する，株主とは独立した非公開会社を指すことが多い。

もっとも，法人化されないジョイントベンチャーを組織することも可能である。単独企業では遂行できないような特定のプロジェクトを，契約に従いジョイントベンチャーという形態で行うことがあるが，タイの法令上，このようなジョイントベンチャーは法人格を有しない。もっとも，歳入庁においては，課税目的上，かかるジョイントベンチャーを一つの課税対象として扱うことから，ジョイントベンチャーは，納税者IDカードを申請しなければならない。さらに，ジョイントベンチャーが歳入法上の要件に該当する場合は，付加価値税登録も必要となる。

ジョイントベンチャーに参加する外国会社は，その事業が外国人事業法において制限されるものである場合，外国人事業法に基づく外国人事業許可を取得することが必要となり，また，ジョイントベンチャーのパートナーとして事業に従事するためタイにおいて支店を設置することが必要となる。また，外国人であるパートナーが自らの納税者IDカードを登録する必要はないものの，ジョイントベンチャー自体の登録は必要となる。

⑶　非公開会社のM&A

㈠　概　要

タイにおける非公開会社に関する一般的なM&Aの手法としては，株式譲渡，資産譲渡及び合併の三つがある。このほか，非公開会社では第三者割当増資は認められていないものの，既存株主との合意があれば，発行済株式（1株等の名目的な株数）の株式譲渡と組み合わせることで事実上第三者に対して新株を発行することは可能であり，かかる方法による株式取得もM&Aの手法となり得る（詳細は後記Ⅲ1⑷㈡参照）。

M&Aの手法の選択にあたっては，以下にあげる点等が考慮要素となるが，株式譲渡が手続的にシンプルであり，最も選択されることが多い。

・ M&Aの目的（例えば，対象会社の支配権取得か，既存事業の合弁化か，又は事業・資産の一部の取得か等）
・ M&Aに伴う税務その他の行政上のコスト
・ 対象会社が保持している許認可や特権
・ 対象会社の負債・債務の状況
・ 訴訟，税務，労務等に関する偶発債務

対象会社が外国人事業法その他の外資規制によって制限の対象となる事業を営んでいる場合や土地を所有している場合には，外国人によるかかる対象会社の取得も制限され得ることから，タイにおけるM&Aでは留意が必要である（前記Ⅱ1参照）。

また，取引競争法によって，独占又は支配的地位の形成につながる企業結合を行う際には取引競争委員会からの事前許可を取得する必要があるほか，一定の場合には事後の通知が必要となる（後記Ⅲ6(イ)②(b)参照）。特に事前許可が必要となる場合は，M&A取引の成否及びスケジュールに大きな影響を及ぼすため，一定規模のM&Aや競合同士のM&A等の検討においては，事前許可の要否や審査の見通し等について競争法の観点からの分析が不可欠である。

M&Aに要する期間は，デュー・ディリジェンスの範囲，交渉経緯，契約書のドラフティング，当局との関係で必要な手続の要否・内容などのさまざまな要因に左右されるため，一般化はできないものの，通常，株式譲渡が，手続的な負担が小さく所要期間が最も短くなると考えられる。

(イ) 株式譲渡

タイにおける最も典型的且つ直接的な会社買収の方法は，対象会社の発行済株式を株主から取得することである。

株式の取得は，対象会社の事業が特別法により規制されるような場合や，取引競争法上の事前許可が必要となる場合を除き，当局からの事前承認を必要としない（但し，前記のとおり対象会社の事業内容や土地保有によって外国人事業法その他の外資規制の対象となることには注意が必要である）。但し，対象会社の付属定款に譲渡制限の定めがある場合には，付属定款の定めに従い，株式譲渡に先立って対象会社の取締役会又は株主総会の承認を得る必要がある点には留意が必要である[33)]。

非公開会社の株式譲渡の手続については後記**Ⅲ1**⑴㈡を参照いただきたいが，通常発行されている記名株券の譲渡の場合には，株式譲渡証書において譲渡対象となる株式を株券番号により特定し，譲渡人及び譲受人とそれぞれの証人が署名することが必要となる（民商法典1129条2項）。なお，証人について特定の資格等の要件はない。また，株式譲渡証書についてタイ語で作成される必要もない。

M&Aにおける株式譲渡契約では，株式譲渡実行の前提条件・当事者の表明及び保証・当事者の誓約事項・補償の条件といった詳細な条件が規定されることが一般である。そこで，タイ民商法典の定めに従って証人が署名する株式譲渡証書は，こうした詳細な条件を定めた株式譲渡契約とは別に作成されることも多い。

株式譲渡の実行後，株主名簿への登録，譲渡人名義の株券の取消し及び譲受人名義の株券の発行並びに登記官への新たな株主リストの届出といった手続を履践しなければならない。

なお，株式譲渡に関する書面においては，譲渡価格又は株式払込価格（払込済みの株式引受価額）のいずれか大きい方の0.1%に相当する額の印紙税が必要となる。

㈦ 資産譲渡

資産譲渡は，個別の資産及び契約上の地位等の譲渡の集合である。

資産譲渡では，対象会社（譲渡会社）の事業にかかる資産の全部又は一部を対象にすることができ，在庫等を含む動産，不動産，売掛金，リース，知的財産権などの承継する資産や負債，従業員の範囲を当事者間の合意により任意に選択することができる。

資産譲渡にあたっては，譲渡会社の付属定款に従い，譲渡会社の取締役会又

33） 実務上，株式譲渡の実行に際して，対象会社からそのような承認決議がなされたことを示す議事録を徴求することが一般的である。

は株主総会の決議が必要となる。

その他，承継する資産や契約の内容に応じて，関係当局[34]や契約相手方等の第三者[35]との間で，事前又は事後に承認の取得や通知，その他の手続が必要となることが多い。

なお，対象会社が付加価値税（Value Added Tax）に係る登録をしていた場合には，7％の付加価値税が動産の譲渡に適用され，また3.3％の特定事業税が不動産の譲渡に適用される。

(エ) 合　併

非公開会社の合併は，二つ以上の会社を結合させる方法で行う。タイにおいては，非公開会社・公開会社ともに，いわゆる新設合併のみが認められており，吸収合併は認められていない[36]。そのため，必ずしも使い勝手のよい制度とはなっていないが，例えばグループ内再編等での活用も考えられる。

合併の手続として，当事会社の株主総会における特別決議（75％以上の賛成）が必要であり，また，決議の日から14日以内にこれを登記しなければならない。また，合併について新聞で公告するとともに，全ての債権者へ書留郵便で通知する必要がある。仮に債権者が合併に反対する場合は，前記通知の日から60日以内に反対する旨を申し出る必要があり，当該申出があった場合，当事会社は当該債権者に対する債務を弁済するか，又は担保を提供しなければ，合併を進めることができない。

合併により使用者が旧会社から新設会社に変更となるため，労働者の承継には，労働者の個別の同意が必要となることに注意が必要である（後記**Ⅲ4**(4)参照）。

さらに，新会社の基本定款及び付属定款の登記がなされれば，合併は完了する。

合併では，当事会社を包括的に承継する新法人が設立されることとなり，合

34）　例えば，土地局，社会保険事務所，歳入局等
35）　例えば，対象会社の顧客や取引銀行等
36）　但し，2020年6月23日の閣議で吸収合併を認める民商法典の改正案が承認されており，現在，国会で審議されている。

併により消滅する当事会社の既存株主は，合併により新設される新会社の株主となる。また，新会社の資本金は当事会社の総資本金と同じでなければならない。

なお，タイ法では，会社分割に関する制度は存在しない。そのため，会社の事業の一部を取得するM&Aを行うには資産譲渡を絡めた手法を検討することとなる。

⑷ 公開会社のM&A

㋐ 概　要

非公開会社に関するM&Aの概要で述べた内容は，基本的に公開会社に関しても妥当する。但し，非公開会社の場合と異なり，公開会社では第三者割当増資が可能であるため，第三者割当増資による新株取得もM&Aの手法となり得る。

また，公開会社のうち，タイ証券取引所（Stock Exchange of Thailand，以下「SET」という）に上場している上場会社の株式を取得した結果，議決権比率で合計25％以上となる場合には，証券取引法（Securities and Exchange Act）により，証券取引委員会（Securities and Exchange Commission，以下「SEC」という）の規定する公開買付によることが義務づけられている。

㋑ 株式譲渡，第三者割当増資，資産譲渡，合併

タイの公開会社における株式譲渡も，非公開会社における株式譲渡と概ね同様であるため，非公開会社におけるM&Aの該当箇所を参照されたい。但し，公開会社の株式の譲渡は，当該株式を表章する株券に譲渡人と譲受人が裏書し，当該株券を譲受人へ引き渡すことによって，有効且つ適法に行うことができる。また，対象会社が上場会社である場合，株式の譲渡は，譲渡人と譲受人の証券口座を通じて電子的に行うことができ，この場合には印紙税が不要となる（公開会社の株式譲渡の詳細は，後記Ⅲ2⑴㋓を参照されたい）。

公開会社における第三者割当増資の手続は，後記Ⅲ2⑷㋐を参照されたい。

また，タイの公開会社における資産譲渡及び合併の手続も，非公開会社における手続と概ね同様であるが，公開会社の合併においては，合併に異議のある

株主は，その株式の買取りを請求することができる。

(ウ) 上場会社のＭ＆Ａと公開買付規制

タイの上場会社の株式を直接又は間接に取得するM&Aでは，インサイダー取引規制[37]を含む証券取引法の規制に留意する必要がある。

とりわけ，公開買付規制はM&Aのスキーム検討にあたって重要であるところ，タイの公開買付には，①強制的公開買付，②任意的公開買付，③部分的公開買付，及び④上場廃止のための公開買付がある。

① 強制的公開買付

強制的公開買付は，対象会社の発行済株式の全てに対する公開買付であり，対象会社の株式を直接又は間接に取得した結果，対象会社の議決権の25%，50% 又は75%（以下，それぞれを「公開買付基準点」という）以上の議決権を保有することとなる場合に必要となる。株式譲渡による取得のほか，第三者割当増資の引受けによって公開買付基準点に達した場合にも公開買付が必要になる点に留意が必要である（但し，第三者割当増資の場合，株主総会決議を経ること等の一定の要件を満たす場合の免除〔いわゆるホワイトウォッシュ〕が認められている）。

公開買付基準点に達したか否かの判定にあたっては，関係当事者及び共同保有者（詳細は後記⑥参照）による保有分も合算される。また，上場会社の株主に対する直接又は間接の支配権を取得した場合に，当該取得者，当該株主及びこれらの関係当事者の議決権の合計が公開買付基準点に達するときも強制的公開買付が必要となる（連鎖原則）。その結果，タイの上場会社の過半数の株式を保有して子会社化している会社（当該会社がタイ国外の会社である場合を含む）を買収するM&Aにおいて，間接的に，当該タイ上場子会社の公開買付基準点以上の議決権を取得したために，当該タイ上場子会社の株式に対する強制的公開買付が必要となることがある（但し，連鎖原則による間接的な取得でも，一定の場合

37) 上場会社に関する「内部情報」（一般に公表されていない情報で，証券の価格又は価値に重要な影響を与える情報）を知り又は保有している者は，一定の例外を除き，(i)当該上場会社の証券の売買又は当該証券に関するディリバティブ契約を締結すること，及び(ii)当該内部情報を受領した者がそれを悪用して当該証券の売買又は当該証券に関するディリバティブ契約の締結を行うであろうことを知り又は合理的に知り得べき場合，内部情報を他者に直接又は間接に開示することが禁止されている（証券取引法242条）。

には，支配の変更をもたらさないとして公開買付の免除が認められている)。

他方で，強制的公開買付が免除される例外も定められており，例えば以下のような場合が含まれる。

- 対象会社による自己株取得の結果として公開買付基準点に到達した場合
- 株式の相続，株式配当，株主割当又は公開買付の結果として公開買付基準点に到達した場合
- 例えば無議決権預託証券（TNVDR）や信託基金（TTF）の取得等，取得した株式に関して一般的に株主総会における議決権行使を行わない場合
- 公開買付によって取得した転換型証券の権利行使又は転換による場合
- 取得者が，関連する規制に基づいて公開買付基準点以下にその株式又は支配持分を減少する場合
- 同一人による絶対的支配[38]の下にある会社間での，持株比率の再構築を行う場合
- SEC又は企業買収委員会（Takeover Panel）によって免除が認められた場合(SECでは，支配の変更をもたらさない場合，事業支援又は再生のためになされる場合，株主総会決議に基づきなされた場合〔いわゆるホワイトウォッシュ〕などにおいて強制的公開買付の免除を認めている)

② 任意的公開買付

任意的公開買付は，任意になされるものであるが，強制的公開買付と同様に，対象会社の発行済全株式に対してなされなければならない（上限を設定する場合は，「部分的公開買付」による必要がある)。但し，あくまで任意のものであるため，一定数の下限を設け，当該下限以上の応募があった場合にのみ買付を実行するなど，強制的公開買付と比べて自由度の高い条件を設定することが可能である。

③ 部分的公開買付

部分的公開買付は，対象会社の全株式ではなく一部に対して公開買付を行うものである。

38) 総議決権の90% 以上の保有によって直接又は間接的に行われる意思決定過程又は議決権の支配を指す。

但し，部分的公開買付は，少なくとも対象会社の株式の10% 以上の買付でなければならず，また，SECの承認を必要とする。かかるSECの承認の要件として，以下が挙げられる。

- 買付の結果として，公開買付者による対象会社の議決権の保有割合が50% 以上とならないように上限が設定されること
- 対象会社の株主総会において，買付者及び一定の関係株主を除く議決権の50% 以上の賛成により部分的公開買付を行うことが承認されていること
- 公開買付者及びその関係者が特定の者から過去6か月間に取得した対象会社株式が，累計で5% を超えないこと

④ 上場廃止のための公開買付

SETは一定の上場廃止基準を定めているが，それとは別に，上場会社において任意に上場廃止を行うことが認められている。任意の上場廃止を行うためには，①当該上場会社の株主総会において，独立したファイナンシャルアドバイザーが上場廃止及びそのための公開買付について意見を述べた上で，上場廃止について発行済株式総数の議決権の4分の3以上の特別多数で決議されること，②発行済株式総数の議決権の10% を超える反対がないこと，及び③上場廃止後に売却機会を失う少数株主の保護のために，公開買付手続を実施することが必要である。

この上場廃止の目的のために実行される公開買付は，主に価格の面で，他の公開買付とは異なる。詳細は，後記の公開買付の手続の概要における価格の箇所を参照されたい。なお，上場廃止のための公開買付を行う場合，SETの上場廃止に関する規則もあわせて遵守する必要がある。

なお，タイにおいては，金銭等をもって少数株主を強制的に退出させるスクイーズアウトを可能とする制度はない。そのため，上場廃止のために公開買付を行い，少数株主に売却機会を付与したとしても，当該公開買付に応募しない少数株主が非上場化後も残ることを排除することはできない。

⑤ 公開買付の手続の概要

(a) 買付書類及び公告

公開買付者は，各種法令上の届出に加え，SECが指定するタイ語の公開買付書類を買付受諾フォームとともに準備し，SECへ提出しなければならない。SECへの提出に続いて，公開買付の基本的事項を公告するとともに，対象となる株式を保有する者，対象会社及びSETに対して公開買付書類及び買付受諾フォームを交付しなければならない。

また，対象会社は，公開買付に応じることを推奨するか否かの意見を含む公開買付に対する回答を準備し，SECへ提出することが要求される。この対象会社の意見表明は，独立したファイナンシャルアドバイザーから受けたアドバイスに従う必要がある。

(b) 期　間

公開買付は，原則として，連続した25営業日から45営業日の期間実施される。但し，対象会社に重大な悪影響を及ぼす事由が生じた場合や，競合する公開買付が開始された場合には，公開買付期間の延長がなされ得る。

(c) 条件及び条件の修正

公開買付は，最終的な条件を発表せずに開始することができるが，公開買付期間の末日の少なくとも15営業日前にこれを発表しなければならない。また，公開買付者は，対象会社に重大な悪影響を及ぼす事由が生じた場合や競合する公開買付が開始された場合には公開買付の条件を変更することができる。但し，対象会社に重大な悪影響を生じさせる事由が生じた場合でない限り，買付の条件を応募者にとって有利にする変更（例えば買付価格の引き上げ，買付の前提条件の緩和，買付期間の延長等）以外は認められない。

(d) 取 消 し

公開買付者は，強制的公開買付か任意的公開買付かにかかわらず，買付期間中に対象会社に重大な損害が生じ若しくは生じるおそれがある事由が生じた場合（公開買付者の責に帰すべき事由による場合を除く），公開買付期間中に対象会社が株式の価値を大幅に減少させる行為を行った場合，又は，対抗する買付者が現れた場合には，公開買付を取り消すことが認められる。

加えて，任意的公開買付における公開買付者は，希望する条件に合致しない場合（応募が最低買付株式数に達しない場合等）には公開買付を取り消すことができる。また，上場廃止目的の公開買付は，上場廃止自体が取り止められた場合，取り消すことができる。

(e) 公開買付の価格

(α) 一般原則

以下五つの一般原則は，全ての公開買付に適用される。

- 同じ種類の株式の保有者に対する対価は，同種の対価でなければならない。
- 公開買付の対価は二つ以上の種類で提示することが可能であるが，現金のみの選択肢も含まなければならない（特定の事業再編の場合を除く）。
- 現金以外の対価により公開買付が行われる場合には，ファイナンシャルアドバイザーによる価格評価がなされなければならない。
- 買付価格は，公開買付者らが90日以内に当該株式を取得した価格のうちの最高額を下回ってはならない。
- 買付者は，配当が行われた場合，額面額の調整が行われた場合，又は既存株主への新株割当により増資が行われた場合には，都度買付価格を調整することができる。

(β) 強制的公開買付，任意的公開買付及び部分的公開買付の価格

強制的公開買付，任意的公開買付及び部分的公開買付の価格は，公開買付者による直近の対象会社に関連する株式取得の価格を参考にして設定される。すなわち，対象会社の各種類の株式の公開買付価格は，過去90日以内に，公開買付者，関係当事者又は共同保有者によって当該種類の株式のために支払われた最高価格を下回ってはならない。

但し，配当の支払や額面価格の変更といった事由がある場合は公開買付価格を調整することができる。

(γ) 上場廃止のための公開買付の価格

上場廃止のための公開買付の場合は，公開買付価格について前記の一般原則と異なる規制が定められている。これは，上場廃止となる場合，それに伴う公開買付が株主にとって株式を売却する最後の機会になり得ることを考慮したも

のである。

上場廃止のための公開買付においては，買付価格は，以下の価格のうち最も高い価格を下回ってはならない。

・　公開買付者らにより過去90日間に対象会社の株式に対して支払われた対価の最高価格
・　取締役会が上場廃止を株主総会に提案する決議を行う日又は株主総会が上場廃止を決議する日のいずれか早い日の直前5営業日間の株式の加重平均市場価格
・　対象会社の一株あたりの純資産価格
・　ファイナンシャルアドバイザーによって算定された公正価格
　但し，事業に重大な悪影響をもたらす事由が発生した場合等には，公開買付者は公開買付価格を引き下げるよう企業買収委員会に対して申請することが認められている。

(f)　公開買付後の義務及び制限

公開買付者は，公開買付の結果について，予備報告及び最終報告を作成する必要がある。予備報告は，株式保有者がその申込みを撤回することができる最後の日の翌営業日，又は買付期間の末日の3営業日前のいずれか早い日に作成することが必要とされる。最終報告は買付期間の末日から5営業日内に作成することが必要とされる。

さらに，公開買付により公開買付基準点のいずれかを超えた公開買付者は，以下の行為を禁止される。

・　6か月間，公開買付価格よりも高い価格で対象会社の株式を取得してはならない（新規発行に係る株式を取得する場合又は承認された公開買付[39]による場合を除く）。

39)　資本市場監督委員会通知に基づき，買付者が公開買付後1年以内に新たに公開買付を行うことが認められる場合（対象会社の株式が買収されたか否かを問わない）を指す。

・　対象会社の株主総会において4分の3以上の賛成により承認されない限り，1年間，公開買付書類に記載したことと実質的に異なる行為を行ってはならない。
・　1年間，対象会社の上場廃止のための公開買付以外の公開買付を行うことはできない。

⑥　共同保有

SECは，2009年2月20日に，協調活動をする当事者（以下「共同保有者」という）に関する規則（以下「共同保有者規則」という）を公布し，同年8月1日に施行された。共同保有者規則は，公開買付規制上，上場会社の事業運営に関する影響力の観点から一体とみられるべき共同保有者の範囲を明らかにするものである。

共同保有者規則によれば，対象会社の議決権又は事業を共同で支配するために，同じ方法で議決権を行使する共同意思を有し，又は他の者に議決権の行使を認める者で，一定の関係[40]にある者が，共同保有者とされている。

前記のとおり，強制的公開買付の要件該当性判断にあたっては，共同保有者の持分も含めて判断されることになる。その上で，強制的公開買付の要件に該当する場合は，全ての共同保有者が公開買付を行う義務を負うことに注意が必要である。

⑦　大量保有報告

SETに上場する公開会社の株式について，その株式の取得又は処分の結果，その保有する議決権数の対象会社の総議決権数に占める割合が5%の倍数に達するごとに，かかる株式持分の変化について開示することが必要となる。なお，かかる保有割合の計算においては，関係当事者や共同保有者の持分も含めて計算される。

開示は，取得又は処分の日から3営業日以内に，タイ語又は英語のいずれ

40）共同保有者規則によれば，例えば，同じ方法で対象会社の議決権を行使する旨の合意（口頭の合意を含む。以下同じ）がある場合，一方当事者に他方当事者の議決権の行使を要請する合意がある場合，対象会社の共同経営の合意がある場合，対象会社株式の購入資金が共通である場合，SECの定める規則上同一グループとされる場合等の関係が挙げられている。

かにより，フォーム 246-2 の原本を SEC に提出する方法により行われる必要がある。

(5) その他の進出方法

上記の既存企業の株式取得又は新会社設立といった直接投資は，一般的な海外市場への進出方法であり，こうした方法は，事業に強いコントロールを及ぼすことが可能となる一方で，資本や人材といった経営資源が必要となる。かかる理由から，日本企業を含む外国企業において，以下に記載するような直接投資以外の方法によってタイ市場へ進出する例も少なくない。

(ア) 輸 出

日本企業をはじめとする外国企業においては，自国や第三国で製造された商品を，自らの販売店（Distributor）や販売代理店（Agent）を通じてタイに直接輸出することが考えられる。

販売店（Distributor）は，販売店自らの名前及び計算においてタイ国内で外国企業から仕入れた製品を販売することになるのに対し，販売代理店（Agent）は，商品を製造する外国企業とタイ国内の顧客との間の売買契約を媒介する役割を担うことになる。

この点，タイでは，販売店や販売代理店の保護を特に目的とする法令はないものの，不当な取引条件がある場合には，不公正契約法や取引競争法による規制対象となる可能性がある。また，販売代理店を通じてタイ国内の顧客に対して直接製品を販売するなど，日本企業がタイ国内で活動する場合には，外国人事業法に抵触する可能性も考えられるため，留意が必要である。

(イ) 製造委託

外国企業は，自身が自国で製品を製造する代わりに，生産活動の全部又は一部をタイの企業に製造委託することができる。日本企業にとっては，タイの人件費や経費，材料その他関連経費は日本におけるそれらに比べて安価であることから，タイへの製造委託は費用対効果が高いといえる。しかし，日本企業が製造する製品とタイ企業が製造する製品とは品質に大きな差があることも多いため，タイの製造業者に委託した製品の品質が，日本企業の設定した品質を満たすよう，適切且つ十分なコントロールを及ぼす必要がある。

(ウ) フランチャイズ

上記以外にも，日本企業がタイへ進出する際の選択肢としてフランチャイズにより，事業主が加盟店に対し，事業主のブランド及びノウハウの使用を許諾するとともに，事業の管理運営方法，マーケティング戦略等や事業に関するアドバイス等を提供することがある。事業主としては簡易迅速にビジネスネットワークの拡大を図ることができる一方で，加盟店としては事業主によって提供される支援や指導などの恩恵を受けることができ，その対価としてフランチャイズ契約締結時にフランチャイズ手数料を，またフランチャイズの期間を通じてロイヤリティを支払うこととなる。

タイでは過去にフランチャイズビジネスに関する個別の法律を制定するような試みが幾度もなされたものの，制定には至っていない[41)]。他方で，2019年12月に，取引競争法下でのフランチャイズビジネス関連の不公正な取引に関するガイドラインが公表され，2020年2月から施行されている。当該ガイドラインにおいては，事業主が加盟店に対して損害を与えるような事態を避けるため，事業主に一定の義務を課しており（不公正な取引[42)]の禁止，加盟店の商圏内に新店舗を開設する場合の手続，事業運営に関する一定事項の開示義務等），違反の場合には事業主に課徴金（最大年間売上の10%）が科され得ることとされている。

41） 2016年にフランチャイズビジネスの運営に関する法律案の制定が試みられたものの，取引競争法との重複の懸念から制定に至らなかった経緯がある。

42） 合理的な事業上の理由なく加盟店の権利に条件を付すこと，合理的な理由なく契約締結後に追加の条件を付すこと，合理的な理由なく加盟店が事業主以外の者から製品やサービスを購入することを禁止すること，合理的な理由なく加盟店が生鮮食品等の値引販売することを禁止すること，加盟店ごとに異なる条件を設け全ての加盟店を公平に取り扱わないこと，加盟店に対し事業主の信用，品質及び規格の維持とは関連しない不適切な契約条件を付すこと

Ⅲ

現地での事業運営

1　非公開会社

タイにおいて事業を行う場合，上記Ⅱ3で述べたとおり様々な進出形態が考えられるが，実務上，民商法典上の非公開会社の設立を選択するケースが最も一般的と思われる。以下においては，かかる非公開会社に関する制度の概要について説明する。

(1)　株　式

株式に関しては，日本の授権資本制度とは異なる資本制度が採用されていること，株券の発行が義務づけられていること，株式の譲渡制限が可能であること及び第三者割当増資が認められていないことが実務上重要と考えられる。

(ア)　資本制度

日本の会社法においては授権資本制度が採用されており，株式会社は，定款に定める発行可能株式総数の範囲内であれば，適宜のタイミングで必要な数の株式を発行することができる（会社法199条1項。なお，公開会社であれば会社設立時に発行可能株式総数の4分の1以上の発行が義務づけられるが，非公開会社であればかかる制限はない〔会社法37条3項〕）。他方，タイの非公開会社においては，このような授権資本制度は採用されていないため，非公開会社は，設立時又は新株発行時にその都度株主総会の特別決議により発行株式数を決定し（基本定款に規定し），その全数を発行しなくてはならない。但し，株式を引き受けた株主は，必ずしも引受額の全額を直ちに払い込む必要はなく，取締役（取締役会がある場合は取締役会。以下同じ）は，株式を発行するにあたり，株式引受時に直ちに払い込む必要のある金額（額面額での発行の場合には額面額の4分の1以上の額）を定め，引受株主は当該金額の支払義務を負うこととなる（民商法典1105条3項・分割払込主義）。引受時に非公開会社が全額の払込みを求めない場合，取締役は適宜のタイミングで未払の残額について払込みを請求することができ，株主は当該請求時に残額の支払義務を負う（民商法典1120条）。かかる残額の支払請求について，株主総会の決議は不要である。

タイではこのような資本制度が採られていることから，実際の払込済資本金と登録資本金が異なる場合が少なくなく，留意が必要である。株式の全額が払い込まれていない間，非公開会社は，告知，手形，公告，その他の文書等に資本金を記載する場合には，登録資本金の何パーセントが払込済みであるかについて明確に記載しなければならない（民商法典1149条）。

また，最低資本金の制度は存在しない。但し，非公開会社の設立には3人以上の発起人が必要であり（民商法典1097条），発起人は最低1株以上の株式を引き受けなくてはならず（民商法典1100条），また，1株の価格は5バーツ以上である必要があるため（民商法典1117条），事実上最低15バーツの資本金が必要となる。

(イ)　株式の種類

民商法典においては，無額面株式は認められておらず，額面株式の発行のみが認められており，1株の額面額は5バーツ以上とされている（民商法典1117条）。額面額より低い価格での株式の発行は認められていない一方で（民商法典1105条1項），額面額より高い価格での株式の発行は基本定款に定めがあれば可能とされている（民商法典1105条2項）。また，現物出資も可能であるが，相殺によって払込みに代えることはできない（民商法典1108条5号）。株式の公募は禁止されている（民商法典1102条）。

利益の配当等に関して普通株式に優先する種類株式の発行も認められている（民商法典1108条4号）。また，種類株式に係る議決権を制限することができ，実務上もそのような制限を設けることは珍しくないが，具体的にどこまでの制限が許容されるかは法令上必ずしも明確ではないため，事案毎に商務省の確認を得るのが望ましい点には留意が必要である[1)]。非公開会社が一旦発行した種類株式の内容を後で変更することはできない（民商法典1142条）。

1)　外国人株主の影響力を相対的に強めるための議決権制限のアレンジ（例えば，タイ人が保有する種類株式に係る議決権を実質ゼロとする等）については，名義貸しによる外資規制の実質的潜脱とみなされる可能性があるという観点からも，慎重に検討することが必要となる。

(ウ) 株券発行・株主名簿

株券不発行の制度は定められておらず，非公開会社は株券を交付する義務を負う（民商法典1127条1項）。また，原則として発行される株券は記名式であるが，無記名株券の発行も可能とされている（民商法典1128条）。

また，非公開会社は，株主の氏名，住所等，株券番号，払込済みの資本金額等を記載した株主名簿を作成し，登記した事業所において保管しなければならない（民商法典1138条，1139条1項）。株主総会や配当等に関する株主に対する通知は株主名簿に記載された株主に対して行われる。

(エ) 株式譲渡

非公開会社の株式は原則として自由に譲渡することができるが，付属定款（Article of Association）に規定することでこれを制限することができる（民商法典1129条1項）。例えば，取締役会の同意のない株式譲渡を禁止することができ，かかる譲渡制限に反した株式譲渡は無効と解される。この点，株主間契約等において株式の譲渡を制限したとしても，これに反する譲渡を無効とすることはできないため，そのような株主間契約等の内容を付属定款にも反映することが必要となる。

株式譲渡の手続については，無記名株券であれば株券の交付だけで株式を譲渡することもできるとされている（民商法典1135条）。もっとも，通常発行されている記名株券の譲渡の場合には，譲渡対象となる株式を株券番号により特定し，譲渡人及び譲受人とそれぞれの証人（witness）が署名した株式譲渡証書によることが必要となる（民商法典1129条2項）。

株式譲渡が非公開会社及び第三者との関係でも有効とされるためには，株主名簿への記載が必要となる（民商法典1129条3項）。

(オ) 自己株式取得の禁止

非公開会社による自己株式の取得及び質受は禁止されている（民商法典1143条）。

(2) 取締役及び取締役会

(ア) 取締役の選任・任期

非公開会社においては取締役を置くことが必要とされているところ，取締役の人数及び報酬は株主総会で定めることとされ（民商法典1150条），また，株主総会の決議によって取締役は選任又は解任される（民商法典1151条）。取締役の任期に関して，毎年の最初の定時株主総会において3分の1（端数が生じる場合には3分の1に最も近い数）の取締役が退任する必要があるが（民商法典1152条），当該取締役の再任は可能である（民商法典1153条2項）。

民商法典においては，取締役の国籍要件・居住要件は定められていないため，日本に居住する日本人がタイの非公開会社の取締役に就任することも可能であるが，業種によっては他の法令においてタイ人取締役の割合が定められている場合があるため，各社の業務内容に応じて確認が必要となる。

(イ) 取締役会

非公開会社では取締役は1人でもよく，取締役会の設置は必須ではないが，取締役会を設置することは可能である。開催頻度や回数に関して特に法令上の規定はない。

どの取締役もいつでも取締役会を招集することができ（民商法典1162条），招集通知の時期，方法及び内容等に関して特に法令上の規定はない（もっとも，電子的方法による開催の場合については，後述のとおり一定の要件がある）。取締役会の定足数は，付属定款に定めがなく，且つ，取締役の人数が3人より多い場合には，3人である[2)]（民商法典1160条）。取締役会において取締役は1人1議決権を持ち，決議要件は過半数の賛成とされているが（民商法典1161条），付属定款においてこれとは異なる要件を定めることも可能である[3)]。また，賛否が同数の場合に議長に決定票があるとされているため（民商法典1161条），議

---

2) 取締役の人数が3人以下の場合の定足数について，民商法典において明示の定めはないものの，取締役会においては複数の取締役による協議を通じた意思決定が求められることから，2人であると解される。

3) 合弁会社において，特定の株主が指名した取締役の出席を定足数充足要件としたり，そのような取締役の賛成を可決要件とする（当該取締役が拒否権を有する）といったアレンジもみられる。

長の選出方法を付属定款等に定めておくことも重要である（もっとも，付属定款において議長の決定権を排除するアレンジも可能である）。

民商法典においては取締役会の専決事項に関する規定は存在しないが，一般には付属定款やその他の規程において一定の事項を取締役会の決議にかからしめることとしている非公開会社が多いものと考えられる。また，取締役会は特定の業務を１人又は複数の取締役又は他の者へ委任することができ，実際，日常業務については取締役会から取締役等に委任されることも多い[4)]。

取締役会の開催場所についても民商法典においては特に定めはなく，付属定款に特段の定めがなければタイ国外（例えば日本）で開催することも可能である。他方で，取締役の書面又は電磁的記録による同意によって取締役会の決議を省略することは認められていない。

近時の重要な運用変更として，新型コロナウイルスの感染拡大に伴う措置として，2020年4月19日付け緊急勅令により，電子的な方法による取締役会の開催要件が緩和されるとともに新たな運用基準が示されたことが挙げられる（同緊急勅令は，2020年6月2日の国会承認により恒久法扱いとなった）。従前より電子的システムを活用した開催は認められていたものの，①参加者全員がタイ国内に物理的に所在すること，②定足数の３分の１以上が同じ場所から参加することといった要件が定められていたところ，上記勅令によってそのような要件は撤廃され，以下の基本的要件の下で広く電子的システムを利用した会議開催が認められることとなった。

(1)　当局が定めるセキュリティー基準に則ったテレビ会議等の遠隔通信システムを通して開催されること。

(2)　議長が招集通知，会議資料等を書面又は電磁的方法にて証拠として保管すること。

(3)　議長が，①参加者が会議開始前に参集していることを確認すること，②参加者が記名投票・秘密投票いずれかの方法で投票できるようにすること，③書面で一定事項を記録した議事録を作成すること，④（秘密会議の場合を除き）会議

4)　なお，取締役や役員には，President や Managing Director，Chief Executive Officer などの様々な呼称が用いられることがあるが，いずれも法令上のものではない。

を音声録音又は映像録画で記録すること，⑤参加者の通信ログを記録すること。

(ウ)　サイン権限を有する取締役

取締役には，サイン権限を有する取締役（Authorized Director）とサイン権限を有しない取締役の2種類の取締役が存在する（民商法典1111条2項6号）。「サイン権限」とは，そのサインによって非公開会社に対する法的な拘束力を及ぼすことができる権限を意味する。この点，Managing Director や President といった肩書きを有する取締役であったとしてもサイン権限を有するとは限らず，サイン権限を有しない限り，そのような取締役によってサインされた契約書等は無効（非公開会社に拘束力を及ぼさない）と解される可能性が存する。このようなサイン権限の有無は登記事項であることから，タイの非公開会社と契約等を締結するにあたっては，相手方のサイン者がその非公開会社を代表して書面等にサインする権限を有する者か否かについて，事前に最新の登記情報で確認しておくことが非常に重要となる。

また，サイン方法に関する定めは非公開会社の実情に応じて自由度の高いアレンジをすることが可能である。サイン権限を有する取締役を1人のみとすることも複数名とすることもでき，例えば日本企業とタイ企業の合弁会社において双方から複数名の取締役を出している場合には，サイン権限を有する取締役を日本企業の指名による取締役のうち1人とタイ企業の指名による取締役のうち1人の合計2人とし，当該2人による連署を適式なサインとするといったアレンジも可能である。また，サインに加えて Company Seal（社印）の押印を必要とする旨を定めることもでき，例えば，サイン権限を有する取締役にはタイ人取締役を選任しつつ，サインと社印の押印が必要である旨定めた上で社印は日本側で管理するといった方法により，会社運営を実質的にコントロールすることも考えられる。

日本に居住する日本人取締役がサイン権限を有している場合など，サイン権限を有する取締役が日常的にサインを行うことが難しいような場合には，委任状により，例えば日常業務に関する事項に限っては非公開会社に常駐する者にサイン権限を与えるという方法も可能である。但し，委任状を交付する際には，現場で拡大解釈等がなされないように委任範囲が明確となるような記載内容とする必要がある。

(エ) 取締役の義務及び責任

取締役は，非公開会社の職務を遂行するにあたって善管注意義務を負う（民商法典 1168 条 1 項）。

また，取締役は，特に以下の点について連帯して責任を負うものとされている（民商法典 1168 条 2 項）。

(a) 株主による株式の払込み
(b) 法令に従った帳簿及び書類の管理
(c) 法令に従った適切な配当
(d) 株主総会の決議に従った適切な職務の遂行

さらに，取締役は，株主総会の承諾を得ることなく，自己又は第三者のために非公開会社の事業と同種又は競合する事業を行うこと，非公開会社の事業と同種又は競合する事業を行う他の事業体の無限責任パートナーとなることが禁止されている[5]（民商法典 1168 条 3 項）。

取締役が非公開会社に損害を与えた場合，非公開会社は当該取締役に対して損害の賠償を請求することができ，また，非公開会社がこれを請求しない場合には，株主がこれを請求することができる（民商法典 1169 条 1 項）。加えて，非公開会社の債権者においても，その非公開会社に対する債権額の範囲において取締役に対する請求権を行使することができる（民商法典 1169 条 2 項）。

他方で，取締役の行為が株主総会において承認されたものである場合には，取締役は，かかる行為を承認した株主及び非公開会社に対して責任を負わない（民商法典 1170 条 1 項）。また，かかる行為を承認していない株主においても，

5) 明文上は明らかではないが，競業取引の制限の趣旨からすると，非公開会社の取締役が株主総会の承諾を得ることなく他の非公開会社や公開会社の取締役に就任することも禁止されるものと解される。

株主総会がこれを承認した日から6か月を経過すると，取締役に対して，当該承認に基づいて行った取締役の行為に関する請求を行うことができなくなる（民商法典1170条2項）。

また，取締役が民商法典に規定されている一定の義務を怠った場合には，刑事上の責任を科される場合がある。例えば，適切な登記を行わなかった場合には，取締役に対して罰金刑や懲役刑が科せられる可能性がある。また，その他の法令においても，非公開会社に法令違反があった場合に，非公開会社だけでなく，その取締役や代表者等も刑事罰を負う旨定める（又はそのように解される）ものが数多く存在するため，留意が必要である。

⑶ 株主及び株主総会

㈠ 株 主

非公開会社では，株主が3人未満になった場合に裁判所は解散を命じることができるとされているため（民商法典1237条1項4号），設立時のみならず，常に少なくとも3人の株主が必要と考えられる。

株主は株主総会における議決権及び配当を受ける権利を有するほか，株主名簿の閲覧（民商法典1140条），取締役に対する損害賠償（民商法典1169条1項），株主総会決議の取消し（民商法典1195条）や株主総会・取締役会の議事録の閲覧（民商法典1207条2項）をすることができる。また，20％以上の株式を保有する株主は，臨時株主総会の招集（民商法典1173条）や（商務省に対する）検査役の選任（民商法典1215条1項）を請求することができる。

㈡ 株主総会の招集

非公開会社は，会社設立登記後6か月以内に，また，その後は毎年1回，定時株主総会を開催しなければならない（民商法典1171条1項）。この点，前事業年度の計算書類を当該事業年度の末日から4か月以内に株主総会のために提出しなければならないとされていることから（民商法典1197条1項），定時株主総会も毎事業年度の末日から4か月以内に開催されることになる。

取締役はいつでも臨時株主総会を招集することができる（民商法典1172条1項）。株式総数の20％以上を保有する株主から請求がある場合には，取締役は直ちに臨時株主総会を招集しなければならない（民商法典1173条，1174条1項）。当該請求から30日以内に取締役が株主総会を招集しない場合には，当該株主又は20% 以上の株式を保有する他の株主は自ら株主総会を招集することができる（民商法典1174条2項）。さらに，取締役は，資本金の半分に相当する損害が生じた場合，直ちに臨時株主総会を開催しなければならない（民商法典1172条2項）。

株主総会を招集するには，株主総会の日の7日前までに，新聞に招集通知を公告するとともに，株主名簿に記載の株主に対して招集通知を送付する必要がある。もっとも，特別決議事項が目的事項に含まれる場合には，かかる公告及び通知は株主総会の日の14日前までになされなければならない（民商法典1175条1項）。

㈦　株主総会の決議

定時株主総会及び臨時株主総会のいずれについても，株式の4分の1以上を有する株主の参加が定足数として必要とされている（民商法典1178条）が，付属定款に定めることによって要件を加重することは可能と解される。

株主総会の決議は，原則として出席株主又はその代理人による挙手によって行われるものとされており，1株主に1議決権が与えられる（民商法典1182条）。もっとも，あらかじめ付属定款に定める場合又は2人以上の株主による請求がある場合には，1株1議決権による投票によって決議することができる（民商法典1190条）。

以下の事項は普通決議事項とされ，出席株主の議決権の過半数の賛成により成立するが，賛否が同数の場合には議長が決定権を有する（民商法典1193条）。

・　取締役の選任・解任（民商法典1151条）
・　取締役の報酬（民商法典1150条）
・　会計監査人の選任（民商法典1209条1項）
・　会計監査人の報酬（民商法典1210条）
・　計算書類の承認（民商法典1197条1項）

- 配当の支払（民商法典 1201 条 1 項）
- 取締役による競業・利益相反取引の承認（民商法典 1168 条 3 項）等

以下の重要事項は特別決議事項とされ，出席株主の議決権の 4 分の 3 以上の賛成が必要とされている（民商法典 1194 条）。

- 基本定款・付属定款の変更（民商法典 1145 条）
- 増減資（民商法典 1220 条，1224 条）
- 解散（民商法典 1236 条 4 号）
- 合併（民商法典 1238 条）
- 公開会社への組織変更（公開会社法 180 条）等

なお，付属定款において議長の決定権を排除することやこれらの決議要件を加重することも可能である。

株主総会の招集，開催又は決議に民商法典又は非公開会社の付属定款の違反がある場合，取締役又は株主は，裁判所に対して決議の取消しを請求することができるが，かかる請求は決議の日から 1 か月以内になされなければならない（民商法典 1195 条）。

株主総会の議長は，取締役会の議長がこれを務めるものとされている（民商法典 1180 条 1 項）。但し，取締役会の議長が定まっていない場合又は株主総会の開催時間から 15 分が経過しても現れなかった場合は，株主総会に出席した株主が互選により議長を選任する（民商法典 1180 条 2 項）。

なお，電子的な方法による株主総会の開催については，電子的な方法による取締役会の開催と同じ要件で認められることとされている（上記⑵(イ)参照）。

⑷ 資 金 調 達

非公開会社では，株式の公募や第三者割当増資，社債の発行を行うことができない（民商法典 1102 条，1222 条 1 項，1229 条）。そこで，非公開会社による資金調達の方法としては，金融機関等からの借入の他，既発行の株式に係る引受価格のうち未払込分に係る払込請求又は株主に対する新株の発行が考えられる。

㈠　既発行の株式に係る未払分の払込請求

上記⑴㈠のとおり，株式を発行するにあたり，取締役は，株式引受時に直ちに払い込む必要のある金額（額面額での発行の場合には額面額の4分の1以上の額）を定める。そして，株式引受時に全額の払込みを求めない場合，取締役は適宜のタイミングで未払の残額についての払込みを請求することができる（民商法典1120条）。

この点，払込みを求める場合，取締役は，21日以上前に株主に対して通知するものとされている（民商法典1121条）。株主が支払を怠った場合には，議決権を行使することができなくなり（民商法典1184条），また，支払期限日以降，利息の支払義務が発生する（民商法典1122条）。また，この場合，取締役は，一定の期日を定めて払込額及び利息の支払を催促し，当該期日までに支払がなされなければ株式を没収する旨の通知を行うことができ（民商法典1123条），かかる通知にもかかわらず，なお株主が当該期日までに支払を行わない場合にはその株式を没収することができる（民商法典1124条）。没収された株式は競売にかけられ，売却額は未払の払込額及び利息に充当され，残余があれば当該株主に支払われる（民商法典1125条）。

㈡　既存株主に対する新株発行

上記のとおり，非公開会社においては第三者割当増資が認められていない一方で，新株が発行される場合には，既存株主がその保有株式数の割合に応じて新株の割当てを受ける権利を有する（民商法典1222条1項）。非公開会社が，特定の株主に対してのみ新株を割り当てることはできない。もっとも，割り当てられた新株の引受けは既存株主の権利であって義務ではないと解される。事業拡大や資本提携等のため新たに第三者からの出資を受け入れようとする場合には，実務上，①既存株主が当該第三者に対して1株を譲渡することで当該第三者を既存株主とした上で，新株の発行にあたって当該第三者以外の既存株主が新株の引受けを放棄するか（引受けが放棄された新株については，引受けを希望りる他の株主に割り当てることが可能とされている〔民商法典1222条3項〕），②当該第三者以外の既存株主が新株を引き受けた上で，これを当該第三者に譲渡することで，事実上第三者に対して新株を発行するといった方法がとられている。また，特定の既存株主のみから増資を受けようとする場合には，一旦全既存株主に対して保有株式数の割合に応じて新株を割り当て，当該特定の既存株主以外の株主には新株の引受けを放棄してもらうことが必要となる。

新株の発行にあたっては，株主総会の特別決議が必要となるが（民商法典1220条），登録資本金に関する基本定款の変更のための株主総会の特別決議も必要となる（民商法典1145条）。また，株主総会決議から14日以内に増資及び基本定款変更の登記申請を行わなければならない（民商法典1228条）。

(5) その他

(ア) 決算及び会計監査人

非公開会社は，毎年決算を行い，貸借対照表及び損益計算書を作成しなければならない（民商法典1196条）。これらの計算書類は，会社の規模を問わず，外部の監査人である会計監査人による監査が義務づけられている。その上で，取締役は，会計監査を経たこれらの計算書類を，決算日から4か月以内に定時株主総会に提出し，その承認を得なくてはならない（民商法典1197条1項）。また，取締役は，事業報告書も作成し，貸借対照表及び損益計算書とあわせて株主総会に提出しなければならない（民商法典1198条）。誰でも一定の手数料を支払うことにより会社の貸借対照表及び損益計算書の写しを取得することができるものとされており[6]（民商法典1199条1項），また，取締役は，株主総会において承認された日から1か月以内にこれらを商務省に提出しなければならない[7]（民商法典1199条2項）。

会計監査人の任期は1年であり，毎年の定時株主総会で選任される（なお，再任は可能である。民商法典1209条）。非公開会社の取締役，代表者又は従業員や非公開会社の業務上の利害関係者は会計監査人となることはできない（民商法典1208条）。会計監査人は，会計監査に必要な帳簿や書類の調査を行うほか，

---

6) 会計法において，株主資本等変動計算書やキャッシュフロー計算書等の作成も義務づけられている。

これらに関する事項について非公開会社の取締役や従業員等に報告を求めることができる（民商法典1213条）。もっとも，日本の監査役のような取締役の業務執行を監査する権限や取締役会・株主総会への出席権は有しない。

(イ) 配　当

非公開会社においては，別途種類株式を発行する場合を除き，各株主による株式の払込額に応じて配当がなされなければならない（民商法典1200条）。

配当は利益のみを原資としなければならず，非公開会社に累積損失がある場合には，当該損失を回復するまで配当をすることはできない（民商法典1201条3項）。配当は株主総会の決議に基づきなされる必要があるが（民商法典1201条1項），取締役は配当をするための十分な利益があることが明らかであるときは，中間配当をすることもできる（民商法典1201条2項）。なお，配当は，配当決議から1か月以内に行われなければならないこととされている（民商法典1201条4項）。

また，非公開会社は，利益準備金が資本金の10分1に達するまで，配当の都度，利益の20分の1以上を利益準備金として積み立てなければならない（民商法典1202条1項）。

上記に反する配当がなされた場合，非公開会社の債権者は株主に対して配当された金銭の非公開会社への返還を請求することができる（民商法典1203条）。但し，株主が善意で配当を受け取った場合はこの限りでない（民商法典1203条）。

(ウ) 減　資

非公開会社は，株主総会の特別決議に従い，株式の額面額を引き下げることにより又は発行済みの株式数を減少させることにより減資を行うことができる（民商法典1224条）。もっとも，資本金額の4分の1未満に減資することはできない（民商法典1225条）。非公開会社は，減資の決議から14日以内に減資及び

7)　これらの貸借対照表及び損益計算書や各社の株主構成等の情報は，民間会社の運営する会員制ウェブサイトを通じて入手することができる。但し，これらの情報は最新のものではない可能性があり，また，必ずしも正確性が担保されているわけではない点に留意が必要である。

基本定款変更の登記申請を行わなければならない（民商法典1228条）。

また，減資にあたっては，債権者保護の観点から債権者異議手続を履践する必要がある。具体的には，現地の新聞に少なくとも1回減資を行う旨を公告し，すべての知れたる債権者に対して書面により減資を通知し，減資に異議のある債権者は通知日から30日以内にその旨を通知するよう求めなければならない（民商法典1226条1項）。債権者が30日以内に異議を述べない場合には，異議はなかったものとみなされる（民商法典1226条2項）。他方で，債権者が異議を述べたときは，その債務を弁済するか，担保を提供しない限り，減資を進めることはできない（民商法典1226条3項）。また，減資によって金銭の返還を受けた株主は，過失なく減資を知らなかったことにより減資に対する異議を述べることができなかった債権者に対して，減資の登記の日から2年間，返還を受けた金銭の範囲で責任を負う（民商法典1227条）。

2　公開会社

公開会社（Public Limited Company）は，非公開会社と同様，株式会社の一種であるが，公開会社法（Public Limited Company Act B.E. 2535〔1992〕）に基づき設立される株式会社であり，上場企業においては公開会社を選択する必要がある[8]。

(1)　株　式

(ア)　資本制度

非公開会社においては，授権資本制度は採用されておらず，新株発行時にその都度発行株式数を決定し，その全数を発行しなくてはならないのに対し，公開会社においては，株主総会において増資の決議をした後，その全部又は一部を株主割当，公募又は第三者割当の方法により順次発行していくことが可能である（公開会社法137条）。

また，非公開会社と異なり，公開会社の株式は引受時において額面額全額が払い込まれなければならない（公開会社法37条2項）。但し，非公開会社と同様に，現物出資の場合には，払込みを行う者は当該出資対象物の所有権又は当該権利の書面上の証拠を全て公開会社に譲渡しなければならない（公開会社法35条5号）[9]。

払込みにあたって，引受人が当該公開会社に対する債権と払込金額を相殺することは禁止されている（公開会社法54条）。但し，債務の株式化に係る株式の発行のガイドライン及び方法に関する勅令（Royal Decree on the Guideline and Method to issue the shares for a debt-to-equity conversion plan of the company B.E. 2544〔2001〕）に従って，債務の株式化（デット・エクイティ・スワップ）を図ることはできる。

8)　非公開会社は，株主総会の特別決議により公開会社に組織変更することができる（公開会社法180条）。

9)　この場合，公開会社の取締役会は，払込みを行う者に対して，払込みの期限（通知受領日から30日以上）を付して払込みに関する通知を送付しなければならない。

(イ) 株式の種類

公開会社の株式は，非公開会社と同様，各株式が不可分且つ同価値でなければならない。但し，株式が複数人により共有されている場合又は複数人が共同して払込みを行った場合には，当該複数人は当該株式全体につき共同で責任を負うこととなる（公開会社法53条2項）[10]。

公開会社の株式には，額面額の下限は存在しない[11]。また，額面額より高い価格で株式を発行することも可能であるが，この場合，額面額を上回る分については，資本準備金として計上しなければならない（公開会社法51条）。他方で，1年以上営業した公開会社において損失が生じている場合で，一定の条件[12]を満たすときには，額面額より低い価格で株式を発行することもできる（公開会社法52条）。

また，種類株式の発行も可能であり，公開会社法においては，議決権（公開会社法102条2項）や配当（公開会社法115条2項），残余財産分配請求権（公開会社法172条）等に関して種類株式の発行を前提とする規定が存在する。もっとも，種類株式は普通株式と同価格で発行しなければならない（公開会社法50条）。また，一度発行された種類株式の内容を変更することはできないが（公開会社法65条1項），付属定款において規定することによって種類株式を普通株式に転換することは可能である（公開会社法65条2項）[13]。

(ウ) 株券発行・株主名簿

公開会社は株券を交付する義務を負う（公開会社法55条1項）。また，発行される株券は記名式である（公開会社法56条）。

また，公開会社は，株主の氏名，国籍及び住所，株券の種類及び番号等を記載した株主名簿を作成し，本社において保管しなければならない（公開会社法

10）なお，このような場合には，当該複数人株主は，そのうちの1人を株主権を行使する者として選任することができる。
11）但し，2017年1月1日以降に上場した公開会社における株式の額面額は，0.5バーツ以上でなければならない。また，無額面株式の発行は認められないものと解される。
12）①株主総会において承認が得られていること，②額面額からの固定割引率が目論見書に記載されていること，③公開会社法137条の規定に従っていること
13）種類株式の普通株式への転換は，株主が転換申請書を保有株券とあわせて会社に提出することによって行われ，当該提出日をもって転換が有効となる。

61条，62条1項）。但し，公開会社は，株主名簿の保管を第三者に委託することができ，この場合，公開会社は株主及び事業登録局に対して保管者を通知しなければならない（公開会社法62条1項）。

㈰ 株式譲渡

株主は，株式を第三者に自由に譲渡することができ，公開会社では，株式の譲渡を制限することは禁止されている（公開会社法57条1項）。但し，以下の場合においてのみ，付属定款において株式譲渡の制限を規定することができる（公開会社法57条1項）。

① 当該制限が公開会社が適法に有する権利や利益を守る目的である場合
② 当該制限がタイ人株主と外国人株主の株式保有比率を維持する目的である場合[14)]

株式譲渡は，株券の裏面に譲受人名を記載し，譲渡人と譲受人が署名をして，譲渡人から譲受人に株券を引き渡した時点で完了する（公開会社法58条1項）。また，公開会社の株式の譲渡は，公開会社が株主名簿書換えの請求を受領した時点で当該公開会社を拘束することとなり，さらに，当該株式譲渡が株主名簿に記録された時点で当該会社以外の第三者をも拘束することとなる[15)]（公開会社法58条1項）。

また，公開会社は株主の地位に関する混乱を避けるため，株主総会開催の21日前から株主名簿を閉鎖し，株式譲渡による株主名簿書換えを受け付けないことができるが，その本店及び全ての支店において閉鎖日の14日前までに全株主に対し当該閉鎖日を通知しなければならない（公開会社法60条）。

SET（Stock Exchange of Thailand）又はMAI[16)]（Market for Alternative Invest-

14） 例えば，外国人事業法に基づくタイ人株主比率及びタイ法人としてのステータスを維持し，公開会社の事業が同法に基づく制限の対象とならないようにする目的の場合には制限が認められる。
15） 公開会社は，株式譲渡が適法になされたと判断する場合には，株主名簿書換えの請求を受領してから14日以内に株主名簿にこれを記録しなければならない（公開会社法58条1項）。
16） SETよりも上場要件が緩和された取引市場。

ment）に上場する公開会社は，証券取引所での株式売買のため，株主に対して株券を発行することなく，スクリップレス・システム（株式残高を電子システムに記録・維持するシステム）を用いてタイ証券預託所（Thailand Securities Depository）に株式を預託することができる。この場合における株式譲渡等の取引は，証券取引法（Securities and Exchange Act）及びその関連規則に従って一般にコンピュータシステム上で実施されることをもって有効となるため，株券への裏書は必要とされない。

(オ) 自己株式取得の禁止

公開会社による自己株式の取得及び質受は禁止されている（公開会社法 66 条）。但し，①議決権及び配当に関する付属定款の規定を変更する株主総会決議に反対した株主からの株式の買取り，②利益剰余金及び流動性資産を有し，且つ，株式を取得しても財政上の問題を生じない場合における株式の買取りは許容される（公開会社法 66/1 条 1 項）。自己株式は，株主総会の定足数の算定において考慮されず，議決権及び配当を受領する権利を有しない（公開会社法 66/1 条 2 項）。また，公開会社は，取得した自己株式を 3 年以内に処分しなければならず，当該期間内に処分しなかった場合は，消却により減資する必要がある（公開会社法 66/1 条 3 項，Ministerial Regulation Prescribing Rules and Procedures for the Repurchase of Shares, Disposal of Repurchased Shares and Deduction of Repurchased Shares of Companies B.E. 2544〔2001〕12 条）。

(2) 取締役及び取締役会

(ア) 取締役の選任・任期

取締役の最低人数に関する定めのない非公開会社とは異なり，公開会社の取締役会は，5 人以上の取締役で構成されなければならず，また，その半数以上がタイ国内の居住者でなければならない（公開会社法 67 条）。また，付属定款に別段の規定がない場合，少数株主がその利益を代表する候補者を取締役に選任することを可能にするため，取締役は累積投票により選任される[17]（公開会社法 70 条 1 項）。

毎年の定時株主総会において，取締役全員の新たな選任が必要となるが，新たな取締役が就任するまでは，元の取締役が引き続き事業運営にあたる（公開会社法 71 条 1 項）。但し，付属定款において累積投票とは別の選任方法を定める場合には，毎年の定時株主総会において 3 分の 1（端数が生じる場合には 3 分の 1 に最も近い数）の取締役が退任する（公開会社法 71 条 2 項）。当該取締役の再任は可能である（公開会社法 71 条 4 項）。

なお，死亡，辞任，資格喪失又は株主総会による解任決議により取締役の欠員が生じ，次回定時株主総会まで 2 か月以上の期間がある場合は，残存取締役の 4 分の 3 以上の賛成により，株主総会を招集することなく欠員補充のための取締役を選任することが可能である（公開会社法 75 条）。欠員補充のために選任された取締役は，欠員となった取締役が有していた任期内に限り，取締役の地位を有することとなる。

(イ) 取締役会

公開会社においては，少なくとも 3 か月に一度，（付属定款に別段の定めがない限り）公開会社の本社所在地又はその近隣において取締役会を開催しなければならない[18]（公開会社法 79 条）。また，株主総会の招集や（任期満了以外の事由による）取締役退任に伴う補欠取締役の選任[19]等には，取締役会決議が必要であり，その他の適当と考えられる議案についても，公開会社法により株主総会決議が必要とされていない限り，取締役会にて決議することができる。

取締役会は，議長が招集するが，取締役 2 人以上の請求がある場合には，議長は当該請求の受領日から 14 日以内に取締役会の開催日を決定しなければならない（公開会社法 81 条）。また，議長は，公開会社の利益のために必要な場合又は緊急の場合を除き，開催日の 7 日前までに取締役全員に書面による

---

17)　各株主は，持株数に選任する取締役の数を乗じた数の議決権を有し，これを 1 人又は複数に投票して，その議決権を行使することができる。その上で，得票数の高い候補から順に規定の人数に達するまで取締役に選任される。最後の取締役枠に得票数が同数の候補が複数いる場合は，抽選により選任する。

18)　取締役の書面又は電磁的記録による同意によって取締役会の決議を省略することは認められていない。

19)　取締役が任期満了以外の事由（死亡，辞任，資格喪失又は株主総会による解任決議）により退任した場合には，当該取締役の残る任期が 2 か月未満の場合を除き，取締役会は補欠の取締役を選任しなければならない（公開会社法 75 条 1 項）。かかる決議においては，取締役の 4 分の 3 以上の賛成が必要となる（公開会社法 75 条 2 項）。

招集通知を送付しなければならない（公開会社法82条）。

取締役会の定足数を充足するには，全取締役の半数以上の出席が必要となる（公開会社法80条1項）。取締役会において取締役は1人1議決権を持ち，決議要件は過半数の賛成とされている点，賛否が同数の場合に議長に決定票があるとされている点は非公開会社と同様である[20]（公開会社法80条2項，3項）。

(ウ) サイン権限を有する取締役

非公開会社と同様，取締役には，サイン権限を有する取締役とサイン権限を有しない取締役の2種類の取締役が存在する（公開会社法39条1項4号）。

(エ) 取締役の義務及び責任

取締役は，適用ある法令，公開会社の目的及び付属定款並びに株主総会の決議を誠実に遵守し，善良なる管理者の注意をもって，その職務を遂行しなければならない（公開会社法85条1項）。取締役がかかる義務に違反し，これによって公開会社に損害を与えた場合は，公開会社は当該取締役に対して損害の賠償を請求することができる（公開会社法85条2項1号）。もっとも，実際には公開会社がその取締役に対して損害賠償を請求することには期待し難い面も存するため，公開会社法においては，発行済み株式総数の5% 以上を保有する1人又は複数の株主[21]が公開会社に対して取締役への損害賠償請求を行うよう請求することができ，公開会社が当該請求に応じなかった場合には，当該株主は公開会社のために自ら裁判所に訴えを提起することができる[22]（公開会社法85条2項1号）。

さらに，公開会社法においては，取締役に対する以下のような義務が定められている。

20） 但し，非公開会社の場合と異なり，付属定款において議長の決定票を排除することはできないものと考えられる。

21） 取締役による義務違反があった時点で株主である必要がある（公開会社法85条4号）。

22） また，取締役による義務違反によって会社に損害を与える可能性がある場合には，発行済み株式総数の5% 以上を保有する1人又は複数の株主は，裁判所に対してかかる義務違反に係る行為の停止を求めることができる（公開会社法第85条2項2号）。

(a)　取締役は，その選任決議前に株主総会に通知しない限り，自己又は第三者のために公開会社の事業と同種で競合する事業を行うこと，公開会社の事業と同種で競合する事業を行う普通パートナーシップのパートナー，有限責任パートナーシップの無限責任パートナー又は非公開会社若しくはその他の会社の取締役となることはできない（公開会社法86条1項）。

(b)　取締役会の承認を得ない限り，取締役が自己又は第三者の名前で公開会社との間で行った取引は，公開会社に対し拘束力を有さない（公開会社法87条）。

(c)　取締役は，①公開会社が締結した契約のうち当該取締役が直接又は間接の利害関係を有する契約に関する事実（契約の種類，当事者，利害関係），②当該取締役が保有する公開会社又はその関連会社の株式又は社債に関する事実（会計年度内における株式数又は社債数の増減）を遅滞なく会社に通知しなければならない（公開会社法88条1号，2号）。

(d)　従業員に係る福利厚生規程又は商業銀行若しくは生命保険等の法律に基づくものを除き，公開会社は取締役に対して金銭を貸し付けてはならない（公開会社法89条1項）[23]。

(e)　公開会社は取締役に対して，付属定款に基づく報酬を除き，金銭又はその他の資産を付与してはならない（公開会社法90条1項）。

取締役が，株式の引受人に払込み（現物出資の場合は対象財産の移転）を行わせることができなかった場合，払込みを受けた財産を公開会社法に基づかずに費消した場合，関連する法律を遵守して公開会社の利益を維持する善管注意義務に違反した場合，公開会社法89条1項に違反して金銭を貸し付けた場合，公開会社の保有資産を定款上の報酬規定に基づかずに取締役に対して支出した場合，公開会社法に基づく株主への配当を行わなかった場合，株式，社債その他の金融商品の売却にあたって，公開会社の財務状況及び事業遂行に関して誤った情報を提供し又は情報を隠蔽した場合等には，取締役は公開会社に対して連帯して責任を負う（公開会社法91条）。但し，①当該行為に関与しなかったか，若しくは当該行為が取締役会決議に基づきなされたものではないことを証明した場合，又は②取締役会において異議を述べ，これが議事録に記載されて

23）なお，公開会社は，取締役の一定の関係者（配偶者，子，一定の関係パートナーシップ等）に対しても，金銭を貸し付けてはならないとされている。

いるか若しくは当該取締役が取締役会後3日以内に議長に異議に関する文書を提出した場合には，当該取締役は連帯責任を免れる（公開会社法92条）。また，株主総会で承認又は追認された行為に関しては，取締役は公開会社，株主又は債権者に対し責任を負わない（公開会社法95条）。

(3) 株主及び株主総会

(ア) 株　主

公開会社では，株主が15人未満になった場合，発行済み株式総数の10%以上を保有する株主は裁判所に対して解散を申し立てることができると規定されているため（公開会社法155条1項2号），設立時のみならず，常に少なくとも15人の株主が必要と考えられる。

株主は株主総会における議決権及び配当を受ける権利を有するほか，5%以上の株式を保有する株主は，取締役に対する損害賠償（公開会社法85条2項）や事業登録局に対する検査役[24]の選任の請求（公開会社法128条1項）をすることができ，10%以上の株式を保有する株主は，臨時株主総会の招集を請求することができる（公開会社法100条1項）。

(イ) 株主総会の招集

取締役会は会計年度末日から4か月以内に定時株主総会を招集しなければならない（公開会社法98条1項）。また，取締役会が適当と考える場合に，臨時株主総会を招集することができる（公開会社法99条）。

また，発行済み株式総数の10%以上の株式を保有する株主から請求がある場合には，取締役会は当該請求の受領日から45日以内に臨時株主総会を開催しなければならない（公開会社法100条2項）。取締役会が当該期間内に臨時株主総会を開催しない場合，株主は当該期間満了日から45日以内に株主総会を招集することができる（公開会社法100条2項）。

株主総会の開催場所は，付属定款に別段の定めがない限り，公開会社の本社

24） 事業登録局は，債権者に対する詐欺行為，公開会社法等に反する行為，会社の目的や利益等に反する行為に係る合理的な疑いがあると判断する場合には，会社の事業運営の調査のため検査役を選任することができる（公開会社法129条1項）。

所在地又はその近隣としなければならない（公開会社法101条2項）。

株主総会を招集するには，取締役会は，株主総会の日の7日前までに株主及び事業登録局に対して，開催場所，日時及び目的事項を記載した書面による招集通知を送付しなければならない（公開会社法101条1項）。目的事項については，それが情報提供，承認又は検討のいずれを目的とするものかを示し，また，当該事項に関する取締役会の意見を含む十分な詳細をあわせて記載する必要がある（公開会社法101条1項）。また，株主総会の日の3日前までに新聞において招集通知を公告しなければならない（公開会社法101条1項）。

㈣ 株主総会の決議

株主総会においては，25人以上の株主又は株主の半数以上の出席，且つ発行済み株式総数の3分の1以上を有する株主の出席を定足数とする（公開会社法103条1項）。

各株主は株式1株につき1議決権を有し，株主は自ら株主総会に出席し又は代理人を通じて議決権を行使する。代理人を選任する場合，取締役会の議長又は議長が指定した者に対して委任状を提出しなければならない（公開会社法102条1項）。

株主総会の決議要件は，付属定款に法定の条件を上回るような別段の定めがない限り，以下のとおりである。

(a) 普通決議は，株主総会に出席し，議決権を行使する株主の過半数の賛成により成立するが，賛否同数の場合は，株主総会の議長が決定票を有する[25)]（公開会社法107条1号）。普通決議の対象となる事項には，取締役や会計監査人の選任，配当，計算書類の承認等がある。

(b) 特別決議は，株主総会に出席し，議決権を行使する株主の4分の3以上の賛成により成立する（公開会社法107条2号）。特別決議の対象となる事項には，基本定款又は付属定款の変更，増資・減資，合併，解散，事業の全部又は主要な一部の譲渡，他の会社の事業の取得，社債の発行等がある。

25） 非公開会社の場合と異なり，付属定款において議長の決定票を排除することはできないものと考えられる。

取締役会の議長が株主総会の議長を務めるが，取締役会の議長が株主総会に出席しない場合又は株主総会の議長を務めることができない場合で，副議長がいるときは，副議長が株主総会の議長を務め，副議長がいない又は株主総会の議長を務めることができないときは，株主総会に出席した株主が互選により議長を選任する（公開会社法104条）。

株主総会の招集又は決議に公開会社法又は公開会社の付属定款の違反がある場合，発行済み株式総数の20%以上を保有する株主又は5人以上の株主は裁判所に対して決議の取消しを請求することができるが，これは株主総会の日から1か月以内になされなければならない（公開会社法108条1項）。裁判所によって決議が取り消された場合，会社は1か月以内に全株主にこれを通知しなければならない（公開会社法108条2項）。

(4) 資金調達

公開会社は，株式の株主割当だけでなく，公募や第三者割当の方法により株式を発行することができ（公開会社法137条），また，社債等の証券を発行することによる資金調達も可能である等（公開会社法145条），非公開会社に比べて多様な資金調達手段を有する。また，タイの証券取引所（SET又はMAI）に上場することを選択することもできる[26]。資金調達にあたっては，以下に述べる公開会社法における規制のみならず証券取引法や証券取引所における上場規則等にも従う必要がある点に留意が必要である。

(ア) 株式

公開会社は，新株を発行することにより増資することができるところ（公開会社法136条1項），新株の発行にあたっては，①全ての株式が発行済みであること（株主によって引き受けられていること），又は未引受けの株式がある場合にはこれらが転換社債等における権利行使のためのものであること，②株主総会の特別決議が得られていること，③当該決議の日から14日以内に登録資本の変更の登記のために当該決議に係る登記申請がなされていることが必要となる

26） SETは資本金3億バーツ以上の大企業を対象としており，MAIは資本金5000万バーツ以上の中小企業を対象としている。

（公開会社法136条2項）。また，新株は，その全部又は一部を株主割当，公募[27]又は第三者割当の方法により順次発行していくことが可能である（公開会社法137条）[28]。

なお，株式の引受人は，原則として株式の払込みを会社に対する債権と相殺することができない。但し，一定の場合に，会社が株主総会決議[29]に基づいて，債権者に対して債務の弁済に代えて新株を発行することは認められている（公開会社法54条2項，54/1条）。

(イ) 社　債

公開会社は資金調達のため投資家に対し社債を発行することもでき[30]，その場合には，証券取引法を遵守する必要がある（公開会社法145条1項）。また，社債の発行にあたっては，株主総会の特別決議を得る必要がある（公開会社法145条2項）。

(5) そ の 他

(ア) 決算及び会計監査人

公開会社は，1年に少なくとも一度[31]，貸借対照表及び損益計算書を作成しなければならない（公開会社法110条1項）。また，取締役会は，会計年度の最終日における貸借対照表及び損益計算書[32]を作成の上，定時株主総会において承認を得なければならず（公開会社法112条1項），かかる貸借対照表及び

27） 上場会社の株式の公募には，証券取引委員会の事前承認が必要となり，証券取引委員会が承認したファイナンシャルアドバイザーとともに作成した有価証券届出書及び目論見書案を証券取引委員会に提出し，承認を受けなくてはならない。

28） 非上場の公開会社における新株発行については，証券取引委員会の事前承認は不要であるものの，公募から15日以内に証券取引委員会に対して報告を行わなければならず，また，株主総会において明確な承認決議を得ており且つ当該決議から1年を経過していないこと，公衆への宣伝を行ってはならない等の条件を遵守しなければならない。

29） 株主総会に出席し，議決権を行使する株主の4分の3以上の賛成が必要である。

30） 一般的に，タイにおける投資家に対する社債の募集には，証券取引委員会の事前承認を必要とする。

31） 上場企業においては，証券取引委員会の規則により四半期毎に計算書類を作成することが義務づけられている。

32） 会計法において，株主資本等変動計算書やキャッシュフロー計算書等の作成も義務づけられている。

損益計算書については，事前に会計監査人による監査を受けなければならない（公開会社法112条2項）。取締役会は，監査済みの貸借対照表及び損益計算書を，会計監査人による監査報告書及び取締役会によるアニュアルレポートとあわせて，株主総会の招集通知とともに株主に送付しなければならない（公開会社法113条）。

会計監査人は，毎年の定時株主総会において選任され，再任も可能である（公開会社法120条）。公開会社の取締役若しくは従業員又は公開会社において何らかの地位等を有している者は会計監査人となることはできない（公開会社法121条）。会計監査人は，会社の帳簿や書類を調査する権限を有し，また，公開会社の取締役や従業員等に対して質問をすることができる（公開会社法122条）。また，会計監査人は，監査状況を説明するため，貸借対照表，損益計算書及び会計に関する問題が検討される株主総会に出席しなければならない（公開会社法125条）。

(イ) 配当

配当は利益のみを原資としなければならず，公開会社に累積損失がある場合には，配当をすることができない（公開会社法115条1項）。種類株式に対する配当を除き，配当は各株主が保有する株式数に応じてなされる（公開会社法115条2項）。配当は株主総会の決議に基づきなされる必要があるが（公開会社法115条2項），付属定款において別途定めがある場合には，取締役会の決議により中間配当を行うことができる（公開会社法115条3項）。配当は，株主総会又は取締役会が配当を承認した日から1か月以内になされなければならない（公開会社法115条4項）。

公開会社は，未発行の株式がある場合又は増資の登記をした場合，配当の全部又は一部を（現金に代えて）株式によってすることもできるが，これには株主総会の承認が必要となる（公開会社法117条）。

公開会社が上記に反して株主に配当を行い，公開会社の債権者に不利益が生じた場合，債権者は株主に対して当該配当の返還を求めて訴訟を提起することができる（公開会社法118条）。但し，当該訴訟は株主総会が当該配当を承認する旨の決議をした日から1年以内に提起されなければならず，また，善意の株主は当該配当を返還する義務を負わない（公開会社法118条）。

(ウ) 準備金

準備金には法定のものとそうでないものがあるが，公開会社法に定める準備金には，①資本準備金（公開会社法51条）と②利益準備金（公開会社法116条）の2種類がある。

この点，公開会社は額面額を超える価格で株式を発行することができ，発行価格が額面額を上回る部分は資本準備金として積み立てられる（公開会社法51条）。

他方で，公開会社は，配当するか否かにかかわらず，利益準備金の額が資本金の額の少なくとも10%相当額（付属定款又はその他の法令においてこれを上回る額の準備金が要求されている場合は，その額）に達するまで，毎年の純利益（から累積損失を差し引いた額）の5%以上に相当する額を利益準備金として積み立てなければならない（公開会社法116条）。

株主総会の決議がある場合には，公開会社は，上記準備金又はその他の準備金を累積損失に充当することができる[33]（公開会社法119条1項）。もっとも，上記準備金を充当する前に，その他の準備金から充当しなければならない（公開会社法119条2項）。

(エ) 減資

公開会社は，株式の額面額を引き下げることにより又は株式数を減少させることにより減資を行うことができるが，一度で資本金額の4分の1未満に減資することはできない（公開会社法139条1項）。但し，全ての準備金を充当した後でもなお累積損失が残り，これを補填するために行う場合には，資本金額の4分の1未満に減資することもできる（公開会社法139条2項）。減資には，株主総会の特別決議と14日以内の登記申請が必要となる（公開会社法139条3項）。

また，減資にあたっては，債権者保護の観点から債権者異議手続を履践する

33） なお，非公開会社においては，清算手続中の場合を除き，準備金を使用することはできない。

必要がある[34)]。すなわち，減資を決議した日から14日以内に，知れたる債権者に対して書面によりこれを通知し，また，新聞において公告するとともに，当該減資に対する異議がある場合には当該通知の受領日から2か月以内にこれを述べなければならない旨を通知しなければならない（公開会社法141条1項）。債権者が異議を述べた場合には，公開会社はその債務を弁済するか，担保を提供しない限り，当該減資を行うことはできない（公開会社法141条2項）。

過失なく減資の決議を知らなかったことにより減資に対する異議を述べることができなかった債権者は，減資の登記の日から1年間，減資によって金銭の返還を受けた株主に対して，返還を受けた金銭の範囲で責任を追及することができる（公開会社法144条）。

34） なお，未発行の株式の数を減少させることによって減資する場合には，債権者異議手続は要求されない（公開会社法140条，141条1項）。

3 債権・担保制度

(1) 債権概論

(ア) 総 論

① 債権の発生と消滅時効

債権の発生原因には，契約などの法律行為と不法行為，事務管理又は不当利得といった法律上の原因がある。

債権は時効の対象となり，法律上別途規定されたもの（例えば，下記のような債権が例外に該当する）を除いて，原則10年で時効によって消滅する（民商法典193/9条，193/30条～193/35条）。

時効期間	債 権
5年間	・不動産の賃料 ・分割で支払われる債権 ・金利
2年間	・物品の引渡し等に関連する商人の債権 ・動産の賃料 ・賃金

時効は，以下の場合に中断する（民商法典193/14条）。時効が中断した場合，中断事由が終了した時点から新たにその進行を始め，その際中断前の期間は算入されない（民商法典193/15条）。

- 債務者が債権者に対して，書面による債務の承認，債務の一部の弁済，金利の支払，担保の提供又は債務の承認を示すような明らかな行為によって，債務を認めた場合
- 債権者が債権の存在を確立するため又は弁済を求めるために提訴した場合
- 債権者が破産手続において債権の支払を請求した場合
- 債権者が紛争を仲裁に委ねた場合
- 債権者が提訴と同様の結果をもたらすその他の行為を行った場合

② 期限の利益

法律行為が有効に成立すれば，その効力も成立と同時に発生するのが原則であるが，期限の設定により債務の履行時期を遅らせることがある。

タイ法上は，原則として期限は債務者の利益のために定めたものと推定されるが（民商法典192条第1項），次のいずれかの場合には債務者は期限の利益を主張することができない（民商法典193条）。

- 裁判所が破産に関する法律に従い確定的保全処分（final receivership）を命じた場合
- 債務者が，その義務を負うにもかかわらず担保を提供しない場合
- 債務者が，提供した担保を毀損又は減少させた場合
- 債務者が，他人の財産を当該他人の承諾なしに担保として提供した場合

また，当事者間の法律行為に際して期限の利益喪失条項を定めることも可能と解されている。ただし，かかる条項が民商法典150条に定める公序若しくは善良な風俗に反し，又は不公正契約法に基づき不公正と認められる場合には，無効と判断されることがある。

③ 債務不履行と債権回収方法

債務の履行期が到来したにもかかわらず債務者がその債務を履行しない場合には，債権者において裁判所への訴訟提起によって強制執行を図ることが考えられる。債務者の財産を差し押さえるためには，まず裁判所による判決を得る必要があり，裁判所の判決に基づき執行当局は，債務者の財産を差し押さえ，債権者のために換価する。

また，判決前に財産の仮処分を申し立てることも制度上は認められており，少額訴訟を除き，原告は，提訴時又は当該提訴に係る判決前の時点において，債務者の財産の仮差押え等を求めることができるものと規定されている（民事訴訟法典254条）。もっとも，裁判所は，原告の申立てに根拠があり仮処分を命じるに足りる理由があると認めた場合に限り仮処分を命じることができるものとされているところ，タイの裁判所は一般的に判決前に仮処分を命じることに

は慎重な姿勢をとっており，一部の仮処分の申立てにおいては実質的に上記の要件を上回る立証が必要とされる場合もあるといわれている。また，仮処分を申し立てるためには提訴が必要であるところ，提訴によって債務者は債権者の請求を知るところとなるため，事実上債務者が仮処分を免れるために財産を隠匿・散逸させる事態もみられるところであり，仮処分は実務上有効に機能しているとはいえない状況である。

なお，以下の財産に対する差押えは禁止されている（民事訴訟法典285条）。

- 総額5万バーツ以下の服飾品及び寝具又は家財用具（但し，裁判所はこれよりも高い限度額を設定する裁量を有する）
- 生計又は債務者の職業に不可欠な10万バーツ以下の道具又は機器（但し，裁判所はこれより高い限度額を設定する裁量を有する）
- 債務者の健康維持に必要な用具，機器及び付属品
- 法律上譲渡不能な財産又は執行対象とし得ない財産

金銭債権が履行遅滞に陥った場合，これに係る利率は法定利率に2%を加えた利率[35]と定められている（民商法典224条1項）。但し，債権者が貸付契約の条項等の正当な根拠に基づきこれより高い利息を要求することができる場合や，法定利率を超える損害を立証した場合には，より高い利率が適用される（民商法典224条1項，3項）。なお，履行遅滞に係る利息に対して利息を付す（複利とする）ことはできない（民商法典224条2項）。

⑷　債務者の責任財産の保全

①　債権者代位権

債務者が自身の有する権利の行使を拒否又は懈怠した場合，債権者は，自己の債権を保全するため債務者の有する当該権利を債務者に代わって行使するこ

35）現在の法定利率は3%であるが，経済情勢に応じて勅令により変更される。従前，法定利率及び遅延損害金の利率とも7.5%とされていたが，実勢の金利水準との乖離が大きいことから，2021年4月に改正された。

とができる（民商法典233条）。但し，債務者の一身に専属する債権はこの限りでない。債務者の権利を代位行使するにあたっては，債権者は債務者を裁判に召喚する必要がある（民商法典234条）。

債権者は，自身の債権額にかかわらず第三債務者が債務者に対して負う債務の全額を請求することができるが，自身の債権額を超える額の金銭を受領することはできない（民商法典235条1項，2項）。

② 詐害行為取消権

債権者は，債務者が債権者を害することを知って行った行為の取消しを裁判所に請求するができる（民商法典237条1項）。また，破産手続における管財人又は事業更生手続における事業更生計画作成者，事業更生計画管理者若しくは管財人においても，民商法典に基づく詐害行為の取消しを求めることができる（破産法90/40条1項，113条）。

もっとも，債務者による行為時に，その行為によって利益を受けた者がこれにより債権者を害することを知らなかった場合は，債権者は詐害行為取消権を行使することはできない（民商法典237条1項）。但し，当該行為が無償行為の場合には，その行為によって利益を受けた者がこれにより債権者を害することを知らなかったとしても，債務者がこの点を認識していれば詐害行為取消権を行使することができる（民商法典237条1項）。

詐害行為取消権は，債権者が取消しの原因を知った時から1年を経過したときはこれを行使することはできず，詐害行為があった時より10年を経過したときも同様にこれを行使することはできない（民商法典240条）。

㈢ 債権譲渡

債権は当事者の相互の合意により譲渡することができる。但し，その性質上譲渡が許されないものである場合[36]はこの限りでない（民商法典303条1項）。また，当事者が反対の意思表示をした場合も債権を譲渡することはできない（民商法典303条1項）。もっとも，債権譲渡を禁止する旨の合意は善意の第三者に対抗することができない（民商法典303条2項）。上記の他，差押えが禁止

36）例えば，賃借権がこれに該当すると解されている。

された債権についても譲渡することができない（民商法典304条）。

債権譲渡は，書面でなされない限り無効であり，また，債権譲渡の通知が書面で債務者に対してなされた場合又は債務者がこれを書面で承諾した場合に限り，債権譲渡を債務者及び第三者に対して対抗することが可能とされている（民商法典306条1項）。債務者が譲渡通知を受けたにとどまる場合には，当該通知を受ける前に譲渡人に対抗することができた事由を譲受人に対しても主張することができる（民商法典308条2項）。また，明文にて規定されているわけではないものの，異議をとどめて承諾した場合には，一般に，当該異議に係る事由については譲受人に対しても主張することができるものと解される。

なお，タイ法上は，日本法と異なり，対第三者との関係においても対抗要件具備のために債権譲渡の通知又は承諾に確定日付を付す必要はないと解されている。債権譲渡の通知や承諾の日付の信用性に関して，通常調印された債権譲渡契約書上の日付は真正なものと推認されるが，公証人の資格を有する弁護士の面前で署名することによりその信用性をさらに高めることができる。

(エ)　債権の消滅

①　弁　済

弁済は，債権者又はこれに代わり弁済を受領する権限を有する者に対して行わなければならない（民商法典315条）。債権者でない者に対して債務者が弁済を行った場合，民商法典上，真の債権者が当該弁済を承認したとき（民商法典315条）又は債権を有すると外観上認められる者に対して弁済が行われたときで弁済者が善意であったとき（民商法典316条）は，当該弁済は有効とされる。これらに該当しない場合，弁済受領の権限を有しない者に対してなされた弁済は，債権者がそれによって利益を受けた限度においてのみその効力を有する（民商法典317条）。

また，債権者が弁済の受領を拒む又はこれを受領することができない場合には，債権者のために債務の目的物を供託することにより債務者は免責を得ることができる（民商法典331条）。（債権の二重譲渡等によって）弁済すべき債権又は債権者を過失なく確知することができない場合も同様である（民商法典331条）。このとき，供託は債務履行地の供託所においてなされなければならない（民商法典333条1項)。

② 代物弁済

債権者が合意した給付に代えて他の給付を受領したときは債務は消滅する(民商法典321条1項)。もっとも，代物弁済の予約（債務者によって既存債務の弁済がなされないときには，担保とした目的物により代物弁済を行うものとする当事者間の予約）の制度は法定されていない。

物，第三者に対する債権又はその他の権利によって代物弁済をする場合は，債務者は当該物の損傷や不足，権利の消滅等について売主と同様の責任を負担しなければならない（民商法典322条)。

③ 相 殺

(a) 総 論

二当事者が互いに同種の目的を有する債務を負担し，双方の債務が弁済期にある場合には，各債務者は対当額について相殺によってその債務を免れることができる（民商法典341条1項)。但し，いずれかの債務の性質が相殺を許さない場合（例えば，不法行為に基づく債務や法令により相殺が禁止されている債務)[37]などはこの限りでない。また，以下の場合にも相殺することはできない。

- 当事者が反対の意思を表示した場合（民商法典341条2項)。もっとも，当該反対の意思表示は善意の第三者に対抗することができない。
- 債権に対して対抗することができる事由がある場合（民商法典344条)
- 債務が違法な行為から生じた場合（民商法典345条)
- 差押えが禁じられている場合[38]（民商法典346条)

上記のほか，裁判所から支払禁止命令を受けた第三債務者は，その後に取得した差押えを行った債権者に対する債権によって相殺することもできないものとされている（民商法典347条)。

なお，タイ法上は二当事者間でのみ相殺が可能であり，三当事者間で相殺権

37) 例えば，株主の非公開会社に対する株式の払込みに係る債務（民商法典1119条2項)
38) 例えば，退職金積立基金法に基づき退職金積立基金の加入者が受領する利益

を行使すること（いわゆるマルティネッティング）はできないと解されている。

相殺は当事者の一方よりその相手方に対する意思表示によってこれを行い，当該意思表示に期限に係る条件を付すことはできない（民商法典342条1項）。

相殺は双方の債務の履行地が異なるときであってもすることができるが，相殺をする当事者は，相手方に対しこれによって生じた損害を賠償しなければならない（民商法典343条）。

(b)　債権譲渡と相殺の関係について

債権者が相殺をしようとする場合に，相殺の対象となる当該債権者の支払債務に係る債権（すなわち，相殺の相手方となる債務者が有する債権）がすでに譲渡されていた場合，相殺と債権譲渡の優先劣後はどのように判断されるか。

この点，債権者が債権譲渡に係る通知を受けたにとどまり承諾していなかった場合には，当該債権者は，当該通知を受ける前に債務者に対抗することができた事由を譲受人に対しても主張することができるため（民商法典308条2項），債権者は相殺することが可能である。また，債権者が債務者に対して有していた債権が当該通知を受けた時点で弁済期にない場合であっても，当該債権者は相殺を主張することができる。但し，かかる債権は，譲渡された債権（すなわち，当該債権者に対する債権）より先に又は同時に弁済期が到来するものでなければならない（民商法典308条2項）。他方，債権者が，当該債権者の支払債務に係る債権の譲渡を異議をとどめずに承諾した場合には，その後に債権者は相殺を主張することはできない（民商法典308条1項）。

(オ)　債権回収に係る債務者の保護

2015年9月，個人の債務者保護を目的として債権回収法が施行された。なお，法人は本法による保護の対象には含まれない。

(a)　債権回収業に係る登録

債権回収業を行うには，個人・法人のいずれが行う場合であっても登録が必要となる（債権回収法5条1項）。また，弁護士又は法律事務所が債権回収業を行う場合には，弁護士会が定めた規定に従った登録が必要となる（債権回収法6条1項）。

(b) 禁止事項等

債権回収法では，債権回収を行うにあたって以下のような事項が禁止されている。

- 債権回収者は，債権回収において，債務者から指定された者を除き債務者以外の者に連絡をしてはならない（債権回収法8条1項）。但し，債権回収者が債務者又は債務者から指定された者の連絡先を入手する必要がある場合においてのみ，これらの者への連絡も可能とされている（債権回収法8条2項）。
- 債権回収者は債務者又は債務者から指定された者から通知された連絡先以外の連絡先に連絡することはできない。但し，これらの者が連絡先を提供しない場合又は債権回収者が当該連絡先においてこれらの者と連絡をとることができない場合は，これらの者の本拠，住所若しくは勤務地又は債権回収監督委員会[39]の指定するその他の場所において連絡をすることができる（債権回収法9条1号）。
- 債権回収者が直接電話又は他の電子的方法で債務者らに連絡をすることができるのは，平日の場合は午前8時から午後8時まで，公休日の場合は午前8時から午後6時までである（債権回収法9条2号）。
- 上記の時間帯において適切な回数の範囲で連絡をすることができる。また，債権回収監督委員会は連絡の回数を制限することができる（債権回収法9条3号）。
- 債権回収者は債務者等の身体，評判又は財産に損害を与えるような脅迫又は暴力行為等や債務者等を侮辱するような発言を行ってはならない（債権回収法11条1号，2号）。
- 債権回収者は債権の回収に無関係な者に対して債務者の債務を公開してはならない（債権回収法11条3号）。
- 債権回収者は，それが債権回収のための連絡であることが分かるような方法（はがきやファクシミリによる連絡，債権回収業を営む者と分かるような債権回収者の名前を封筒に記載すること等）によって債務者に連絡をしてはならない（債権回収法11条4号，5号）。

39) 債権回収監督委員会は，債権回収法15条以下に基づき設置される委員会であり，内務大臣等により構成される。同委員会は，債権回収者による債権回収の監督に係る権限及び責務を有し，債権回収法の施行に必要な告示の制定や，違反行為に対する停止命令・行政罰に関する決定等をすることができる（債権回収法16条）。

債権回収法に違反した場合には，違反の態様により，行政上又は刑事上の罰則が規定されている（債権回収法34条～37条，38条～44条）。

(2) 担保制度概論

債権者が自己の債権を保全するための主要な方法としては，以下の担保制度が存在する。

物的担保		人的担保
法定担保物権	約定担保物権	
・留置権（民商法典241条～250条） ・先取特権（民商法典251条～289条）	・抵当権（民商法典702条～746条） ・質権（民商法典747条～769条） ・事業担保権（事業担保法）	・保証（民商法典680条～701条）

上記のうち，物的担保は，以下のような性質を有している。

- 附従性：担保権を設定するためには被担保債権が存在しなければならず，被担保債権が消滅すれば担保権も同時に消滅する。
- 随伴性：担保権は，被担保債権が移転する場合これに伴い移転する。
- 不可分性：担保権は，被担保債権が全額弁済されるまで目的物全体の上に存続する。

日本法上の担保権に認められている物上代位性については，タイ法上，これに相当する制度は法定されていない。もっとも，双方の合意によって，担保目的物の売却，賃貸，滅失又は損傷によって債務者が受領する金銭その他の物に対して担保権者が優先弁済を受けるようにすることは基本的に可能と解される。

主な目的物ごとの設定可能な担保権は，概ね以下のとおりである。

目　的　物	設定可能な担保権
不動産	抵当権

登録可能な動産（車輌等）	抵当権
個別動産（登録可能な動産を除く）	質権
有価証券	質権
事業	事業担保権
債権（手形等により構成される権利を除く）	事業担保権
事業活動に使用する動産	事業担保権
不動産（担保権設定者が不動産事業に従事している場合に限る）	事業担保権
知的財産権	事業担保権

なお，外国人である担保提供者が（自己の債務ではなく）第三者の債務を担保するため担保提供する場合，当該担保提供者において，第三者の債務を担保するための担保提供業務に係る外国人事業法に基づく許可の取得が必要となり得ることに留意する必要がある。

㋐　留置権

留置権とは，他人に帰属する財産の占有者が当該財産に関して生じた債権を有する場合に，当該債権が弁済されるまで当該財産を留置することができるという担保権である。但し，債権が弁済期前である場合又は占有が不法行為により開始した場合には，留置権は成立しない（民商法典241条）。

留置権者は，債権がすべて弁済されるまで留置物の全部についてその権利を行使することができる（民商法典244条）。また，留置権は留置物から生じた果実にも及び，留置権者は，留置物から生じた果実を収取し，他の債権者に先立って自己の債権の弁済に充てることができる（民商法典245条1項）。その際，当該果実はまず債権の利息に充当され，その後元本に充当される（民商法典245条2項）。

留置権者は，留置物を適切に管理しなければならない（民商法典246条1項）。また，留置権者は，債務者の承諾を得ない限り留置物を使用し，賃貸し又は担保に供することはできないが，当該留置物の保存に必要な範囲での使用についてはこの限りでない（民商法典246条2項）。留置権者がこれらに違反した場合，債務者はその権利の消滅を請求することができる（民商法典246条3項）。

留置物の占有を喪失すれば留置権も消滅するが，債務者の承諾のもとに留置物を賃貸し又は質権の目的とした場合はこの限りでない（民商法典250条）。

㈡　先取特権

タイの民商法典は，一般先取特権と特別先取特権の2種類の先取特権を規定している。先取特権は，法律の定めによって当然に取得することができるが，民商法典又は他の関連する法律に従うこととなる（民商法典251条）。

①　一般先取特権

次のいずれかの原因により債権を有する者は，債務者の総財産に対して先取特権を有する（民商法典253条）。一般先取特権者は，まず不動産以外の財産から弁済を受け，なお不足があるのでなければ不動産から弁済を受けることはできない（民商法典283条1項）。

- 共益の費用
- 葬式の費用
- 租税及び雇用関係
- 日用品の供給

共益の費用の先取特権は，全ての債権者の共同の利益のためにされた債務者の財産の保存，清算又は配当に係る費用について存在する（民商法典254条1項）。当該費用のうち，全ての債権者に有益ではないものについては，当該費用によって利益を受けた債権者に対してのみ先取特権が成立する（民商法典254条2項）。

葬式の費用の先取特権は，債務者の地位に応じて相当な葬式の費用について存在する（民商法典255条）。

租税の先取特権は，土地若しくは財産に係る租税又はその他の租税（法人税等）で，その年及び前年に未払となっている租税について存在する（民商法典256条）。また，雇用関係の先取特権は，最後の4か月間に提供された労務に係る賃金，時間外労働手当，休日労働手当，休日時間外労働手当，解雇補償金，特別解雇補償金，その他の金銭について存在する。但し，使用人１人につき10万バーツが上限とされている（民商法典257条）。

日用品の供給の先取特権は，債務者又はその扶養すべき同居の親族及びその使用人の生活に必要な最後の６か月間の飲食料品，電気及び燃料の供給について存在する（民商法典258条）。

② 特別先取特権

次のいずれかの原因により債権を有する者は，債務者の特定の動産に対して先取特権を有する（民商法典259条）。

- 不動産の賃貸借
- 旅館の宿泊
- 旅客又は荷物の運輸
- 動産の保存
- 動産の売買
- 種苗，若木又は肥料の供給
- 農業又は工業の労務

不動産の賃貸の先取特権は，その不動産の賃料その他の賃貸借関係から生じた賃借人の債務に関し，当該不動産上の賃借人の動産について存在する（民商法典260条）。この点，土地の賃貸人の先取特権は，その土地又は当該土地上の建物に備え付けられた動産，その土地の利用に供された動産及び賃借人が占有する土地の果実について存在する（民商法典261条1項）。また，建物の賃貸人の先取特権は，賃借人が当該建物に備え付けた動産について存在する（民商法典261条2項）。

旅館の宿泊の先取特権は，宿泊客の宿泊その他のサービス料で未払となっているもの及び立替金に関し，当該旅館に存する宿泊客の手荷物又はその他の財産について存在する（民商法典265条）。運輸の先取特権は，旅客又は荷物の運送費及び付随の費用に関し，運送人の占有する荷物について存在する（民商法典267条）。

動産の保存の先取特権は，動産の保存のために要した費用又は動産に関する権利の保存，承認若しくは実行のために要した費用に関し，当該動産について存在する（民商法典269条）。また，動産の売買の先取特権は，動産の代価及びその利息に関し，当該動産について存在する（民商法典270条）。

種苗，若木又は肥料の供給の先取特権は，種苗，若木又は肥料の代価及びその利息に関し，これらを用いた後1年以内にこれらを用いた土地から生じた果実について存在する（民商法典271条）。

農業又は工業の労務の先取特権は，農業の労務提供者についてはその労務に従事する者の最後の1年間の賃金，工業の労務提供者についてはその労務に従事する者の最後の3か月間の賃金に関し，当該労務提供によって生じた果実又は製作物について存在する（民商法典272条）。

もっとも，第三者が債務者から対象となる動産を取得し，引渡しを受けた場合は，当該動産について先取特権を行使することはできない（民商法典281条）。

また，次のいずれかの原因により債権を有する者は，債務者の特定の不動産に対して先取特権を有する（民商法典273条）。

- 不動産の保存
- 不動産の工事
- 不動産の売買

不動産の保存の先取特権は，不動産の保存のために要した費用又は不動産に関する権利の保存，承認若しくは実行のために要した費用に関し，当該不動産について存在する（民商法典274条）。

不動産の工事の先取特権は，工事の施工，設計又は監理をする者が債務者の不動産に関してした工事の費用に関し，当該不動産について存在するが，工事によって生じた当該不動産の価格の増加が現存する場合に限り，その増加額についてのみ存在する（民商法典275条）。

不動産の売買の先取特権は，不動産の代価及びその利息につき，当該不動産について存在する（民商法典276条）。

③　優 先 順 位

先取特権が互いに競合する際の優劣に関しては，まず，一般先取特権と特別先取特権とが競合する場合には，特別先取特権が一般先取特権に優先する。但し，一般先取特権のうち共益の費用の先取特権については，その利益を受けた全ての債権者に対して優先する（民商法典277条2項）。

一般先取特権が互いに競合する場合又は同一の動産若しくは不動産について特別先取特権が互いに競合する場合の優先順位は，原則として以下に掲げる順序に従う。同一の目的物について同一順位の先取特権者が複数いる場合は，各先取特権者は，それぞれの債権額の割合に応じて弁済を受ける（民商法典280条）。

一般先取特権（民商法典277条1項）	**特別先取特権（動産）（民商法典278条1項）**	**特別先取特権（不動産）（民商法典279条）**
i　共益の費用 ii　葬式の費用 iii　租税及び雇用関係 iv　日用品の供給	i　不動産の賃貸借，旅館の宿泊及び旅客又は荷物の運輸 ii　動産の保存（複数の保存者がある場合は，後の保存者が前の保存者に優先する） iii　動産の売買，種苗・若木又は肥料の供給及び農業又は工業の労務	i　不動産の保存 ii　不動産の工事 iii　不動産の売買（売買が順次された場合は，売買の前後による）

㈦　抵 当 権

①　総　論

抵当権設定者がその有する財産について占有を移転することなく債務の担保として抵当権者に供することにより，抵当権者は，当該財産に係る所有権の第三者への移転にかかわらず，当該財産につき他の債権者に先立って自己の債権の弁済を受ける権利を有することになる（民商法典702条）。そのため，抵当権設定者は抵当権の目的物を使用する権利を妨げられない。他人の債務の担保として第三者が自己の資産を抵当として供することも可能である（民商法典709条）。

②　民商法典改正について

抵当権及び後述する保証に関して，2015年に民商法典の内容が大きく改正された。主な改正理由は，主債務者ではない保証人及び物上保証人が金融機関などの債権者から不当な契約条件を押し付けられ，過度な責任を負担したり破産に追いやられたりする事態が増加している背景に鑑み，保証人や物上保証人の保護を強化するためとされている。

そのため，上記改正では，保証人及び物上保証人の権利が大幅に保護される内容となっており，債権者及び抵当権者が自らの債権を執行するに際して従来の権利が大幅に限定され，債権者にとっては厳しい改正内容となっている。改正された条項の一部は，法改正前に締結された保証契約や抵当権設定契約にも適用される点に留意が必要である。

なお，保証に関する民商法典691条，697条，700条及び701条（これらの規定内容については，下記(オ)にて述べる）は，抵当権にも準用される（民商法典727条）。

③　目 的 物

抵当権の目的物となり得るのは，不動産及び以下の資産である（民商法典703条）。なお，動産に対する抵当権は，個別動産に対してのみ設定可能であり，集合動産に対して抵当権を設定することはできない。

(i)　5トン以上の船舶
(ii)　フローティングハウス
(iii)　荷役用の家畜
(iv)　その他法律上登録することができる動産[40]

④　抵当権の設定

抵当権設定契約においては，目的物を特定しなければならない（民商法典704条）。また，抵当権の設定は，抵当権の目的物の所有権者以外の者が行う

40)　機械や自動車等がこれに該当する。もっとも，自動車に関しては必要な手続規定が未だ整備されていないことから，これが整備されるまでの間抵当権を設定することはできない。

ことはできない（民商法典705条）。もっとも，条件付きの所有権を有している場合に，当該条件の下で抵当権を設定することは可能である（民商法典706条）。したがって，抵当権設定者の所有権に対して付された条件の内容によっては，抵当権設定者に目的物の処分権限がないまま抵当権が成立し得る。

また，抵当権設定契約では，当該抵当権によって担保される債権の額（特定の金額又は限度額）を，タイ通貨により特定しなければならない（民商法典708条）。その上で，抵当権設定契約は，書面により締結され，所管当局に登記される必要がある（民商法典714条）。なお，抵当権に係る登記の内容として，抵当権の全詳細を示す抵当権証書が公示される。

一つの資産に複数の抵当権が設定された場合は，登記がなされた日時により優先順位が決定される（民商法典730条）。また，先順位の抵当権設定契約に反する場合であっても，すでに抵当権の設定された資産に対し，別の債権者のために，先順位の抵当権の存続期間中に後順位の抵当権を設定することができる（民商法典712条）。しかしながら，抵当権の登記に必要な目的物の権利証書（土地の権利証書等）は，第一順位抵当権者が預かることが一般的であるため，後順位抵当権の設定のためには事実上第一順位抵当権者の同意が必要となる。

⑤　被担保債権

抵当権は，元本並びに利息，債務の不履行によって生じた損害の賠償及び抵当権の実行の費用を担保する（民商法典715条）。

⑥　効　力

(a)　総　論

抵当権者は，目的物が他人に譲渡されたか否かにかかわらず，他の債権者に優先して当該目的物から弁済を受けることができる（民商法典702条）。

抵当権は，原則として，目的物に付属するすべての物に対して及ぶ（民商法典718条）。

但し，抵当権設定契約に定めがない限り，土地に対する抵当権設定後に抵当権設定者によって当該土地上に建てられた建物又は建造物に対しては，当該土地に対する抵当権の効力は及ばない（民商法典719条1項）。したがって，抵当権設定契約においてかかる新たな建物又は建造物に関する権利を抵当権者に付与する旨が定められていない場合は，抵当権者が新たな建物又は建造物に対する抵当権を取得するためには，抵当権設定者との間で新たな抵当権設定契約又は抵当権設定契約の変更契約を締結する必要がある。もっとも，抵当権者は目的物である土地とともに当該建物を売却することができる（但し，当該建物に対しては抵当権の効力が及ばないため，優先権は土地の売却価格に対してのみ及ぶ）（民商法典719条2項）。

また，他人の所有する土地上又は地下に建てられた建物又は建造物に対する抵当権は当該土地に対して及ばず，また，その反対も同様である（民商法典720条）。抵当権が実行され建物が競売によって売却された場合，買受人は，建物の所有権を取得するが，当該建物が存する土地に関する権利は取得しない。タイでは日本の借地借家法のような賃借人を保護する制度が脆弱であり，法定地上権のような制度もないため，土地に関して（賃借等の）権利を有していない場合，建物を所有するのみでは建物の収去・土地明渡しを求められる可能性がある点に注意が必要である。

抵当権者が抵当権設定者又は抵当権の目的物の譲受人に対して抵当権実行の意思を通知した後でない限り，抵当権は目的物の果実に対して及ばない（民商法典721条）。

(b)　抵当権と賃貸借契約の関係

借地上の建物の抵当権者は，当該土地の賃借に関する権利を取得しない。そのため，抵当権が実行された場合も，建物買受人は当該建物が存在する土地に対する賃借権を取得しない。したがって，競売時点において土地に関する権利を取得できるか否かを確認することなく当該土地上の建物を取得した買受人は，買受け後に当該土地から同建物を収去しなければならないおそれが存する（上記のとおり，タイでは土地の借主〔土地上の建物の所有者〕を保護する制度は極めて脆弱である）。

そこで，実務上は，建物のみに対して抵当権が設定される場合，債権者は，抵当権が実行された場合に土地の賃借権が債権者又は抵当権者に対して譲渡されることを保証するための書面を要求する。通常は，賃借人又は抵当権設定者が債務不履行となり建物の抵当権が実行された場合に土地賃貸借契約が承継されることを保証するための条件付き譲渡契約が全関係当事者，すなわち，債権者，抵当権設定者及び土地所有者によって締結される。

また，実務上，建物の抵当権を登記するにあたって，土地所有者が抵当権設定登記に必要な権利証書を保有している可能性があるため，このような場合には，いずれにせよ当該土地所有者からの同意が必要となる。

他方で，不動産の賃貸借契約は賃借不動産の譲渡をもって終了せず，譲受人は譲渡人が賃借人に対して有する権利及び義務も承継する（民商法典569条）。したがって，賃貸借契約の目的物に対する抵当権が実行された場合，当該目的物を競売により買い受けた者は，原則として当該目的物の賃貸人となる。

もっとも，実務上，抵当権者は，抵当権の設定期間中，権利証書を預かることが一般的であり，また3年以上の賃貸借は当該賃貸借が登記されなければ有効とならないところ（民商法典538条），登記手続には権利証書が必要であるため，抵当権設定者が長期の賃貸借を設定しようとする場合には，一般的には事実上抵当権者の同意が必要となる。もっとも，抵当権者は自らの利益を保護するためこれに同意しないことも少なくない。

(c)　抵当権者の権利

抵当権の目的物が毀損又は滅失し，担保として不十分なものとなった場合には，抵当権者は当該抵当権を直ちに実行することができる。但し，これが抵当権設定者の過失によるものでなく，抵当権設定者が合理的な期間内に当該不足額に見合う別の財産を担保に提供し又は当該毀損を修繕することを申し出たときはこの限りではない（民商法典723条）。また，目的物への抵当権設定・登記後に，地役権又は他の物権が抵当権者の承諾なしに当該目的物に登記され，これによって抵当権者に損害を与えた場合には，抵当権が優先しこれらの地役権又は他の物権の登記は抹消される（民商法典722条）。

但し，抵当権者は，抵当権設定者の第三者に対する明渡しを求める権利を代位することはできず，また，抵当権侵害に基づき侵入者に明渡しを請求することもできない。

(d)　物上保証人の責任限定

2015年の民商法典の改正により，第三者が債務者の債務の担保として抵当権を設定する場合，物上保証人たる当該第三者が負う責任は目的物の価格に限定され，当該価格と債務の額との間で差額が生じた場合であっても物上保証人はその不足額について責任を負わないものとされた（民商法典727/1条1項）。

これに反する内容の合意は原則として無効とされるため（民商法典727/1条2項）注意が必要である。但し，法人が債務者である場合に，当該法人の経営権又は支配権を有する者がその有する財産を当該法人の債務の担保として抵当に供し，且つ，別途保証に関する合意を締結することは許容される（民商法典727/1条2項）。

(e)　実 行 手 続

抵当権者が抵当権を実行する場合，抵当権者はまず債務者に対して催告書を送付し，催告書の受領から60日以上の期限を与えて債務の履行を催告する必要がある（民商法典728条1項）。また，物上保証人の資産に抵当権が設定されている場合，催告書を債務者に送付した日から15日以内に物上保証人に対しても当該催告書を送付することが必要とされている。抵当権者がこれを怠った場合，物上保証人は当該期限の後に発生する利息，損害賠償及び債務に付随するその他の負担の支払を免れる（民商法典728条2項）。

抵当権の実行手続において，他に抵当権又は優先権が同一の目的物に設定されていない場合で，債務者が利息を5年間支払っておらず，抵当権者が目的物の価値が債務額を下回ることを証明したときは，抵当権者は裁判所に競売に代えて抵当直流（抵当権者による抵当権目的物の取得）を申し立てることができる[41]（民商法典729条）。また，債務の履行期限が到来した場合で，他に抵当権又は優先権が同一の目的物に設定されていないとき，抵当権設定者は抵当権者に対し目的物の競売を実施することを書面により請求することができる（民商法典729/1条1項）。この場合，抵当権者は当該書面を受領した日から1年以内に競売を実施する必要があり，同期限内に競売が実施されなかった場合には，抵当権設定者は，その後に発生する利息，損害賠償及び債務に付随するその他の負担の支払を免れる（民商法典729/1条2項）。

次に，抵当権の実行として不動産の競売を行う場合の手続の流れは以下のとおりである。

41）　但し，原則として外国人が土地を所有することは禁止されているため，土地についての抵当権者である外国人はこの実行方法を選択することはできない。また，コンドミニアムのユニットに関しても，外国人の所有割合がコンドミニアムの全ユニットの49％を超えることができないため，外国人がユニットに抵当権を設定した場合には，その範囲内でのみ抵当直流による実行が可能となる。

(i) 裁判所が不動産の売却権限を付与する命令を出し，差押えの日から5日後に執行局に対し競売により不動産を売却する権限が与えられる。執行官は，競売の日時及び場所並びに不動産の詳細等を記載した競売に関する公告をする。
(ii) 入札希望者は，競売の日以前に，その意思を執行官に明らかにしなければならない。また，入札希望者は，競売の基準，手続及び条件に関する省令に従って，担保を提供しなければならない。
(iii) 債権者は，不動産の所有権に関する書類の正確性を調査し，当該所有権に関する書類の正確性を裏付けるために執行局との契約書に署名しなければならない。債権者が調査及び契約書への署名を拒んだ場合は，執行官は債権者の拒絶を明らかにするための通知をしなければならない。
(iv) 競売の日に，執行官は予め決定された価格で競売を開始しなければならない。最高値をつけた入札者が決定された場合は，当該入札者は，競売前に入札者が担保として供した額と入札額の差額を支払わなければならない。当該差額がすべて執行局に支払われると，執行局の担当者が，土地局の登記官に対して所有権の移転を登記するよう命じ，入札者に不動産が交付される。

執行局が財産を差し押さえた上，競売での売却に要する時間は，入札希望者を募るのに要する時間，抵当権設定者による異議の申立ての有無及び入札手続における入札状況などによっても大きく変わる。手続は数か月で完了することもあれば，1年又は数年以上かかることもあり得る。

(f) 消滅事由

抵当権は以下の場合に消滅する（民商法典744条）。

(i) 被担保債権が時効以外の事由により消滅した場合
(ii) 抵当権設定者において書面により抵当権が解除された場合
(iii) 抵当権設定者が免責された場合
(iv) 抵当権の受戻し
(v) 抵当権の実行若しくは受戻しに伴う裁判所の命令による目的物の競売，又は民商法典729/1条に基づく競売
(vi) 抵当直流（抵当権者による抵当権目的物の取得）

民商法典744条において消滅事由から除外されているとおり，抵当権は，被担保債権が消滅時効にかかった後でも実行することができる（民商法典745条）。但し，5年分を超える被担保債権の未払利息については抵当権を実行することはできない（民商法典745条）。

また，抵当権の受戻しに関して，抵当権が設定された目的物の譲受人は，当該譲受人が主債務者，保証人又は主債務者若しくは保証人の相続人でない場合，抵当権を受け戻すことができる（民商法典736条）。譲受人はいつでも抵当権を受け戻すことができるが，抵当権者が譲受人に抵当権の実行の意図を通知した場合は，譲受人は60日以内に抵当権を受け戻さなければならない（民商法典737条）。抵当権の受戻しを行おうとする譲受人は，主債務者に通知の上，登記されている全ての債権者に対して，目的物の価値に応じた合理的な額の支払の提案をしなければならない（民商法典738条1項）。

(エ) 質　権

①　目 的 物

質権とは，質権設定者が質権者（又は当事者間で合意した第三者）に対して，質権の目的物である動産を債務履行の担保として引き渡すことによる担保権である（民商法典747条，749条）。質権者は，質権設定者が質権の目的物の処分権限を有していない場合には，有効に質権を取得することができない。

質権の目的物は，動産又は証書化された権利でなければならない。また，動産に対する質権は個別動産に対してのみ設定可能であり，集合動産に対して質権を設定することはできない。

質権設定契約の当事者は，第三者をして目的物の保管者とすることができるところ（民商法典749条），質権の目的物は，質権者又は保管者たる第三者の占有下に引き渡され，当該質権者又は第三者は，質権の存続期間中継続して目的物を占有しなければならない（民商法典747条，749条）。なお，質権者又は第三者の占有下に目的物を引き渡すという性質上，後順位質権を設定することは想定されておらず，法令上もそのような規定は存在しない。

証書化された権利に対する質権については，証書を質権者に引き渡さなければならず，また，当該権利の債務者に対して書面で通知しなければならない

(民商法典750条)。

指図債権の証書に対して質権を設定する場合には，当該設定について当該証書に裏書しなければならない(民商法典751条1項)。かかる質権の設定については債務者への通知は不要とされる(民商法典751条2項)。また，指図債権且つ裏書によって譲渡することができない証書を質権の目的とした場合には，当該証書に質権の設定を明示しなければならない。このとき，当該証書に係る債務者に質権設定を通知しない限り，当該債務者又は第三者に対して質権の設定を対抗することはできない(民商法典752条)。

非公開会社の記名株式に対する質権設定の場合には，株式発行会社の株主名簿に当該質権の設定が記録されない限り，当該質権を株式発行会社又は第三者に対して対抗することができない(民商法典753条)。

なお，タイでは，土地賃借権は，通常は質権の対象となり得る証書に表章された権利ではない。しかし，他の契約上の権利と同様，賃貸人の同意を得た上で，契約によって条件付で賃借権を譲渡することは可能であり，融資契約等において，そのような賃借権の条件付譲渡が定められることは実務上見られるところである。

② 被担保債権

質権は，元本並びに利息，債務の不履行によって生じた損害の賠償，質権の実行の費用，質物の保存の費用及び質物の隠れた瑕疵により生じた損害の賠償を担保する(民商法典748条)。

③ 効　力

質権者は，被担保債務及びこれに付随する債務がすべて弁済されるまで目的物を留置することができる(民商法典758条)。その一方で，質権者は，目的物を安全に保管しなければならず，また，通常の注意能力を有する者が自己の財産を管理するのと同一の注意義務をもって管理しなければならないこととされている(民商法典759条)。もっとも，質権設定者は，質権者に対して目的物の保管に係る費用を補償する義務を負う(民商法典762条)。

民商法典上，質権者が目的物の留置中に当該目的物を自ら使用し又は第三者に使用させること自体は妨げられないが，質権者が質権設定者の承諾を得ずに目的物を自ら使用し又は第三者に使用させた場合は，たとえ不可抗力であったとしても，いかなるときにも滅失又は毀損が生じたであろうことを証明しない限り，当該目的物の滅失又は毀損によって生じた損害について責任を負うこととされている（民商法典 760 条）。

また，権利に質権が設定されている場合，質権者の承諾を得ない限り，質権者にとって不利に当該権利を消滅又は変更することはできない（民商法典 755 条）。

④　実 行 手 続

質権の実行に関し，質権者は，まず，書面により合理的期間内（法律上の定めは特にないが，30 日，45 日又は 60 日等とするのが比較的一般的である）に被担保債務及びこれに付随する債務（利息，債務の不履行によって生じた損害の賠償及び質権の保存の費用など）を弁済するよう通知しなければならない（民商法典 764 条 1 項）。そして，債務者がこれに応じない場合に，目的物を競売にかけることができる（民商法典 764 条 2 項）。このとき，質権者は競売の日時及び場所を質権設定者に書面で通知しなければならない（民商法典 764 条 3 項）。質権が設定されている株式につき株券が発行されている場合，質権の実行方法は，動産の場合と同様である。競売における株式の買主は，株券を提示することにより，会社の株主名簿への登録を請求する権利を有する。

動産に対する質権の実行には，裁判所の関与は不要である。そのため，実行手続は比較的短時間で行うことができる。

また，質権の目的物が手形や小切手の場合，質権者は，当該手形等の支払期限において支払を請求することができ，この場合には事前の通知は不要となる（民商法典 766 条）。

質権を実行して得られた金銭については，質権者はまず被担保債権の弁済及びこれに付随する債務の弁済に充当し，残額がある場合は，それを質権設定者又は他の権利者にこれを返還しなければならない（民商法典 767 条 1 項）。また，一つの債務の担保として複数の目的物に質権が設定されている場合は，質権者はその中からある財産を選んでそれを売却することができるが，自己の債権額を超えて売却することはできない（民商法典 768 条）。

⑤　消 滅 事 由

質権は以下の場合に消滅する（民商法典 769 条）。

(i) 被担保債権が時効以外の事由により消滅した場合
(ii) 質権者が質権設定者に対する質物の占有の返還を許容した場合

(オ) 保 証

① 総 論

保証とは，債務者がその債務を履行しなかった場合に，第三者である保証人が自らその債務を債権者に対して履行する責任を負う契約である（民商法典680条1項）。保証は，保証人が署名した書面にて保証するのでない限り，訴訟によりこれを執行することはできない（民商法典680条2項）。

保証債務は随伴性を有しており，被保証債権が譲渡された場合には，保証によって生じた権利についても当該債権の譲受人に移転する（民商法典305条1項）。なお，債権譲渡は，債務者が書面による通知を受けた場合又は債務者が書面により承諾した場合にのみ，債務者及び第三者に対し対抗することができる（民商法典306条1項）。

上記**ウ**②にて述べたとおり，保証に関する規定は，2015年の民商法典の改正により大幅に改正されている。主な改正点として，将来債権及び条件付債権に対する保証に関する規定の新設，連帯保証の禁止，事前通知義務等があげられる。

② 被保証債権

被保証債権につき，改正前の民商法典は，原則として「保証は有効な債務のためにのみなすことができる」としつつ，被保証債権が将来債権及び条件付債権である場合はこれが効力を生じたときに保証されるものとしていた。

しかし，将来発生するすべての種類の債権について保証するといった内容の保証契約を締結することで，債権者が自己の有する全債権を保証させるといったような保証人における過大な負担が問題視されていた。そこで，2015年の民商法典の改正により，将来債権又は条件付債権について保証する場合には，保証の目的，被保証債権の種類，保証債務の極度額，保証期間[42]を特定する

42） 期間の制限のない継続的な取引に係る保証を除く。

ことが新たに求められることとなった（民商法典681条2項）。

③　効　力

(a)　保証人と債権者の関係

タイ法上も，日本法において保証人に認められている催告の抗弁権及び検索の抗弁権と同様の権利が認められている。すなわち，債権者から債務の履行を求められた場合，保証人は，まず主債務者に債務の履行の催告をするよう求めることができる。但し，主債務者において破産手続が開始した場合又は所在不明の場合はこの限りでない（民商法典688条）。また，債権者が上記に従い主債務者に催告した後であっても，保証人が主債務者に弁済をする資力があり，且つ，執行が容易であることを証明したときは，債権者はまず主債務者の財産について執行しなければならない（民商法典689条）。さらに，民商法典690条では，担保財産からの優先回収に関する規定が定められている。すなわち，債権者が主債務者の保有する資産について担保の設定を受けている場合には，債権者は，保証人の請求により，先にかかる物的担保から債務の弁済を受けなければならない。

この点，改正前の民商法典では，連帯保証の場合には保証人は上記民商法典688条から690条に定める抗弁権を有しない旨が定められていた（改正前の民商法典691条）。しかし，改正後の民商法典では，保証人に連帯債務者と同等の責任を負わせる又は連帯債務者としての責任を負わせる旨の契約は無効とされている（民商法典681/1条1項）。但し，保証人が法人であり，且つ，連帯債務者と同等の責任を負う又は連帯債務者としての責任を負うことに同意している場合にはこの限りではない（民商法典681/1条2項）。もっとも，タイでは民商法典及び判例において「連帯保証」の定義が必ずしも明確に定まっているとはいえず，「連帯債務者と同等の責任」「連帯債務者としての責任」の具体的内容には議論があるところであり，特に自然人が保証人である場合には契約書の規定ぶりを慎重に検討する必要がある。

主債務者が債務不履行に陥った場合，債権者は60日以内に保証人にこれを通知しなければならない（民商法典686条1項）。債権者がかかる期間内に通知をしなかったときは，保証人は，かかる期間後に生じる利息，損害賠償及び付随費用に係る責任を免れることになる（民商法典686条2項）。

保証人は，自身が債権者に対して対抗することができる事由のほか，主債務者が債権者に対して対抗することができる事由をもって債権者に対抗することができる（民商法典694条）。

(b)　保証人と主債務者の関係

保証人が主債務者の債務を弁済したときは，当該保証人は，弁済した元本及び利息に加え，これによって生じた損害につき，主債務者に求償する権利を有する（民商法典693条1項）。また，保証人は，債権者が主債務者に対して有する一切の権利に関して債権者に代位する（民商法典693条2項）。ただし，保証人が主債務者に通知せずに債務を弁済し，且つ，その後主債務者も債権者に対して債務を弁済したときは，保証人は主債務者に対する求償権を有さず，保証人は債権者に対し不当利得の返還を請求することができるのみである（民商法典696条）。

また，上記のとおり，保証人は主債務者が債権者に対して対抗することができる事由をもって債権者に対抗することができるが，保証人が当該事由の主張を怠った場合は，当該事由によって主債務者が債権者に対抗することができた部分について，主債務者に対する求償権を失うこととなる。但し，保証人が当該事由を認識しておらず，且つ，これが保証人の責めに帰するものでないときはこの限りでない（民商法典695条）。

④　消 滅 事 由

保証債務は，いかなる事由によるものであっても主債務者の債務が消滅すれば，これに伴って消滅する（民商法典698条）。また，期間の制限のない継続的な取引に係る保証においては，保証人は，債権者に対し解除の意思を通知することによって将来の取引に係る保証を解除することができる（民商法典699条1項）。この場合，保証人は，当該通知後に主債務者が行った取引に関して責任を負わない（民商法典699条2項）。さらに，一定の期間に生じた債務の保証に関して，当該期間が延長された場合には，別途合意がない限り，保証人はすべての債務から免れる（民商法典700条1項）。債権者が保証期間を延長することができるとする事前の合意を執行することはできないが，その通常の事業の過程で有償で保証を提供する金融機関が保証人である場合はこの限りでない（民商法典700条2項，3項）。

また，保証人は，弁済期が到来した後，債権者に対して弁済を提供することができるところ（民商法典701条1項），債権者がこれを受領しなかったときには，保証人は責任を免れる（民商法典701条2項）。

㈲　事業担保

①　総　論

従来，タイでは，破産法上の担保権者は，質権，抵当権，留置権又は先取特権を有する債権者に限られていた。この点，質権については，担保目的物が動産に限られており，また，実際に質権者に対して担保目的物を引き渡すことが要件とされていることから，債務者が当該担保目的物を事業活動において使用することができなくなるというデメリットが存する。また，抵当権の場合，抵当権者への担保目的物の引渡しは要件ではないものの，抵当権の目的物が土地・建物等の不動産や一定の機械等の特定の動産に限られていることに加え，抵当権実行の裁判手続のために相応の時間を要するという問題があった。

そこで，2016年に施行された事業担保法においては，新たな担保類型として，事業担保権が認められた。これは，金融機関等の特定類型の者を担保権者とし，質権や抵当権の目的物とされていない企業の有価物をも対象とする担保権であり，また，事業担保権者は質権者や抵当権者と同様に破産法上の担保権者とみなされる。

もっとも，事業担保権に関しては必ずしも解釈が定まっていない箇所も見受けられるため，今後の実務や判例の蓄積が待たれるところである。

②　事業担保権の設定

事業担保契約とは，担保権を設定する当事者が担保権者となる相手方当事者に対して「担保目的物」を差し入れ（但し，物理的に担保目的物を引き渡すことは要件とされていない），自身又は第三者の債務の履行を担保するための契約と定義される（事業担保法5条）。この点，担保権設定者は個人又は法人（会社等）のいずれでもよいが（事業担保法6条），担保権者は金融機関[43]又はその他省令に定める者[44]に限られる（事業担保法7条）。

43）　金融機関事業法に基づく金融機関，生命保険法に基づく生命保険会社又は損害保険法に基づく損害保険会社，特別法に基づく銀行又は金融機関をいう（事業担保法1条）。

事業担保の対象となり得る担保目的物は以下のとおりとされている（事業担保法8条）。

- 事業（担保権設定者の事業活動に使用する財産又はこれに関連する権利のうち，第三者への譲渡が可能であり，譲受人が直ちに事業活動を継続できるもの）
- 債権（売掛金，銀行預金等。但し，手形等により構成される権利を除く）[45]
- 担保権設定者の事業活動に使用する動産（機械，棚卸資産，原材料等）
- 不動産（担保権設定者が不動産事業に従事している場合に限る）
- 知的財産（著作権，商標，特許，営業秘密等）
- その他省令に定めるもの

抵当権を設定する場合と同様に，事業担保権の設定は，書面により契約を締結した上で管轄当局（商務省事業開発局事業担保登録室）へ登記することが要件とされており，これに反した場合には契約は無効とされる[46]（事業担保法13条1項）。なお，抵当権設定登記の場合には抵当目的物ごとに登記することが必要であるのに対し，事業担保権の場合には契約書ごとの登記が可能とされている。事業担保契約の登記が完了した場合，商務省は登録制度が採用されている資産（知的財産，土地等）の登録制度を管轄する当局（知的財産局，土地局等）と連携して担保目的物に関する情報を登録し，統一された情報が一般に公開されることとなる（事業担保法19条）。

事業担保権については，契約に別段の定めのない限り，担保権設定者が担保目的物を所持・使用・交換・処分・譲渡すること等が認められているため（事業担保法22条1項），担保権設定者である企業が金融機関等から融資を受ける

---

44)　省令において，⑴証券化のための特別目的事業体，⑵信託受託者，⑶証券会社，ミューチュアル・ファンド又は社債権者の代表者，⑷デリバティブ事業者，⑸資産管理会社，⑹ファクタリング事業者，⑺中小企業開発基金，⑻タイの金融機関と共同でローンを提供する外国銀行，⑼割賦販売及びリース事業者，⑽貸出事業者が定められている。この点，外国銀行や外国法人の支店であっても担保権者になることができるものの，外国人事業法の適用があることから，業種に応じて同法上の許可を取得することことの要否について検討することが必要となる。

45)　また，将来債権も担保に供することができるが，譲渡できない債権については担保に含めることはできないものとされている。

46)　さらに，事業について担保権を設定する場合には，担保権を実行する管財人について合意し（事業担保法12条1項），管財人に関しても登記することが必要となる（事業担保法13条）。

ために事業担保権を設定した後においても，通常の事業活動を継続することが可能である。

③　事業担保権の実行

事業担保の担保権者は，事業担保契約に定める事由が生じた場合に担保権を実行することが可能とされている。また，事業担保法では，以下で概説するとおり裁判手続「外」での実行もできることから，債権者にとってより簡易な手続により担保権を実行することも可能である。

事業担保権の実行は，事業担保に設定されている担保目的物が「事業」かその他の担保目的物であるかによって，その手続が2通りに分けられている。

(a)「事業」に係る事業担保権の実行

事業担保の目的物とされている「事業」について担保権を実行する場合，事業担保法に基づき商務省より許認可を受け，担保権設定者と担保権者の双方の合意により任命された管財人が，裁判所に代わって「事業」の調査・管理・実行を行う。そして，「事業」に係る事業担保権の実行が認められる事由があると管財人が判断した場合，担保権設定者は7日以内に管財人に対して，事業，印鑑，帳簿，資産に関する文書，事業に関する債権債務を引き渡さなければならない（事業担保法72条1項）。管財人は「事業」が処分されるまでの間，その「事業」を維持，管理及び運営する権利及び義務を有する（事業担保法73条1項）。また，「事業」が処分された場合，その売却代金は，まず「事業」の維持運営費用や管財人の報酬に充てられた後，担保権者及びその他の先取特権を有する者に配当され，さらに残余がある場合にはその他の債権者に割り当てられる（事業担保法74条1項）。

(b)　その他の担保目的物に係る事業担保権の実行

その他の担保目的物については，原則として裁判手続外で，担保目的物の所有権の取得又は競売により事業担保権を実行することが可能であり，「事業」に係る事業担保権を実行する場合と比べて手続がより簡素といえる。ただし，担保目的物の所有権の取得は，他に登記された担保権又は優先権が設定されていない場合で，債務者が利息を5年間支払っておらず，担保目的物の価値が債務の元本額を下回るときに限られる（事業担保法37条）。

もっとも，事業担保権の実行にあたって，担保権設定者又は担保目的物の保有者が担保目的物の引渡しを拒絶した場合には，担保権者は裁判所に対して事業担保権の実行を申し立てる必要がある（事業担保法46条）。

④ 消滅事由

事業担保権は以下の場合に消滅する（民商法典80条）。

(i) 被担保債権が時効以外の事由により消滅した場合
(ii) 担保権者及び担保権設定者が書面により事業担保契約の終了に合意した場合
(iii) 担保目的物の受戻し
(iv) 担保権の実行により担保目的物が譲渡された場合，又は担保権者が担保目的物の所有権を取得した場合

(キ) その他

① 所有権留保

タイ法上，所有権留保に関する明文規定はない。

もっとも，財産の所有権は，契約上，条件又は期限が付されていない限り契約締結時に買主に移転すると規定されていることから（民商法典458条，459条），財産の所有権の移転について，条件又は期限を契約に規定することで一定程度所有権留保と同等の効果を得ることは可能と解されている。

② 譲渡担保

タイ法上，譲渡担保についてもこれに関する明文規定はない[47]。

もっとも，動産や権利のような一部の資産を，条件付きで譲渡することは可能と解されており，例えば貸付けに対する弁済の不履行があった場合に資産の所有権を移転させることにより，担保権設定と類似の効果を期待することが考えられる。但し，このような条件付きの譲渡に関する特別の定めがあるわけではなく，契約法の原則により認められ得るものであるため，譲渡それ自体は破産法上の「担保」に該当するものではなく，特定の債権者に有利となる行為等に該当するなどの理由により取り消されるリスクが存する。

47） なお，タイ法は，買戻権付き売買について規定している。これは，契約又は法律により定められる一定期間中は売主が買い戻すことができる旨の条件付きで，売買の目的財産を買主に譲渡するというものである（民商法典491条）。

4 労働法

(1) はじめに（実務上の留意点）

タイでは終身雇用は一般的ではなく，有利な条件が示された場合のジョブ・ホッピングや兼業が日常的に行われていることから，優秀な人材を長期的に確保することは多くの日系企業にとって重要な課題となっている。

良好な労使関係の構築のためには，タイの労働関連法令の理解に加えて，例えば体面を非常に大切にするタイ人を，職場で同僚の前で叱責するなどの行為は厳に慎むべきであるなど，タイ人の気質やタイの文化を理解し尊重することも必要といえる。

タイ人は一般に穏やかで争いを好まず友好的な国民性を有しているが，いったん会社や上司に対して恨みを抱き労使間が紛争状態となった場合には，刑事（タイでは私的訴追を認めているため労働者が上司等の犯罪〔人権侵害，個人情報漏洩等〕を主張して訴追することがある）・民事の裁判も辞さないなど紛争が激化するケースが見られる。裁判となった場合には，法廷ではタイ語でのやり取りとなる上，信用できるタイ人弁護士を確保することが困難であるという事情もある。一般的なタイ人弁護士の特徴として，会社によかれと思うことに関しては会社の判断を仰がないまま弁護士自身で決断し，弁護士自身の判断を最終決定事項として裁判所や先方に伝えてしまうことがあり，また，弁護士によっては相手方から金品等を受領し買収されるケースも耳にすることがあるため，タイ人弁護士とのコミュニケーションには細心の注意を払う必要がある。

このように，労使間の紛争は日系企業にとって大きな負担となることから，日頃からタイ人労働者とよくコミュニケーションをとり不平不満の把握・解消に努めるほか，信頼できるタイ人の人事労務責任者を確保することが鍵となる。また，仮に紛争となった場合でも感情的になることは極力避け，双方合意に基づく退職を模索するなど紛争が発展・長期化しないような方法を検討することが実務上重要と解される。

(2) タイの主な労働関係法令

タイでは基本的な労働関係法令は整備されている状況といえるが，頻繁に改正が行われるので法令内容が最新のものかを確認することが重要である[48]。また，タイでは法令の規定に加えて実務上の「運用」が重視される場面も多いので，法令と実務の両方に目配りをすることが求められる。さらに，タイの実務の特徴として，日本では各種手続・許認可等にあたっては法令上要件が定められており要件を満たせば効果が発生する（許認可等が付与される）ことが原則であるところ，タイでは法令上定められている要件は最低限満たすべき条件にすぎず，これに当局の裁量があわさって効果が発生するのが一般的という点が挙げられる。この当局に広範な裁量が認められているという点は日系企業がなかなか理解できず苦労するポイントである。

主な労働関係法令としては以下のものが挙げられるが，特に重要なのは労働者保護法と労働関係法である。労働者保護法は日本の労働基準法に類似し，労働関係法は日本の労働組合法・労働関係調整法と同分野をカバーするイメージであるが，日本と大きく異なる内容が含まれていることに注意が必要である。

① 労働条件について

民商法典第3編第6章「雇用」及び労働者保護法において，労働条件をはじめとする雇用契約に関する基本的な事項が定められている。日本において，民法と労働基準法が一般法・特別法の役割を果たしているのと同様に，民商法典が一般法，労働者保護法が特別法という関係となっている。

② 労働安全衛生について

労働安全衛生環境法において，職場の安全衛生基準，安全管理者の任命，使用者の安全配慮義務等が定められている。

③ 労働者災害について

労働災害補償法において，労働者の職務関連の疾病・障害・死亡等の場合の給付等が定められている。

---

48) COVID-19に関連して各種通知等も発出されていることに注意が必要である。

④　労使関係について

労働関係法において，労働組合・団体交渉等に関する事項が定められている。このほか，特別な分野に関しては，例えば国営企業における労使関係を定めた国営企業労働関係法等が存在する。

⑤　社会保障等について

労働者退職金基金法において，企業年金（任意加入）に関する事項が定められている。企業年金は，労働者と使用者が積立を行い，労働者の死亡，退職又は基金脱退時に支給が行われる仕組みとなっている。

社会保険法において，職務関連でない疾病・死亡，出産給付，児童手当，失業保険等に関する事項が定められている。

その他，免許制の職業紹介につき雇用及び求職者保護法，従業員の能力開発に関して職能開発促進法，障害者の法定雇用率につき障害者生活水準向上法等が定められている。

⑥　紛争解決機関について

労働裁判所設置及び労働事件訴訟法において，労働関連紛争に関する専属管轄裁判所として労働裁判所の設置，労働裁判における手続等が定められている。

⑦　外国人の就労等について

タイでは外国人事業法をはじめとする様々な外資規制が定められており，タイで外国人が就労することに関しても規制が定められている。

例えば，外国人就労の管理に関する緊急勅令において，外国人がタイで就労するには原則としてワークパーミット（就労許可）が必要とされているほか，外国人就労を禁ずる仕事及び職業を定める勅令において外国人がタイで従事できない39種類の業務が定められている。また，入国管理法において，入国後連続90日を超えてタイに滞在する場合は移民局への届出が義務づけられている。

⑶　採用にあたっての規制

㈠　採用時の留意事項

①　雇用契約の締結

原則としてタイは契約について意思主義をとっており双方の合意のみで契約

が成立するため，書面での雇用契約の締結が法令上義務づけられているわけではない。もっとも，労働者の権利義務は使用者と労働者の契約内容に基づくため，後の紛争防止の観点からは雇用契約締結時に労働条件等を明確に規定した雇用契約書を準備することが望ましい。

なお，タイ人は，口頭のみで約束した事項に関しては後に言を翻すケースをよく耳にするが，あらかじめ両者の合意で明確に書面で定めたことは遵守することが多いので，雇用契約の締結にあたっても労働条件に加え各種義務（守秘義務，兼業禁止，知的財産の帰属等を含む）についても明記し，両者の署名の上で雇用契約書を締結することが望ましい対応と言える。

この雇用契約書は，英語で締結した場合，後にタイ人労働者から「英語で書かれていたので内容が理解できなかった，記載されている労働条件については合意していない，雇用契約書は無効である」等と主張される可能性があるため，日本人の管理者等とタイ人労働者双方が理解できるように英語（又は日本語）・タイ語併記とする方法が確実である。

② 外国人を雇用する場合の留意点

タイには外資規制があり，外国企業によるタイでのビジネス実施や外国人雇用にあたっては様々な制約が存在する。外資規制は日本にはない制度であり日系企業にもなじみがなく，意図せずに法令違反となる可能性がある分野であるため，十分な法制度の確認，専門家への相談が必要となる。

外国人がタイで働くためには，一般に，

(a) タイで仕事をすることの許可（ワークパーミット）（外国人就労の管理に関する緊急勅令8条，59条）[49]
(b) タイに就労目的で滞在するための滞在許可（以下「滞在許可」という）（入国管理法）

を取得する必要がある。

49) ワークパーミットを取得せずにタイで仕事をした場合，5,000バーツ以上5万バーツ以下の罰金に処せられる（外国人就労の管理に関する緊急勅令101条）。

一般に，滞在許可の取得にあたっての主な要件としては，

- 外国人1人に対しタイ人4人の雇用
- 外国人1人につき200万バーツ以上の登録資本金
- 日本人の場合，月額給与が5万バーツ以上

が挙げられ，実務上ワークパーミット取得時にも当該要件が準用されることが一般的であるが[50]，ワークパーミット，滞在許可の付与に関しては，満たすべき要件や提出資料に関して当局の広い裁量が認められており，取得の見込みや所要期間の予測を立てにくいという事情がある。

ワークパーミットは1日でもタイで「仕事」[51]をする場合に必要とされているが[52]，必要且つ緊急の仕事の場合には15日以内に限り緊急届出の提出を行うことで就労が可能とされている（外国人就労の管理に関する緊急勅令59条）[53][54]。また，セミナーや会議への出席などの一定の場合にはワークパーミット及び緊急届出は不要とされているが，どのような場合がこれに該当するかの明確な基準が示されていない状況であるため，ワークパーミットや緊急届出の要否については慎重な判断が必要となる。

なお，ワークパーミットが取得できた場合でも，外国人が就労可能なのはワ

50）ただし，投資奨励法などにより要件が緩和される場合がある。また，スマートビザを保有する高度技術専門家，投資家，上級管理職及びスタートアップ起業家は，タイ投資委員会（BOI）の定める条件に従い，ワークパーミットや滞在許可に関して，優遇措置を受けることができる。

51）「仕事」の定義は「使用者の有無にかかわらず，職業を営むこと（外国人事業法に基づく外国人事業許可を保有して事業を営む場合を除く）」とされているが，解釈の詳細が明確に定められているわけではなく当局が裁量に基づき「仕事」に係る該当性を判断することとなる。

52）ワークパーミットの取得は容易ではなく取得に要する期間の予測等も困難であるため，多くの外国人がVisa on Arrivalや観光ビザで入国しワークパーミットを取得せずに就労しているという実態が散見される。

53）従前は，「届出」とされているにもかかわらず当局担当官が裁量によって受理を拒否するケースもあり，事実上「許認可」に近い運用が行われていた。この点，2017年6月29日に労働省雇用局より必要且つ緊急性を有する業務の種類の指定に関する告示が出され，この中で16の業務が「必要且つ緊急性を有する業務」とみなされるものとされたことから，これらの業務に関しては，当局の裁量が小さくなったといわれているものの，今後とも実際の運用を注視する必要がある。

54）また，最初の15日が経過する前に当局に届け出ることにより，制度上はさらに15日間滞在を延長することができる。

ークパーミットに記載された就労先・就労条件・業務内容に則した範囲に限られることにも注意が必要である。

また，使用者は，外国人の雇用条件（氏名，国籍，業務内容）及び雇用の終了を，雇用開始日又は終了日から15日以内に当局に対して届け出る必要があり，外国人従業員においても，雇用主，就業場所及び業務内容を，雇用開始日又は転職日から15日以内に当局に通知する必要がある。

(イ) 労働関係法令の適用対象

雇用契約に関する基本的事項を定める労働者保護法において，労働者は「その名称にかかわらず，賃金を受け取るかわりに使用者のために働くことに合意した者」と定義されていることから（労働者保護法5条），形式的な契約形態にかかわりなく実態として当該定義に該当するすべての労働者に労働者保護法が適用されると解されている。

ただし，中央政府，地方政府及び一部の政府関連企業等には労働者保護法の適用はなく（労働者保護法4条），家事使用人には労働者保護法の一部のみしか適用されず（労働者保護法に基づく労働・社会福祉省令），私立学校の校長・教員についても適用が排除されている（労働者保護法に基づく労働・社会福祉省令）などの例外がある。

(ウ) 労働条件の定め方

① 雇用契約

原則として使用者と労働者の双方の合意により労働条件が設定される。

ただし，雇用契約の内容に加え，以下の就業規則及び労働条件協約が労働条件に含まれるほか，強行法規に反する雇用契約や労働条件は無効と解されることに留意が必要である。

② 就業規則

会社で就業規則が定められている場合，当該就業規則の内容は労働条件となる。

10人以上の労働者を雇用する使用者は，以下の事項を定めた就業規則を「タイ語で」作成しなければならない（労働者保護法108条）[55]。ただし，タイ語のみで作成している場合，日本人の管理者等が理解できず，知らない間にタイ語の就業規則が改定されてしまっている等の事態が発生しうるので，タイ語・英語（又は日本語）併記のものを常備することが労務管理上望ましいといえる。

(i)　労働日，所定労働時間及び休憩時間
(ii)　休日・休日取得に関する事項
(iii)　時間外労働・休日労働に関する事項
(iv)　賃金，時間外労働手当，休日労働手当，休日時間外労働手当の支払日・支払場所
(v)　休暇・休暇取得に関する事項
(vi)　服務規律及び懲戒手続
(vii)　苦情申立て
(viii)　解雇，解雇補償金及び特別解雇補償金

また，(vii)苦情申立てに関しては，少なくとも以下の事項を定めなければならない（労働者保護法 109 条）。

(a)　苦情の範囲と内容
(b)　苦情申立方法と手続
(c)　苦情に基づく調査とその検討
(d)　苦情解決手続
(e)　苦情申立者と関係者の保護

就業規則は，労働者数が 10 人以上となった日から 15 日以内に労働者に公表し，事業所又は使用者の事務所に写しを保管した上で，労働者が容易に認識できるように事業所内に掲示しなければならない（労働者保護法 108 条 2 項，3

55)　就業規則は「事業所」単位ではなく「使用者」単位で作成することでよいとされている。

項)。なお，使用者は，上記就業規則の掲示日から7日以内に就業規則の写しを労働保護福祉局長又はその指定する者に届け出ることが義務づけられていたが，2017年4月の法改正により届出義務が撤廃された。就業規則が法に抵触する場合，労働保護福祉局長又はその指定する者は一定期間内に就業規則を修正するよう命じることができる（労働者保護法108条3項)。なお，実務上，法に抵触しているか否かを問わず，就業規則の制定や改正の際に当局から裁量による内容の変更等の指導があることも少なくない。

就業規則の作成又は掲示を怠った場合，使用者に対して2万バーツ以下の罰金が科せられる（労働者保護法146条)。また，使用者が法人の場合，その役員又は責任者に対して同様の刑が定められている（労働者保護法158条)。

③ 労働条件協約

(a) 労働条件協約の作成・届出義務

20人以上の労働者を有する事業所[56]では，使用者と労働者の間，又は使用者若しくは使用者協会[57]と労働組合との間で，書面による労働条件協約を定めなければならない（労働関係法5条，10条1項，2項)。日本の労働協約に類似するものであるが，日本の労働協約は労働組合と使用者との間の合意であるのに対し，労働条件協約は労働者が締結主体となる場合があることが特徴的である。

労働条件協約には，少なくとも以下の事項を定めなければならない（労働関係法11条)。

(i) 労働条件
(ii) 所定労働日・所定労働時間
(iii) 賃金
(iv) 福利厚生
(v) 解雇

56) 労働条件協約は，就業規則と異なり，使用者単位ではなく「事業所」単位での作成が義務づけられていることに注意が必要である。
57) 使用者協会とは，雇用条件に関する利益追求・保護及び労使間又は会社同士の良好な関係を促進する目的で労働関係法に基づき使用者が設立する法人組織をいう（労働関係法5条，54条，55条)。

(vi)　労働者による苦情申立て
(vii)　労働条件協約の改定・延長に関する事項

使用者は，労働条件協約締結日から15日以内に，労働保護福祉局長又はその委任を受けた者に労働条件協約を登録しなければならない（労働関係法18条2項）。

労働条件協約の存在が不明の場合，就業規則が労働条件協約とみなされる（労働関係法10条3項）。

（b）　効　力

労働条件協約の効力は，使用者並びに要求書に署名した労働者及び労使交渉の代表者の選出選挙に参加した労働者全員に対して及ぶこととされている（労働関係法19条1項）。

また，全労働者の3分の2以上が加入する労働組合又は全労働者の3分の2以上の労働者との間で締結された労働条件協約は，同種業務に従事する労働者全員を拘束するものとみなされる（労働関係法19条2項）。

有効期間については，労使間の合意で3年以内の期間を定めることができる（労働関係法12条）。期間の定めがない場合，労使合意後又は労働者の雇用開始後1年間効力を有する（労働関係法12条1項）。期間満了後交渉が行われず新たな合意がない場合は，その都度1年間延長されるものとみなされる（労働関係法12条2項）。

（c）　雇用契約との関係

労働条件協約に違反・矛盾する雇用契約の締結は禁止されているが，労働者に有利な場合は除くとされているため，労働条件協約に定める条件を超えた労働者に有利な条件での雇用契約の締結は可能と解されている（労働関係法20条）[58]。

58）ただし，労働関係法20条の規定が適用されるのは，要求書の提出以下の法定の手続を経て締結された労働条件協約のみであり，労働条件協約がない場合に労働条件協約とみなされる就業規則（労働関係法10条3項）には適用されない（1987年最高裁判所判決4208号，2007年最高裁判所判決309号）。

(エ) 労働条件に対する法規制

① 雇 用 期 間

期間の定めのある雇用契約は，契約に定められた期間の満了をもって終了する。一方，期間を定めていない場合には期間の定めのない雇用契約となる。このように，日本と同様，有期雇用契約と無期雇用契約がある。

なお，雇用契約の期間の定めの有無にかかわらず，労働者が退職を希望する場合に当該意思に反して契約で合意した期間会社にとどまることを強制することはできない（タイではジョブ・ホッピングが一般的であるため，労働者が突然即日に退職を申し出るケースもよく見られる）。この場合，使用者が労働者の契約違反によって被った損害につき賠償請求をすることは法制度上は可能であるが，実効性には乏しいのが現状である。

② 試 用 期 間

試用期間を設定することは一般に行われているが，試用契約は期間の定めのない雇用契約とみなされるため（労働者保護法 17 条 2 項），勤続期間の計算は試用期間も含めて雇用開始時点から通算され，試用期間満了後の「不採用」は法的には一般に「解雇」と同様と解される。すなわち，試用期間満了時の不採用が有効とされるためには，後記(5)(ウ)に記載する解雇に関する実体要件（公正と認められること等）及び手続要件（事前通知等）を満たす必要がある。

なお，試用期間中の勤務成績が満足のいくものでなかったことを理由とする解雇につき，判例上不公正ではないと判断された事案がある[59)]。

試用期間の長さについては，勤続期間が 120 日以上の労働者を解雇又は会社都合で退職させる場合，使用者は後記(5)(ア)の解雇補償金を支払う必要があることから（労働者保護法 118 条），この解雇保証金の支払を回避するため 119 日以内に設定している会社が実務上少なくない。もっとも，後記(5)ウ②(a)のとおり，事前通知手続を踏む必要があるため，解雇補償金の支払を回避するためには原則として試用期間満了の 1 賃金期間以上前に通知を行う必要がある点には注意が必要となる[60)]。

59） 2002 年最高裁判所判決 2364 号，2005 年最高裁判所判決 8682 号。

③　労働時間，休憩，休日等

労働時間，休憩，休日等に関する規制を整理すると次のとおりとなる。

労働時間	原則として１日８時間以下，週48時間以下
休　憩	１日あたり連続して５時間の労働をさせた後には１時間以上の休憩が必要
時間外労働	原則として労働者の同意が必要
休　日	原則として１週間に１日以上
年次有給休暇	１年につき最低６日（勤続期間１年以上の場合） ※勤務期間に応じて増減はしない。

(a)　法定労働時間

法定の労働時間は原則として１日８時間以下，週48時間以下である（労働者保護法23条１項）。ただし，労働者の健康と安全を脅かす可能性のある以下の一定の危険な仕事の労働時間については，１日７時間以下，週42時間以下とされている（労働者保護法23条１項，労働社会福祉省令２号）。

(i)　地下，水中，洞窟内，トンネル内その他通気性の悪い場所における作業
(ii)　放射能に関する作業
(iii)　金属溶接作業
(iv)　危険物の運搬
(v)　有害化学物質の製造
(vi)　振動が伝導する機械器具を使用する作業
(vii)　著しく高温・低温な場所における作業

事務職，サービス業，製造業を含む一定の業種については，雇用契約を含む「労使間の合意」により，週48時間以内であれば１日の労働時間を８時間超

60）　事前通知につき，日本の労働基準法は少なくとも「30日前」と定めているが（同法20条１項），タイの労働者保護法は少なくとも「１賃金期間以上前」と定めている。賃金期間とは，ある賃金支払日から次の賃金支払日を指す。例えば，月給制で毎月25日に給与が支払われる場合，当月25日から翌月24日が賃金期間となる。そのため，解雇のタイミング次第で月給制であっても通知から解雇までの期間が30日を超える可能性がある点に注意されたい。例えば，毎月25日に給与が支払われる月給制の労働者を４月20日に解雇する場合，１賃金期間を確保するためには２月25日までに通知する必要がある。

に設定することができると解されている（労働社会福祉省令7号2条）。したがって，例えば通常労働時間を1日9時間・週休2日と設定することも可能であり，この場合時間外割増賃金支払義務は生じないと解されている。もっとも日系企業ではそのような設定をしているケースはあまりみられない。

(b) 時間外労働・休日労働

タイでは，労働者を時間外労働・休日労働・休日時間外労働に従事させるためには原則として労働者の事前の同意が必要とされている（労働者保護法24条，27条5項）。連続した業務が要求され，停止すると業務に損害が生じる性質の業務，緊急な業務，その他省令で定める業務に限り，必要最低限の時間外労働・休日労働・休日時間外労働を同意を得ずにさせることができるとされているが，判例等においてはこの範囲は限定して解釈されていると思われる（労働者保護法24条2項，25条1項）。

また，時間外労働・休日労働・休日時間外労働の合計時間数は，原則として1週間で36時間を超えてはならない（労働者保護法26条，労働社会福祉省令3号）。なお，上記(a)記載の危険な業務における時間外労働及び休日労働は一切認められていない（労働者保護法31条）。

日本とタイで大きく異なるのは，タイには日本の三六協定のような制度はなく，原則として時間外労働・休日労働・休日時間外労働の都度，労働者の同意を取得する必要がある点である。この労働者の同意の取得頻度については特に法令上明確な定めは設けられておらず，厳密にはその日ごとに取得が必要と解される可能性もあるが，実務上は1週間単位などの期間で取得している会社が多いように思われる。

また，日本では（就業規則等で別途の定めがない限り）法定の割増賃金支払義務が発生するのは法定労働時間（1日8時間以内，1週40時間以内）を超えた労働に対してであり，各会社の所定労働時間を超えて労働した場合であっても法定労働時間内であれば法律上の割増賃金の支払義務は発生しないが（例えば1日の所定労働時間が7時間であるところ1時間超過勤務した場合であっても8時間以内におさまっていれば1時間分の賃金は発生するものの法定の割増賃金は発生しない），タイでは割増賃金の支払が必要となる時間外労働とは，就業規則又は雇用契約において記載されている通常の労働時間以外の労働時間を指す点に注意が必要である。すなわち，タイでは，たとえ週全体の労働時間が法定の48時間以内におさまっていたとしても，所定の通常労働時間を超えた時間に対しては時間外割増賃金を支払う必要がある（例えば，所定労働時間が週6日，1日7時間の場合に毎日1時間ずつ超過勤務すると，1日8時間以内，週48時間以内の法定の範囲内ではあるものの，毎日1時間の労働は割増賃金支払の対象となる）。そのため，所定の通常労働時間の設定にあたっては注意が必要となる。

(c)　特殊な業種に関する労働時間等

特殊な業種については，労働時間等に関して個別の定めが設けられていることがある。例えば，「人，物，又は動物を乗り物で陸上運送する業務」に従事する労働者の場合には特別規程[61]が適用され，同規程においては，使用者は運転手の1日の労働時間を8時間以内に定めることが必要とされ，書面による承諾を得た場合に限り原則として2時間以下の時間外労働が認められている。

上記の規程はトラック輸送業務等（会社製品の輸送等）に携わる労働者を念頭に定められており，同じ運転に携わる労働者であっても，会社役員や会社員を送迎する運転手（なお，日系企業の駐在員の相当数が運転手を雇用している）については適用されない（労働者保護法上の一般規定が適用される）と判示した最高裁判例[62]があるが，人，物，又は動物を乗り物で陸上運送する業務について法令上明確な規定があるわけではないので注意が必要である。

なお，労働時間は待機時間を含む拘束時間を指すと解されている。

(d)　休　憩

1日あたり連続して5時間の労働をさせた後には，1時間以上の休憩時間を設けなければならない（労働者保護法27条1項）。使用者と労働者の合意により1回1時間未満の休憩時間を与えることも可能であるが，この場合も複数回の合計休憩時間が1日1時間以上にならなければならないとされている（労働者保護法27条1項）。

また，時間外労働が2時間を超える場合，時間外労働前に20分以上の休憩時間を設けなければならない（労働者保護法27条4項）。

61）労働社会福祉省令12号。
62）2006年最高裁判所判決8242-8246号。

(e) 休　日

休日とは，週休日，慣習的な休日，年次有給休暇を指すとされており（労働者保護法5条），使用者は原則としてこの「休日」に労働者を労働させてはならない（労働者保護法25条1項）。

ただし，以下の場合には休日に労働者を労働させることが可能とされている（労働者保護法25条）。

(i) 業務の性質・特徴上，連続した業務が要求され，停止すると業務に損害が生じる場合（必要最低限のみ）
(ii) 緊急の業務の場合（必要最低限のみ）
(iii) ホテル，興行会場，運輸，飲食店，倶楽部，協会，診療所その他省令で定めた事業の場合
(iv) その都度労働者の事前の同意を得て，製造，販売又はサービス提供に従事させる場合（必要最低限のみ）

週休日については，原則として1週間に1日以上設けることとされており，週休日と週休日の間の日数は6日以内でなければならないとされている（労働者保護法28条1項）。ただし，ホテル，運輸，森林での業務，僻地における労働その他省令で定められた労働に関しては，事前の合意により週休日を蓄積させ，4週間以内の適当な日に休日をまとめて設けることが認められている（労働者保護法28条2項）。

慣習的な休日については，使用者が労働者記念日（5月1日のメーデー）を含めて年間最低13日の公休日を定め，労働者に周知することとされている（労働者保護法29条1項）。慣習的な休日が週休日と重なる場合には，労働者は翌労働日を振替休日とすることができる（労働者保護法29条3項）。

(f) 年次有給休暇

1年間継続的に勤務した労働者に対しては，1年につき最低6日の年次有給休暇を与えなければならない（労働者保護法30条1項）。なお，日本のように勤続年数に応じて日数が増加する制度ではなく，法定の日数は勤続年数が長くなっていっても1年につき最低6日で一定である[63]。

勤務期間が1年未満の場合，使用者は勤務日数に基づく按分比例計算により年次有給休暇日数を定めることができる（労働者保護法30条4項）。ただし，法令上の義務ではないためこのように定めなければならないというわけではない。

未取得分の年次有給休暇は事前に労使で合意することにより次年度に繰り越すことを認めることができるが（労働者保護法30条3項），繰越しを認めないことも可能と解されている。

ただし，原則として使用者は労働者の年次有給休暇取得日を定める義務があるため，使用者が年次有給休暇取得日を定めずに労働者の有給休暇が未消化となった場合には使用者が未消化日数分の休日労働を労働者に対して課したとみなされる。したがって未消化日数分については使用者は労働者に対し休日労働に対する割増賃金を支払う必要があると解されており（労働者保護法30条，64条），判例[64]を前提とすれば，一般的には繰越しを認めない場合は未取得分の年次有給休暇の買取りが1年ごとに必要となるものと解される。なお，繰越しを認める場合の買取義務発生時期については確定した最高裁判例等はなく見解が分かれているところである。

使用者側の都合による退職の場合には，労働者がその時点で有している年次有給休暇（繰越しが認められている場合には蓄積分を含む）の日数分をすべて買い取る必要があると解されている（労働者保護法67条1項，2項）。

ただし，労働者保護法119条に定める特定の事由により解雇した場合（懲戒解雇）又は従業員の自己都合による退職の場合においては，当年に付与される年次有給休暇の未取得分の買取義務が免除され，一般的には繰越しが認められている場合に限り蓄積分のみを買い取る必要があると解されている（労働者保護法67条1項）。

年次有給休暇分の賃金請求権は2年の消滅時効の対象となると一般に解さ

63）　もっとも，法定の日数を超える年次有給休暇を付与することは可能であるため，勤続年数に応じて年次有給休暇の付与日数を増加させる労働条件を定めている日系企業は少なくない。

64）　①会社の就業規則に労働者が有給休暇を使いきらなくてはならない旨が定められていた場合でも未消化がある場合には当該日数分に対する割増賃金を支払う義務があると判断した最高裁判決（2002年最高裁判所判決5496号），②有給休暇の繰越しが認められていない場合，1年経過時に当該割増賃金の請求権が発生すると判断した最高裁判決（2004年最高裁判所判決8661号）がある。

れている（民商法典193条の34第9号）。

年次有給休暇に関しては労働法の中でも解釈に議論がある分野であるため，今後の裁判例の蓄積や法整備が待たれるところである。

(g) その他の休暇

(α) 疾病休暇

労働者は病気の場合欠勤することができるが，3日以上連続して病欠する場合は，現代医学を修めた第一級の医師又は公立病院の診断書を提出する必要があるとされており，診断証明書の提出ができないときは労働者は使用者に対して説明をしなければならない（労働者保護法32条1項）。

日本と大きく異なるのは，タイではこの疾病休暇について，法律上年間30日までは有給とされていることである（労働者保護法57条1項）。

疾病休暇が年間30日まで有給とされていることと，2日までの欠勤については診断証明書の提出が法令上義務づけられていないことから，実務上，疾病休暇の名を借りた仮病による欠勤や，実質的なストライキとして疾病休暇が利用されるケース（職場の多数の労働者が一斉に疾病休暇を取得するなど）がある。このような事態に対応するため，例えば疾病休暇の取得が少ない労働者を評価するなどの対策を採る会社も見られる。

(β) 出産休暇

妊娠している女性労働者に対しては，98日を超えない範囲の出産休暇を取得する権利が与えられており（労働者保護法41条1項，2項），そのうち45日までは有給としなければならないこととされている（労働者保護法59条）。条文上は妊娠した女性が対象とされているが，出産後に引き続き出産休暇を取得することも可能と解されている。

(γ) その他の休暇

上記のほか，不妊手術休暇（労働者保護法33条）[65]，用事休暇（労働者保護法34条）[66]，兵役休暇（労働者保護法35条）[67]，研修休暇（労働者保護法36条）[68]

65) 不妊手術休暇は有給である（労働者保護法57条2項）。

66) 1年につき3日以上の用事休暇が付与されなければならない。また，3日まで有給である（労働者保護法57/1条）。

67) 兵役休暇は60日まで有給である（労働者保護法58条）。

68) 研修休暇については法令上有給とする定めはない。

などが法定されている。

④ 賃 金

⒜ 賃金の定義

労働者保護法において，賃金は以下のとおり定義されている（労働者保護法5条）。

(i) 時間，日，週，月その他の期間における通常の労働時間の労働の対価として，雇用契約に基づき支払われる使用者と労働者が支払を合意した金銭
(ii) 労働者が通常の労働時間内に行った労働の成果に基づき計算される金銭
(iii) 労働者保護法に基づき労働者が賃金を受領する権利を有する休日及び労働者が勤務しない休暇日に対して使用者から支払われる金銭

上記のとおり，「賃金」とは基本的に「通常の」労働時間に対して支払われるものであると定義されているため，時間外労働手当，休日労働手当，休日時間外労働手当，臨時的に支払われる金銭（ボーナス等）は賃金に含まれないと解されている。

タイでは，（年次有給休暇以外の）休日についても賃金を支払う義務があるという建付けとなっている（労働者保護法56条）。したがって，月給制の場合，月給に休日に対する賃金が含まれており，すべての休日について賃金が支払われているという扱いとなる。

⒝ 賃金に関する諸原則

賃金については，以下の諸原則が定められている。

(α) 男女平等の原則

労働の内容，質及び量が同様の場合，男女の区別なく賃金，時間外労働手当，休日労働手当及び休日時間外労働手当を同じ割合で支払わなければならない（労働者保護法53条）。

(β) 通貨払いの原則

賃金及び手当は，タイの通貨（タイバーツ）で支払わなければならない。ただし，労働者の承諾がある場合には，手形又は外国通貨で支払うことができる

（労働者保護法54条）。

(γ) 直接払いの原則

賃金及び手当は，労働者の勤務場所で支払わなければならない。ただし，労働者の承諾がある場合には，その他の場所又は方法で支払うことができる（労働者保護法55条）。銀行振込によって賃金を支払う場合には，当該原則に則り労働者の事前の承諾が必要となると解されている。

(δ) 全額払いの原則

使用者は，以下の5項目に該当するものを除き，賃金及び手当から控除することができない（労働者保護法76条1項）。また，下記の(ii)から(v)の各控除額は，労働者の同意を得た場合を除き，それぞれ労働者の受領金額の10％を超えてはならず，且つ，控除金額の合計額は労働者の受領金額の20％を超えてはならない（労働者保護法76条2項）。

(i) 個人所得税その他法律で義務づけられている支払（社会保険料等）
(ii) 労働組合規約に基づく労働組合費
(iii) 貯蓄組合及び貯蓄組合と同様の性質の組合に対する債務並びに労働者側のみの利益となる福利厚生のための債務（ただし，労働者の事前の同意が必要）
(iv) 労働者保護法10条に基づく保証金及び労働者に故意・重過失がある場合の使用者に対する損害賠償金（ただし，労働者の事前の同意が必要）
(v) 積立基金（使用者と労働者が拠出する基金から労働者の退職時や死亡時等に支払われる基金など）に関する合意に基づく積立金

(ζ) 毎月払い，一定期日払いの原則

賃金が月，日，時間若しくは1か月を超えないその他の期間の単位で計算される場合，又は，労働単位の成果物に基づき計算される場合，賃金は少なくとも月に1回支払わなければならない。ただし，労働者の利益のために合意された場合（労使合意に基づき定められた場合など）はこの限りでない（労働者保護法70条1項）。

なお，使用者が労働者を解雇する場合には，解雇から3日以内に労働者が受領すべき賃金及び手当を支払わなければならないとされている（労働者保護法70条2項)。

(c)　最 低 賃 金

最低賃金は，労働者保護法に基づき賃金委員会[69]が地域別に最低賃金を設定し，それに基づき労働省の大臣が告示することとされている(労働者保護法68条~91条)。最近では，2020年1月から313バーツ~336バーツ[70]に最低賃金が引き上げられた。

使用者は，最低賃金の告示の施行後，当該最低賃金を下回る賃金支払を行ってはならない(労働者保護法90条)。

最低賃金違反に対しては，最低賃金との差額分につき年15%の遅延利息を支払わなければならないほか，故意に合理的理由なくして支払を拒んだ場合にはさらに7日ごとに15%の追加金の支払が必要となる(労働者保護法9条)。

また，刑事罰として，使用者に対しては，6か月以下の禁固若しくは10万バーツ以下の罰金又はこれらの併科が定められている(労働者保護法144条1項)。また，使用者が法人の場合，その役員又は責任者に対して同様の刑が科される可能性もある(労働者保護法158条)。

(d)　労働者の承諾

賃金及び手当の支払や控除に関して労働者の承諾を得る際には，使用者は書面を準備して同意を与えた証拠としての労働者のサインを取得するか，労使間の明確な契約書があることが必要となる(労働者保護法77条)。口頭での同意では足りないことに留意が必要である。

(e)　遅延利息等

賃金その他の手当の支払を遅配する場合，年利15%の遅延利息を支払わなければならない(労働者保護法9条1項)。さらに，使用者が故意に合理的な理由なく賃金等の支払を遅配した場合には，支払日の7日経過後から7日ごとに15%の追加金を支払わなければならないこととされている(労働者保護法9条2項)。

---

69)　労働省事務次官，政府代表4人，労働者代表5人，使用者代表5人から構成される(労働者保護法78条1項)。

70)　チョンブリー，プーケットで336バーツ，ラヨーンで335バーツ，バンコクを含む6都県で331バーツ，チュチュンサオで330バーツ，14県で325バーツ，プラチンブリで324バーツ，6県で323バーツ，21県で320バーツ，22県で315バーツ，3県で313バーツ。

(f) 時 効

賃金等債権は，2年間の消滅時効にかかるとされている（民商法典193条の34第9号）。

(g) 休業補償

不可抗力以外の何らかの重大な事態が使用者の事業運営に影響を与え，通常業務が不可能になった場合において，使用者が全部又は一部の業務を一時的に停止（休業）する場合には，使用者は労働者が休業前に受領していた賃金の75% 以上の手当を労働者に支払わなければならないとされている（労働者保護法75条1項）。

この不可抗力の範囲は限定的に解されている点に留意が必要である。例えば，タイで頻発する災害としては「洪水」が挙げられ，規模の大小はあるものの毎年のように何らかの水害が報道されているが，洪水がこの「不可抗力」に該当するかは厳格に解されている印象である。労働者保護法上「不可抗力」について定義規定はないため，基本法であるタイの民商法典における「不可抗力」の解釈を参考とすることになるが，民商法典の解釈としては「不可抗力」とは①事象の発生が不可避であったか，②有害な結果の発生に対して然るべき注意が払われたかといった観点から事案に応じて個別具体的に検討されると解されている。洪水の場合，①については通常は不可避と解されるものの，②については洪水被害の発生を事前に予測できたか，対策が可能であったかという点を含めて検討されるため，洪水の予測が可能であったにもかかわらず使用者が十分な対策を講じていないと判断されるような場合には②の要件が否定される可能性がある。COVID-19が「不可抗力」に該当しうるかを含め，労働者保護法上の「不可抗力」について明確に判示した最高裁判例は現状存在しないが，労働者保護の観点からは「不可抗力」の範囲は民商法典以上に厳格に判断される可能性もあると思われる。

⑤ 時間外労働手当，休日労働手当，休日時間外労働手当

タイの時間外労働手当，休日労働手当，休日時間外労働手当の割増率は日本と比較して高く設定されている。以下，各手当につき説明する。

(a) 時間外労働手当

通常労働日の所定労働時間外の労働に対しては，通常賃金[71]の1.5倍以上

の手当を，実際に時間外労働をさせた時間に乗じて支払わなければならない（労働者保護法61条）。

(b)　休日労働手当

(i)　休日分の賃金を得る権利がある労働者[72]の休日労働に対しては（例えば月給制の場合），通常賃金の1倍以上の手当を追加で支払わなければならない（労働者保護法62条1号）。

(ii)　休日分の賃金を得る権利がない労働者の休日労働に対しては（例えば日給制，出来高制の場合），通常賃金の2倍以上の手当を，実際に休日労働をさせた時間に乗じて支払わなければならない（労働者保護法62条2号）。

(c)　休日時間外労働手当

休日の時間外労働に対しては，通常労働の3倍以上の手当を，実際に休日の時間外労働をさせた時間に乗じて支払わなければならない（労働者保護法63条）。

各種手当の割増率

手当の種類	内　容	手　当	合計支払額（通常賃金比）
時間外労働手当	通常労働日の時間外労働	通常賃金の1.5倍	1.5倍
休日労働手当	給与支払対象の休日における労働（例：月給制）	通常賃金の1倍を追加	2倍
	給与支払対象でない休日における労働（例：日給制，出来高制）	通常賃金の2倍	2倍
休日時間外労働手当	休日における時間外労働	通常賃金の3倍	3倍

71）【月給額 ÷30÷ 所定労働時間数】によって通常労働日の1時間あたりの賃金を算出し，割増賃金の起算額とする必要がある（労働者保護法68条）。

72）上記④(a)で説明したとおり，タイでは月給制の場合，休日も賃金支払対象という建付けとなっている。

(d) 管理職等に関する例外

管理職等については手当の支払に関する例外規定が定められている。発想としては以下の(i)などは日本における管理監督者（日本の労働基準法41条）の制度と類似しているが，判例等においては日本以上に例外の対象となる者は厳格に解されているようにも思われる。

時間外労働手当及び休日時間外労働手当を受領できないとされている労働者の範囲は以下のとおりである（労働者保護法65条）[73]。また，このうち(i)に該当する者に関しては，使用者の同意がない限り休日労働手当も受領できない（労働者保護法66条）。

(i) 雇用，賞与の支給，又は解雇に関して使用者を代理する権限のある者[74]
(ii) 商品の移動販売又は購入勧誘であって，使用者が労働者に対して商品販売仲介料を支払う労働
(iii) 事業場の外で労働しなければならない性質・特徴の労働であって，確定的な労働時間を定めることができない労働
(iv) その他列車運行サービス・ダムの開閉・水位の観察・消火活動など公共性の高い労働

⑥ セクシャルハラスメントの禁止

使用者，上司，管理者又は監督者が労働者に対し性的いやがらせをすることは法令上禁じられている（労働者保護法16条）。

⑦ 労災補償・社会保険・労働者福祉基金

(a) 労災補償基金

すべての使用者は，労災補償基金に加入し拠出金を納付しなければならない（労働災害補償法26条，44条）。拠出金の額は職種等により異なっている。

労災補償の種類としては，労働者の負傷・疾病の場合の治療費（労働災害補

73) このうち，(i)(ii)以外の業務に従事する者に関しては，所定労働時間を超えた労働に対して通常賃金の1倍の賃金を受領できる（労働者保護法65条）。
74) 外国人である管理監督者の事前の了承が必要な場合には使用者の代理権限者とはいえないと判示した最高裁判例がある（2002年最高裁判所判決543号）。

償法13条)・リハビリに関する費用（労働災害補償法15条），死亡の場合の葬祭費（労働災害補償法16条），労働不能又は死亡の場合の月次補償金の支払（労働災害補償法18条）等がある[75]。

(b)　社会保険基金

すべての事業所は，社会保険基金に加入し保険料を納付しなければならない。保険料については，政府・使用者・労働者の三者がそれぞれ定められた額を拠出することとされている（社会保険法22条1号）。

保障内容としては，労働と無関係の疾病に関する治療費・休業補償等の疾病給付（社会保険法62条，63条），出産給付（社会保険法65条，66条），労働と無関係の障がいが発生した場合の治療費等の障がい給付（社会保険法69条，70条，71条），労働に起因する傷病でない原因により死亡した場合の死亡給付（社会保険法73条），児童手当（社会保険法74条），老齢年金（社会保険法76条，77条の2第1項），失業保険給付（社会保険法78条）等がある。

(c)　労働者福祉基金

10人以上の労働者がいる事業の労働者は，労働者福祉基金に加入し拠出金を納付しなければならない（労働者保護法130条）。使用者は，労働者へ賃金を支払う度に，賃金の5%を超えない金額を控除し，使用者の拠出分と合わせて労働者福祉基金へ納めることとされている（労働者保護法131条）。

労働者福祉基金に積み立てられた金額は，労働者が退職，又は死亡した場合に労働者，又はその親族へ支払われる（労働者保護法126条）。

なお，使用者が退職準備基金法に基づく退職準備基金（プロビデント基金）を設けていた場合，労働者福祉基金の設置は免除されており（労働者保護法130条2項），実務上でも，多くの会社が退職準備基金を採用しているように見受けられる。

(オ)　派遣労働者について

タイにはミャンマー，ラオス，カンボジアなど近隣諸国からの派遣労働者が

75)　ただし，①労働者によるアルコールの摂取や薬物中毒の結果，心神喪失になった場合，②労働者が故意に自らを負傷させた場合や，他人をして自らを負傷させた場合といった非違行為があった場合には使用者は労働者の負傷・疾病について補償する義務を負わない（労働災害補償法22条）。

多く，多くの日系企業でも派遣労働者を雇用している。

タイでは派遣労働者のみを対象とした法律は制定されていないが，2008年に労働者保護法について以下の改正が行われた。

① 使用者の範囲の拡大

労働者保護法では「使用者」は，

(a) 賃金を支払うことで労働者を雇用することに同意した者
(b) 使用者の代理人に指名された者
(c) 使用者が法人の場合，法人の代表者又はその代理人

と定義されているが（労働者保護法5条），2008年の労働者保護法改正において，派遣労働者の保護を目的として，法の適用を受ける使用者の範囲を拡大する規定が設けられた。

具体的には「事業者が第三者に，職業紹介ではない[76]労働者派遣を依頼し，その派遣される労働者の業務が，事業者が責任を負う生産工程又はビジネス内の何らかの労働である場合，事業者が業務遂行を監督するかその業務を行う者に対する賃金支払責任を負うか否かを問わず，事業者を当該派遣労働者の使用者であるものとみなす」との規定が新設された（労働者保護法11条の1第1項）。この規定により，直接の雇用関係にないと解される派遣労働者と派遣労働者の労務提供先の会社に関しても，一定の場合に労働者保護法が適用されることとなった。

② 平等な取扱い

2008年の労働者保護法改正においては，さらに「事業者は，直接雇用契約に基づく労働者と同一形態で働く派遣労働者に対して，差別なしに公平な権利，利益及び福祉を享受させなければならない」との規定が設けられた（労働者保護法11条の1第2項）[77]。同一とすべき権利には，賃金のみならず，福利厚生

76) 職業紹介事業が除かれているのは，職業紹介の場合には会社と紹介された者が直接雇用関係を結ぶため労働者保護法が適用されることに疑義がないからである。
77) 違反した場合，10万バーツ以下の罰金が科せられる（労働者保護法144条の1）。

も含まれると解される。

現在，多くの会社において必ずしも当該条項が遵守されていない実態が散見されるが，今後当該条項の適用について当局の監督が厳しくなる可能性もあるため，派遣労働者の業務・労働条件の決定にあたっては十分な注意が必要である。

⑷　採用後の労務管理

㋐　労働条件の（不利益）変更

使用者が10人未満の労働者しか使用しておらず，就業規則・労働条件協約を定めていない場合には，個別に締結される雇用契約が労働条件を決定することとなる。この場合は，労働条件の不利益変更にあたっては，労働者の個別の同意を得ることが必要となる。

使用者が10人以上20人未満の労働者を使用し，就業規則は作成されているが労働条件協約は作成されていない場合，雇用契約及び就業規則が労働条件を決定することとなる。この場合も，労働条件の不利益変更にあたっては，労働者の個別の同意を得ることが必要となる。

使用者が20人以上の労働者を使用している場合には，雇用契約，就業規則及び労働条件協約が労働条件を決定することとなる。この場合，雇用契約又は就業規則にて定められる労働条件の（不利益）変更のためには，労働者の個別の同意の取得が必要になり，また，労働条件協約の内容を変更する場合には要求書の提出に始まる労働条件協約の改定という法定の手続を踏む必要がある。

労働者の個別の同意を取得しておらず，また，必要な労働条件協約の改定にあたっての法定の手続を踏んでいない場合には，当該労働条件の不利益変更は無効と解される。

上記のほか，雇用契約や就業規則のように明文化されていない場合でも，慣習的に与えられている福利厚生も労働条件とみなされるケースが判例上少なからず見られるため，使用者がそのような福利厚生を一方的に廃止・縮小等する場合には注意が必要となる。

(イ) 労務管理にあたって留意すべき規制

① 労働時間管理

賃金の支払対象となる労働時間については，厳密には分単位での計算が必要であると解されている。そのため，例えば30分未満を切り捨てるなどの扱いを行っている場合，法的には未払賃金が発生していることとなる。

労働時間の管理方法を定める法令はないが，一般的な労働時間の管理方法としては，タイムカードの導入，出入口にかざすICカードの時間の記録，労働時間を自己申告し上司が確認する等の方法が挙げられる。

タイでの日系企業の悩みとして，労働者が時間を遵守しないというものがある。タイ人従業員が始業時間までに出勤しない，昼休みから定刻通りに戻らないなどの話はよく聞くところであるが，これらの事態を防止し職場の規律を保つためには，タイムカードやICカードの打刻など証拠が残る形で労務管理を行い，遅刻等については都度注意や減給（ノーワーク・ノーペイの原則であるため傷病等の合理的理由なく欠勤した場合には減給することも可能である）等の厳格な労務管理を行うことも考えられる。もっとも，不当な処分を行った場合には労働者との間で紛争となるリスクもあるため，就業規則の規定などを確認した上でその都度慎重に判断することが必要となる。そのため，反対に遅刻等がなく時間を厳守する労働者を評価する方向での対応により労働者全体の勤怠の向上を図る企業も見られるところである。

② 休暇管理

上記(3)(エ)③(g)(α)のとおり，法律上疾病休暇が30日まで有給で認められていることから，疾病休暇の名を借りた仮病による欠勤や，実質的なストライキとして疾病休暇が利用されることが実務上見られるため，このような疾病休暇取得が起こらないよう日常的な配慮が必要である。

また，使用者が年次有給休暇を適切に定めていない場合，労働者が急に年次有給休暇を取得するといった状況を招き，業務遂行に支障をきたす可能性がある。

したがって，休暇取得にあたっては，取得にあたっての事前・事後の手続を明確にし，休暇取得状況・事前通知の有無等に関する一覧表などを作成して誰がどのような休暇を取得しているかを確認し，手続を遵守している労働者は賞与の査定にあたって評価する等の方法を採る会社も見られる。

③　情報モニタリング

日本では企業が保有するメールサーバーなどの情報システムに蓄積された情報を従業員の同意なく確認することや業務用に貸与したパソコンを通じてやり取りされた従業員のメールをモニタリングすることは一定の場合に可能と解されているが[78)]，タイではこの点につき明確な法令の定めや裁判例の蓄積がなく，従業員の同意なくメールサーバーにアクセスして調査等を行った場合にはプライバシーの侵害やコンピュータ関連犯罪法[79)]に抵触するとの主張が従業員からなされる可能性が高いことに留意が必要である。

タイ人の従業員は，たとえ会社の備品やシステム等を利用してやり取りしたものであっても，特に従業員がパスワード等のセキュリティを設定している場合には，メール等について会社が確認することに慣れていないため，日系企業が日本と同じような感覚で情報のモニタリングを行うと，タイ人従業員と紛争となる可能性が否定できず，紛争化した場合，タイでは私的訴追を認めていることからモニタリングを行った上司等が刑事訴追される可能性もある。

実務や判例の蓄積が十分でない現状においては，情報のモニタリングについては極めて慎重な対応が求められるといえる。

④　労働者名簿・賃金台帳の作成・保管，雇用・就労条件の報告

(a)　労働者名簿の作成・保管

10人以上の労働者を雇用する使用者は，労働者名簿をタイ語で作成し，労働監督官が労働時間内に検査できるよう事業所又は使用者の事務所に保管しておかなければならない（労働者保護法112条1項）。

---

78)　日本において，使用者による情報モニタリングは「使用規程においてその権限を明らかにしておけば，労働者はプライバシーのない通信手段として日頃から使用することとなるので，可能となる。その権限が規定されていない場合には，使用者は，企業秩序違反の有無の調査に必要である場合など，事業経営上の合理的な必要性があり，その手段方法が相当であるかぎり許容されることとなる」（菅野和夫『労働法〔第12版〕』〔2019年，弘文堂〕695頁）と解されている。関連裁判例として，日経クイック情報事件（東京地判平成14年2月26日労判825号50頁），F社Z事業部事件（東京地判平成13年12月3日労判826号76頁）等参照。

79)　コンピュータ関連犯罪法5条では「コンピュータシステムについて特にセキュリティ対応が施されており当該セキュリティ対応がその者による使用を予定していないにもかかわらず，不当に当該コンピュータシステムにアクセスした者は，6月以下の懲役若しくは1万バーツ以下の罰金又はその併科に処する」と規定されている。

労働者名簿には，少なくとも，労働者の氏名，性別，国籍，生年月日又は年齢，現住所，雇用開始日，役職又は職務，賃金について記載しなければならないとされている（労働者保護法113条）。

労働者名簿は労働者の就業開始から15日以内に作成しなければならず，また，労働者の雇用終了後2年間保管しなければならない（労働者保護法112条2項，115条1項）[80]。

(b) 賃金台帳の作成・保管

10人以上の労働者を雇用する使用者は，賃金台帳を作成しなければならない（労働者保護法114条）。

賃金台帳には，少なくとも，労働日・労働時間，出来高払の場合の労働者の成果，賃金・時間外労働手当・休日労働手当・休日時間外労働手当の割合と金額について記載しなければならないとされている（労働者保護法114条1項）。

賃金台帳は，賃金支払から2年間保管しなければならない（労働者保護法115条）[81]。

(c) 雇用・就労条件の報告

10人以上の労働者を雇用する使用者は，毎年12月に労働監督官から送付される様式[82]に従い，雇用・就労条件を記載した書面を翌年1月に労働保護福祉局長又は局長の委任した者に対して提出しなければならない（労働者保護法115条の1第1項）[83]。

(ウ) 懲戒処分に関する規制

懲戒処分の方法に関する法令上の明確な定めはないが，一般的な懲戒処分の方法としては，①口頭による警告，②警告書の発出，③出勤停止，④減給処分（ただし下記の留意事項も参照されたい），⑤諭旨解雇，⑥懲戒解雇などが挙げられる。

---

80) 労働者名簿の作成を怠った場合，2万バーツ以下の罰金が科せられる（労働者保護法146条）。

81) 賃金台帳の作成を怠った場合，2万バーツ以下の罰金が科せられる（労働者保護法146条）。

82) 様式に定められている事項は，労働者数（全労働者，男女別及び年少者の数），労働時間（労働時間数，1日あたりの休憩時間，週休日・祝日及び年次有給休暇の日数），賃金（月給制，日給制，時給制及び出来高制それぞれにおける最低・最高賃金額），職能別賃金の有無，報告年度における労働者増減計画の有無とその理由などである。

83) 様式の提出を怠った場合，2万バーツ以下の罰金が科せられる（労働者保護法155条の1）。

このうち③出勤停止に関しては，就業規則や労働条件協約に別段の定めがある場合を除き，非違行為審査期間中に出勤停止処分を行うことが禁止されている（労働者保護法116条1項）。出勤停止処分の実施にあたっては，非違行為の内容と出勤停止期間（7日以内）を明記した上で，事前に書面で対象労働者に対して通知しなければならない（労働者保護法116条1項）。出勤停止期間中，使用者は就業規則又は労働条件協約に基づく割合の金員を労働者に支払わなければならず，その割合は出勤停止前賃金の5割以上でなければならない（労働者保護法116条2項）。労働者が非違行為を犯していなかったことが判明した場合，使用者は出勤停止期間中に支払うべき賃金に年利15%を加えた補償金を労働者に支払う義務がある（出勤停止期間中に支払われた金員はこの支払うべき賃金の一部として扱われる）（労働者保護法117条）。

懲戒処分のうち④減給処分に関しては，実務上は懲戒処分の方法として定めている企業も見られるものの，賃金から控除できる項目を限定列挙している労働者保護法76条1項の規定の趣旨からして法令上認められていないとの考え方もある[84]ため慎重な検討が必要と解される。

⑥懲戒解雇については後記(5)(オ)を参照されたい。

懲戒処分一般の実体的要件として，懲戒処分は，判例上懲戒事由に応じた合理的なものでなければならないと解されている。そのため，懲戒処分の実施にあたっては，非違行為が確認できたとしても当該非違行為からみて相当な範囲内の処分にとどめる必要がある。実務上，裁判となった場合には，懲戒解雇等の重い処分に関しては処分の程度が相当かが厳格に判断される傾向にあるように思われる。

(エ)　使用者の変更に伴う労働者の同意

使用者が事業を譲渡したり，他の法人と合併することにより，使用者が変更となる場合には，労働者の同意が必要となる（労働者保護法13条）。また，新たな使用者は，従前の使用者のもとでの当該労働者に関するすべての権利及び義務を承継しなければならない。

84）もっとも，減給処分を予定していると解釈できる条文も存在するため（労働関係法95条3項），減給処分の可否については議論が分かれているところである。

(5) 雇用契約解消時の規制

(ア) 解雇補償金

① 解雇補償金の支払

タイでは，使用者側の都合による雇用終了時に「解雇補償金」の支払が義務づけられている（労働者保護法118条）。

解雇補償金は，「使用者が雇用を終了させる際に使用者が労働者に支払う金銭で，使用者が労働者へ支払うことを合意したその他の金銭を除く」と定義されており（労働者保護法5条），また「雇用を終了させる」とは「雇用契約の中止に基づくかほかの理由に基づくかを問わず，使用者が労働者を就業させず，労働者に賃金を支払わない行為をいい，使用者が事業を継続できないことを理由に労働者が就業せず賃金が支払われない場合を含む」と規定されている（労働者保護法118条2項）。

このように，解雇補償金は（一般に使用されている「解雇」補償金という名称から誤解されることがあるが）解雇の場合のみならず，定年退職，有期雇用契約の期間満了，会社の求めに応じた労働者の合意退職の場合等，広く使用者側の都合による雇用終了の場合にも支払う必要があるものと解されている[85)]。

解雇補償金は，労働者側の自発的・自主的な自己都合退職を含む労働者側の都合による退職の場合には支払う必要はない[86)]。ただし，形式的には労働者の自発的・自主的な自己都合退職であっても，実質的には使用者側の都合による解雇・退職であると評価できるような場合には，裁判等になった場合に解雇補償金の支払を裁判所から命じられる可能性があることには留意が必要である。

解雇補償金は法定の補償金であり，日本でいう「退職金」とは異なる。タイでは退職金の支給は法律上必須とされていないため，解雇補償金と別に退職金を支給する企業は実務上ほとんど見られない。もっとも，仮に雇用契約や就業

85） ただし，実態としては，有期雇用契約満了時において解雇補償金が支払われないケースが多いと思われる。

86） なお，使用者と労働者との間で定年年齢が合意されていない場合又は合意された定年年齢が60歳を超える場合，60歳を超える労働者は，使用者に対して退職の意向を通知することにより退職することができ，また，この場合にも使用者は当該労働者に対して法定の解雇補償金を支払うことが必要となる。

規則において退職金支給規定がある場合，当該退職金が上記の解雇補償金である旨が明確に規定されていない限り，退職金に加えて解雇補償金を支払わなければならないと解される可能性もあるので，雇用契約や就業規則の策定にあたっては文言の規定ぶりに注意する必要がある。

解雇補償金の額は勤続年数により以下のとおり定められている（労働者保護法118条）。

継続勤務期間[87]	解雇補償金
120日以上1年未満	最終賃金の30日分以上
1年以上3年未満	最終賃金の90日分以上
3年以上6年未満	最終賃金の180日分以上
6年以上10年未満	最終賃金の240日分以上
10年以上	最終賃金の300日分以上
20年以上	最終賃金の400日分以上

解雇補償金は解雇の当日に支払う必要があると解されている[88]。

② 例　外

以下の場合には例外として解雇補償金の支払義務がないとされている。

(a) 継続勤務期間が120日未満の場合（労働者保護法118条1項1号）

解雇補償金の支払義務は継続勤務期間が120日以上の場合に発生すると法定されている。このため，上記⑶㈤②で述べたとおり，試用期間を119日以下と設定している会社が実務上少なくない。なお，事前通知手続が必要となるため，後記㈦②(a)も参照されたい。

(b) 労働者保護法118条に規定する一定の有期雇用契約の終了

①開始及び終了時期が確定している，使用者の通常業務と異なる特別プロジェクトのための雇用，②終了時期又は達成目処が確定している臨時的雇用，③季節限定で行われる業務で，いずれも2年間を超えない明確な雇用期間の定

87) 継続勤務期間の計算においては，休日，休暇日，使用者が労働者の便宜のため許可した休暇日，使用者が使用者の便宜のために勤務を休むことを許可した日も含まれ（労働者保護法19条），また，使用者が解雇補償金の不払を目的として労働者を故意に継続雇用せず断続的に雇用した場合には，雇用が途切れた期間についても継続雇用していたものと扱われる（労働者保護法20条）。

88) 1994年最高裁判所判決2476号，2000年最高裁判所判決3476号。

めがあり，その定めに基づき雇用契約が終了した場合に限り解雇補償金の支払義務はないとされている（労働者保護法118条3項，4項）。この場合，雇用開始時に，使用者と労働者は上記3種類に該当する有期雇用契約を書面で締結しておく必要がある（労働者保護法118条4項）。

ただし，上記3種類の業務の範囲は裁判例等では限定的に解されており，実務上この規定はあまり利用されていない印象である。

(c) 労働者保護法119条1項に規定する懲戒解雇事由に該当する場合

労働者に下記(ウ)②(a)(β)記載の懲戒解雇事由があった場合には，解雇補償金の支払は不要である（労働者保護法119条1項）。ただし，裁判例等において懲戒解雇事由の該当性は厳格に解される傾向にある。

③ 特別解雇補償金

以下の場合には，特別解雇補償金を支払うことが法令上義務づけられている[89]。

(a) 事業所移転の場合

事業所を移転する場合，使用者は事業所移転日の30日以上前に労働者が明確にこれを認識することができるようその旨[90]を告示しなければならない（労働者保護法120条1項）。事業所移転により自身又はその家族の生活に重大な影響が生じる労働者は，告示がなされた日又は（告示がなされなかった場合には）事業所の移転日から30日以内に雇用契約を終了する権利を有し，且つ，その場合特別解雇補償金（解雇補償金以上の額）を受領する権利を有する（労働者保護法120条3項）。

また，上記の30日以上前の事前通知を使用者が行わなかった場合には，使用者は新事業所への移転を望まない従業員に対して最終賃金の30日分の賃金額に相当する額の特別解雇補償金を追加で支払わなければならない（労働者保護法120条2項）。

(b) 技術革新があった場合

機械の導入，機械又は技術の変更に伴い使用者が部署，製造工程，販売又は

89) 法令上の明文規定はないが，特別解雇補償金が支払われる場合には解雇補償金の支払は求められないと解されている。

90) 少なくとも新たな事業所，移転日及びこれによって影響を受ける従業員を含む必要がある。

サービスを改善したことにより，労働者数を削減する必要が生じ，使用者が労働者との雇用契約を終了させる場合には，使用者は，雇用終了予定日の60日以上前（下記(ウ)②(a)の1賃金期間以上前と異なることに注意が必要である）に，対象労働者及び労働監督官に対して，雇用終了日，理由，対象労働者名を通知しなければならない（労働者保護法121条1項）。

上記の事前通知を使用者が行わなかった場合，又は，事前通知期間が60日以上前でなかった場合には，使用者は最終賃金の60日分の賃金額に相当する額の特別解雇補償金を支払わなければならない（労働者保護法121条2項）。

さらに，勤続年数が6年以上である労働者との雇用を上記の理由で終了させる場合には，使用者は，解雇補償金に加え，勤続年数1年[91]につき最終賃金の15日分（ただし360日分を超過しない範囲）の賃金額に相当する額以上の特別解雇補償金を支払わなければならない（労働者保護法122条1項）。

(イ) 合意退職

タイでは労使間に紛争が発生した場合，紛争が激化及び長期化することも多く，また，私的訴追が認められていることから上司や会社の役員等が民事事件だけでなく刑事事件（人権侵害，個人情報漏洩，ハラスメント等様々な理由で訴追される事案がある）に対応しなければならないというケースも見られるところである。また，解雇の有効性を判断する労働裁判所は弱者保護の傾向にあるため，日系企業と労働者の間の紛争においては労働者に有利な判断を下すケースが少なくないといえる。したがって，実務上は，会社側としては普通解雇，整理解雇又は懲戒解雇が有効とされるだけの要件が整っていると考える場合であっても，まずは労働者との紛争を避け，合意退職の道を模索することが現実的な対応といえる。実務感覚としては，タイでは，ある程度の金額を提示し，且つ，労働者のプライドを損なうことなく（誹謗中傷することなく）退職交渉を行えば，失業率の低さも相まって多くの場合労働者が合意退職に応ずることが多いと思われる。

合意退職にあたっては，後の紛争を防止するために，双方の合意内容を記載

91）なお，勤続年数が1年に満たない部分については180日を超過していれば1年として計算することとされている（労働者保護法122条2項）。

した書面を締結することが確実な対応となる。合意書には，合意書記載のもの以外に債権債務がないこと，会社に対して訴訟等を起こさないこと，会社を誹謗中傷しないこと，必要な場合は守秘義務等を盛り込んだ上で，使用者，従業員及び立会人がサインすることが望ましい。この合意書は，後にタイ人従業員から「内容が理解できなかったので合意退職は無効である」等の主張をさせないためにも，タイ語及び英語（又は日本語）併記とすることが必要と思われる。

(ウ) 普 通 解 雇

① 実体的規制

労働裁判所設置及び労働事件訴訟法において，労働裁判所は解雇を「不公正」と認めた場合には，労働者を元の賃金で元の職場に復帰させることを使用者に命じることができるとされている（労働裁判所設置及び労働事件訴訟法 49 条）[92] ことの反対解釈として，解雇にあたっては「公正」な解雇理由が必要と解されている。

「公正」の判断基準を定めた法令やガイドラインはないため，判例に照らして事案ごとに判断する必要があるが，労働裁判所において「公正」の内容は厳格に（労働者に有利に）判断される傾向にある。

また，就業規則・労働条件協約には解雇に関する定めを置くこととされているが，これらの規定において解雇事由を定めていた場合には，使用者はこれらの規定に従う必要がある。

なお，一定の場合[93] には解雇制限が設けられている。

② 手続的規制

(a) 事 前 通 知

解雇をする場合，原則として，1 賃金期間以上前に，書面により，事前の解雇予告を行わなければならない（民商法典 582 条 1 項，労働者保護法 17 条 2 項）。

92） なお，労働裁判所は，会社と労働者が引き続き協力して雇用関係を継続できないと判断した場合には，会社が支払う損害賠償金を定めることができるとも規定されている（労働裁判所設置及び労働事件訴訟法 49 条）。

93） 例えば，妊娠を理由とした女性労働者の解雇の禁止（労働者保護法 43 条），労使協議中等の解雇の禁止（労働関係法 31 条，123 条），労働組合活動や組合員であることを理由とした解雇の禁止（労働関係法 121 条 1 号，2 号）などの解雇制限がある。

1か月ではなく「1賃金期間以上」前の通知が必要なことに注意が必要である[94]。

ただし，以下の場合には例外的に事前予告が不要とされている。

(α)　賃金相当額の支払による即時解雇の場合

1賃金期間以上前に解雇予定日を通知した場合の解雇予定日までに支払うべき賃金相当額を支払った場合には，事前通知は不要である（民商法典582条2項，労働者保護法17条3項）。なお，当該賃金相当額は，雇用関係が終了する日までに支払わなければならない（労働者保護法17/1条）。

(β)　所定の懲戒解雇事由に該当する場合

労働者が労働者保護法119条1項に定める以下の非違行為を行った場合には，事前通知は不要となる（民商法典583条，労働者保護法17条4項）。

1.　職務上の不正又は使用者に対する故意の犯罪行為を行った場合
2.　使用者に対して故意に損害を与えた場合
3.　使用者に対して過失により重大な損害を与えた場合
4.　使用者が文書で警告書を交付したにもかかわらず，就業規則，社内規定又は使用者の合法且つ合理的な命令に違反した場合（ただし，重大な違反の場合には，警告書を交付せずに解雇することができる。警告書は労働者の違反日より1年間有効である）
5.　正当な理由なく，間に休日を挟むか否かにかかわらず3労働日連続して職務を放棄した場合
6.　過失犯や軽犯罪[95]を除き，確定判決に基づき懲役刑を受けた場合

(b)　解雇理由の明示・警告書の交付

法令上解雇の手続的要件として定められているわけではないが，労働者保護法119条1項が以下のとおり規定しており，また，使用者が事前に警告書を発出していた場合には上記(a)(β)のとおり一定の場合に解雇の事前通知が不要と

94)　例えば，月給制で毎月25日が給料日の場合，1月26日に解雇予告を行ったとすると，事前予告の要件を満たすのは3月25日となる。
95)　刑法367条から398条所定の犯罪を指す。

されていることから，解雇補償金支払の免除の要件を満たし，且つ，解雇の事前通知を不要とするために，実務上使用者は，①解雇理由を明示した上で，②警告書の交付を行うことが通例である。

■労働者保護法

119条1項　使用者は，以下の理由に基づき解雇した労働者に対し，解雇補償金を支払う必要はない。

④　使用者が文書で警告書を交付したにもかかわらず，就業規則，社内規定又は使用者の合法且つ合理的な命令に違反した場合。ただし，重大な違反の場合には警告書を交付せずに解雇することができる。警告書は労働者の違反日より1年間有効である。

この警告書は，労働者が非違行為を行った日から1年以内のみ有効であるため（労働者保護法119条4項），警告書を発出してから1年を超えた場合には違反行為があった場合でも再度警告書を発出し，上記の手続を踏まなければならない。また，違反行為は，1年以内の警告書に係る違反行為と同種のものでなければならないと解されているため，1年以内に警告書が交付されていた場合であっても，違反行為が異なる場合には上記の労働者保護法119条1項の定める場合には該当しないことに注意が必要である。

警告書には，①労働者の氏名，②発行年月日，③違反行為の概要[96]（判例上，記載内容から労働者が違反行為の内容を明確に認識できる必要があるとされている），④違反した規則・命令，⑤警告文言（同様の違反を繰り返さない旨を警告し，繰り返した場合には解雇する旨を明記）を記載すべきと解されている。

また，実務上，この警告書には労働者の署名を得るという運用がなされている。これは，1年以内に再度同種の違反行為があった場合に，労働者に1年以内の警告書の交付を争われないようにすること等を目的としている。

労働者が署名に応じない場合には，(i)労働者に対して警告書を口頭で読み聞

96）労働者保護法上は明記されていないが，最高裁判例（2001年最高裁判所判決1120号，1984年最高裁判所判決1916号，1984年最高裁判所判決1336号等）では警告書には対象行為を記載することが必要であると判示されている。

かせた上で，警告書を配達記録郵便[97]で労働者に送付する，または，(ii)立会人の面前で警告書を労働者に対して読み聞かせた上で，立会人の署名を得る，といった扱いが実務上行われている。

(c)　年次有給休暇の買取義務

労働者保護法119条1項所定の懲戒解雇事由がない場合で労働者を解雇した場合には，解雇された年の年次有給休暇に関し，未消化の年次有給休暇に相当する賃金の支払が義務づけられている（労働者保護法67条1項)。

累積した年次有給休暇については，雇用契約の終了事由が解雇か，労働者の辞職か，労働者保護法119条1項所定の懲戒解雇事由に基づく懲戒解雇かを問わず，未消化の年次有給休暇に相当する賃金を支払わなければならないと解されている点にも留意が必要である（労働者保護法67条2項)。

(d)　就業規則・労働条件協約に定める手続

就業規則・労働条件協約には解雇に関する定めを置くこととされているところ（労働者保護法108条，労働関係法11条)，これらの規定において法定の手続を上回る解雇手続を定めていた場合には，使用者はこれらの規定にも従う必要がある。

(エ)　整理解雇

①　実体的規制

整理解雇の実体要件につき特に定めた法令はなく，整理解雇の要件を特に明確に判断した判例も現状不見当であるため，普通解雇同様，解雇が「公正」か否かで解雇の有効性が判断されることとなると解される。整理解雇の「公正」性についても労働裁判所は厳格に判断する傾向にある。

②　手続的規制

法令上，整理解雇独自の手続要件が定められているわけではないが，整理解雇の「公正」性は整理解雇にあたっての手続も含めて厳格に判断されているように見受けられるため，慎重な手続を踏むことが必要と解される。実務上は，労使間協議や代償措置の実施などが多く行われている。

---

97)　先方に郵便が配達されたことが証明される種類の郵便。なお，タイには日本の内容証明郵便に相当する制度はない。

また，整理解雇自体に関する規制ではないものの，上記(ア)③記載のとおり，事業所移転に伴い労働者が離職する場合及び技術革新等に伴う雇用契約終了の場合には，特別解雇補償金の支払を行う必要がある場合がある点に留意が必要である（労働者保護法120条，121条）。

(オ) 懲戒解雇

① 実体的規制

上記(4)(ウ)で述べたとおり，懲戒処分は，判例上懲戒事由に応じた合理的なものでなければならないと解されている。そのため，懲戒処分の実施にあたっては，非違行為からみて相当な範囲内の処分にとどめる必要がある。

② 手続的規制

(a) 事前の解雇予告通知と例外

上記(ウ)②(a)のとおり，解雇にあたっては原則として事前の解雇予告通知が必要とされているが，労働者保護法119条1項に定める非違行為を行った場合には事前通知は不要とされている。ただし，同項に定める非違行為への該当性判断は裁判例上厳格に行われていることに留意が必要である。

また，警告書を1年以内に発出している場合で当該警告書の対象違反行為と同種の違反行為が行われた場合にも事前の解雇予告通知は不要とされている（民商法典583条，労働者保護法17条4項）。

(b) 解雇補償金の支払と例外

上記(ア)のとおり会社側の都合による退職にあたっては解雇補償金の支払が法令上義務づけられているところであるが，上記(ア)②(c)のとおり労働者保護法119条1項に定める非違行為を行った場合には解雇補償金の支払は不要とされている。ただし，同項に定める非違行為への該当性判断は裁判例上厳格に行われていることは前述のとおりである。

(カ) 元従業員の競業避止義務

退職後の元従業員に対する競業避止義務は，特に重要な役職に従事していた元従業員などに関しては課されているところである。競業避止義務条項の有効性は「使用者に不当に有利な雇用契約や就業規則等については，公正且つ適切な限度でのみ適用される」と定めた労働者保護法14条の1，不公正契約法及び民商法典の解釈によることとなると解される。

不公正契約法5条において競業避止義務条項の有効性は，

(i)　予期せぬ負担を強いてはならない
(ii)　権利又は自由を制限される場所及び期間が合理的な範囲のものでなくてはならない
(iii)　当該条項の下であっても当事者が職業に就く又は契約を締結する能力及び機会を有していなければならない

という点から検討されると規定されている。

また，最高裁判例[98]において，競業避止義務条項の有効性要件を検討する際には，以下の点が検討される傾向にあるといえる。

(i)　制限される業務が明確に規定されていること
(ii)　義務が課される期間が合理的であること（判例上2年～5年の競業避止義務の有効性が認められた事案がある）

以上を踏まえると，競業避止義務条項が有効となるためには，少なくとも，①制限される業務の地理的範囲，期間が合理的なものであり，②制限される業務内容が明確に定められており，③対象者の就業機会が確保されていることが必要であると解されるが，具体的には事案に応じた検討が必要と解される。

98)　1990年最高裁判所判決2548–2549号，2000年最高裁判所判決1275号，2006年最高裁判所判決6075号。

(6) 労働組合と労働争議

(ア) 労働組合[99]

① 登録

労働組合は，10人以上の発起人となるタイ国籍を有する成人労働者が登録官[100]に登録することで法人格を取得する（労働関係法87条，88条，89条）。

労働組合は，同一の使用者の下で働く労働者によるものか（企業別組合），同種の事業に従事している労働者によるもの（業種別組合）でなければならず（労働関係法88条），日本でいう地域労働組合やいわゆる「ユニオン」の設立は認められていない。

労働組合の目的は，労働条件に関する利益を追求・確保すること，労使間及び労働者間の良好な関係を促進することとされているため（労働関係法86条），それ以外の目的（例えば政治目的）での労働組合の設立はできないと解されている。

労働組合が適法に登録された場合，登録された旨が官報に掲載されるが（労働関係法92条），会社へ通知する必要はないため，会社は自ら登録官へ確認すること（又は労働組合からの直接の通知）により把握することとなる。

現状，タイにおいて労働組合がある企業の割合は約4%[101]であり組織率が高いとはいえないが，実務感覚としては日系企業における組織率はこれよりも高いものと思われる[102]。

② 労働組合の構成員

上記のとおり，労働組合は企業別組合か業種別組合のいずれかであり，企業別組合には同一の会社の労働者しか加入できず，業種別組合には同種の事業に

---

99) タイの労使関係に関する法律としては，一般民間企業に適用される労働関係法と政府関連企業に適用される国営企業労働関係法があるが，ここでは労働関係法について述べる。

100) バンコク府の場合，労働保護福祉局長。それ以外の場合，各県の県知事。

101) タイの352,145の企業のうち，連合型を除いて1,497の企業に労働者側の労働組合が存在する。なお，このほかに連合型を除いて343の使用者側の労働組合が存在する（2014年12月30日時点）。労働省国家労働情報センターウェブサイトより（http://nlic.mol.go.th/th/node/413）。

102) 労働組合の設立登録にあたっては，タイ国籍を有する者10人以上の成人が発起人になることが必要とされているため，小規模の会社では設立できないところ，日系企業は比較的規模が大きいこともあり組織率が全国数値よりも高いということも考えられる。

従事する労働者しか加入できない。また，組合員は15歳以上である必要がある（労働関係法95条）。

労働者のうち，管理職の地位にある者（雇用，賃金引下げ，解雇，報奨金支払及び懲戒権限を有する者）は，非管理職である労働者が結成する労働組合に加入できず，非管理職である労働者は管理職が結成する労働組合には加入できない（労働関係法95条3項）。

また，労働関係法において，労働者とは「賃金を受け取る代わりに使用者のために働くことに合意した者」と定義されているため（労働関係法5条），失業者は労働組合員となることはできないと解されている。

③　労働組合委員会

労働組合は，組合業務を行い渉外業務につき組合を代表する労働組合委員会を設置することとされている（労働関係法100条）。労働組合委員会の委員は，労働組合員であり，出生時からタイ国籍を有しており，20歳以上であることが要件とされている（労働関係法101条）。

④　労働組合以外の労働者組織

労働組合以外にも，法令では以下の労働者組織が定められている。

(a)　事業所内福利厚生委員会

50人以上の労働者を有する事業所では，使用者は，5人以上の労働者代表で構成される事業所内福利厚生委員会を設置しなければならないとされている（労働者保護法96条）。

使用者は，少なくとも3か月に1回，事業所内福利厚生委員会との会議を開催し，労働者の福利厚生に関する事項等を協議しなければならず，また，委員総数の過半数又は労働組合に正当に要求された場合には，事業所内福利厚生委員会との会議を開催しなければならない（労働者保護法98条）。

(b)　労働者委員会

50人以上の労働者を有する事業所において，労働者は任意に労働者委員会を設置することができる（労働関係法45条）。円滑な労使関係の構築を目的として労働者のみにより組織されるものであるが，現在はあまり機能していないようである。

労働者委員会の委員の人数は事業所の規模によって異なる[103)]。労働者委員会の委員は労働者による選挙により選任され（労働関係法46条2項），任期は3年で再選可能とされている（労働関係法47条）。

なお，労働者委員会の委員・労働者委員会が職務を忠実に遂行しない場合，公の秩序を害する不適切な行為を行った場合，合理的理由なく会社の機密を公表した場合には，会社は労働裁判所に対して当該労働者委員会の委員又は委員全員に退任を命ずるよう請求することが可能である（労働関係法51条）。

もっとも，労働者委員会の委員の解雇や懲戒処分を行う場合，会社は労働裁判所の許可を得る必要があるとされている（労働関係法52条）。このため，実務上，労働組合員が組合活動において何らかの行為を行い，会社から解雇や懲戒処分を受けそうになった場合に，当該労働組合員がこの労働者委員会の委員に就任して処分をされにくくするという手法が用いられることがある点には留意が必要である。

(イ) 労 働 争 議

① 団 体 交 渉

団体交渉の手続等については労働関係法上詳細な規定が設けられている。大まかな団体交渉の流れは以下のとおりである[104]。

(a) 相手方に対する労働条件協約の締結・改定に関する要求書の提出

労働条件協約の締結・改定の要求は，使用者側（使用者又は使用者協会）からも労働者側（労働者又は労働組合）からも行うことが可能である（労働関係法13条1項）。要求は書面で提出する必要がある（労働関係法13条1項）。

労働者が提出する場合，当該要求に関係する労働者の15％以上の氏名及び署名があることが必要である（労働関係法13条3項）。労働組合の組合員数が労働者の20％以上の場合には，労働組合が労働者に代わって要求書を提出でき，この場合労働者の氏名・署名の記載は不要である（労働関係法15条1項，2項）。

103） 労働者数が50人以上100人以下の場合5人，101人以上200人以下の場合7人，201人以上400人以下の場合9人，401人以上800人以下の場合11人，801人以上1500人以下の場合13人，1501人以上2500人以下の場合15人，2501人以上の場合17〜21人とされている（労働関係法46条1項）。

104） COVID-19の影響を受けて関連通知等が発出されているため，都度最新の規制等を確認することが望ましい。

労働組合が要求書を提出した場合，（例えば組合員数の水増しが疑われるようなときには）使用者はその労働組合が労働者の20％以上であるかどうかにつき，労働争議調停官に書面で要請することにより，当該労働組合の構成を検証してもらうことができる（労働関係法15条3項）。検証の結果，要求書を提出するに足りる組合員を有していた場合にはその旨の証明書が使用者に発行され，組合員数が労働者の20％に達しない場合，各関係者に対し，その旨の通知が送られる（労働関係法15条3項）。

使用者は，労働組合又は全労働者に対して要求書を提出することができると解されている。

要求書には，労働者側・使用者側の何れが提出する場合であっても，交渉に参加する者[105]（7人以下）の氏名を記載する必要がある（労働関係法13条2項，3項）。

(b)　団体交渉[106]の開始

団体交渉は，要求書の受理から3日以内に開始しなければならない（労働関係法16条）。要求書受理から団体交渉を開始すべき時点までの期間が極めて限られているため，要求書を受領した場合の対応をあらかじめ十分検討しておくとともに，実際に要求書を受理した際には会社として迅速な対応をとることが求められる。なお，団体交渉がいったん開始された後は，交渉期間や交渉回数に特に制限はない。

労使が合意に至った場合には，合意内容を記載した労働条件協約に使用者又は使用者の代理人及び従業員代表又は労働組合が署名し（労働関係法18条1項），使用者は新たな労働条件協約を3日以内に30日以上にわたり事業所に掲示するとともに，合意から15日以内に労働保護福祉局長へ届け出ることとされている（労働関係法18条1項，2項）。

労使が合意に至らなかった場合，又は，要求書を受理してから3日以内に

105)　タイでは労働組合の専従者は置かれていないことが一般的である。このこともあり，労働組合委員会の委員である労働者は，労働争議に関する交渉において労働者を代表して労働組合の業務執行等を行うため，事前の通知により有給の休暇を取得することが認められている（労働関係法102条）。

106)　日本の誠実交渉義務（日本の労働基準法7条2号）に相当する義務はなく，団体交渉を拒否した場合は労働争議調停官の調停に進むこととなる。

協議が開始されない場合には「労働争議」が発生したとみなされる（労働関係法21条）。この場合，要求を行った側は，24時間以内に労働争議調停官へ通知しなければならない（労働関係法21条）。

② 労働争議の調停

労働争議調停官は，上記通知を受けたときから5日以内の当事者間の合意成立を目指して調停を開始する（労働関係法22条1項）。調停の回数については特に法令上の制限はない。

調停が成立すれば，上記①(b)記載の場合と同様，労働条件協約への署名，事業所での掲示，当局への届出という流れとなる（労働関係法22条）。

調停が成立しなかった場合には，当該労働争議は「未解決の労働争議」となり，使用者及び労働者は，合意により下記③の労働争議の仲裁に進むか，④の争議行為に移るかを選択することとなる（労働関係法22条3項）。

③ 労働争議の仲裁

労働争議の調停が不調に終わった場合，労使が合意すれば仲裁手続に進むこととなる。労使は仲裁のために1人又は複数名の労働争議仲裁人を任命できる（労働関係法26条）。労働争議仲裁人は，選任後7日以内に労働争議説明文提出期日，審議日時及び場所を当事者に書面で通知する（労働関係法27条）。

労働争議仲裁人は労働争議について審理し，仲裁判断を行う。この仲裁判断は判断日から1年間有効とされている（労働関係法30条）。

④ 争議行為

労働争議の調停が不調に終わり，当事者間で仲裁手続に進む旨の合意もなされなかった場合には，労使は争議行為に進むことが可能となる。なお，公益性の高い事業（鉄道，港湾，電話・通信，エネルギー又は電力生産・販売，水道，燃料油の生産・精製，病院又は診療所，その他省令に規定される事業）については労働関係委員会による判定という例外的な取扱いが定められている（労働関係法23条，24条，25条，26条）。

争議行為の手段は法令上限定されており，使用者側によるロックアウト[107)]，労働者側によるストライキ[108)][109)]のみが認められている（労働関係法22条3項）。

107） ロックアウトは「使用者が労働争議を理由に一時的に労働者を就業させないこと」と定義されている（労働関係法5条）。

ロックアウト又はストライキの実施にあたっては，24時間以上前に，相手方及び労働争議調停官に対して書面で通知する必要がある（労働関係法22条3項，34条2項）。

争議行為（ロックアウト，ストライキ）中は，ノーワークノーペイの原則により賃金を支払う必要はないと解されている。これは，使用者が適法なロックアウトを行った場合も同様である。

ただし，以下の場合には争議行為を行うことができない（労働関係法34条）。実務上，労働組合が「ストライキ」を実施しようとする場合であっても，法定の手続が適切に履行されておらず，法的には「ストライキ」の実施が認められないケースも多くみられる。労働組合が「ストライキ」を強行しようとする場合に，法定の手続を踏んでいないためストライキの実施は認められないといった反論を可能とするためには，会社として，労働組合との交渉過程，手続の経緯等を正確に記録しておくことが望ましい。

(a)　法定の手続を踏んでいない場合

上記①(a)の要求書を相手方に通知していない場合，労働争議調停官に対する24時間以上前の事前通告を行っていない場合，又は，上記②の「未解決の労働争議」に至っていない場合（労働関係法34条1項1号，2項）。

(b)　労使合意がある場合

労働条件協約，労働争議調停官の調停又は労働争議仲裁人の仲裁が有効であり，その合意等を労使が遵守している場合（労働関係法34条1項2号～4号）[110]。

(c)　争議行為以外の紛争解決手段に拠るべき場合

労働関係委員会において審議中の場合，労働大臣の裁定・労働関係委員会の判定がある場合，又は，労働争議仲裁人による仲裁の判定中の場合（労働関係法34条1項5号，6号）。

---

108)　ストライキは「労働者が労働争議を理由に一時的に就業しないこと」と定義されている（労働関係法5条）。

109)　労働組合が組合員のために①団体交渉等の交渉，②ストライキ及び組合員のストライキの支援等，③労働争議に関する事実関係の説明や宣伝，④穏当なストライキのための集会の実施や参加を行った場合，国民の安全，生命，身体，自由，名誉，財産を脅かすような場合を除き，労働者及び労働組合の刑事・民事責任は免責される（労働関係法99条）。

110)　反対に，実務上，労働条件協約違反等があれば要求書の提出という法令の手続を踏まずに争議行為を行うことができると解されている。ただし，その場合も事前通告は必要と解されている。

5　知的財産権

国際取引が増加する一方で偽ブランド品や海賊版CD等の流通が大きな問題として認識され始めた数十年前から，知的財産の保護は，国際経済協力の分野における重要問題と認識されてきた。こうした状況を受けて，知的財産権の保護はGATTウルグアイラウンド（1986年〜1994年）において交渉の対象とされ，その結果，1994年にはタイを含む同交渉参加国の間で，知的財産権の保護を目的とする，知的財産権の貿易関連の側面に関する協定（TRIPs）が締結されるに至った。また，1967年には国際レベルでの知的財産権に関する立法及び手続の調和並びに協働の促進を目的として，世界知的所有権機関（World Intellectual Property Organization. 以下「WIPO」という）が設立されたが，タイもWIPOの加盟国である。

タイでは，1892年にタイ国立図書館事務所がパンガン図書館に保管されている文書の内容を許可を受けずにコピーすることを禁止した「ラタナコーシン時代（R.E.）111年（1892）のパンガン図書館の公告」という公告を公布したことなどを皮切りに，知的財産権保護に関する法制度の整備が進められ，1890年には，作家の権利を保護することを目的とした，作家の知的財産権に関する法（Act on the Ownership of Book Writers）が制定された。

現在も，タイはTRIPsのメンバーとして知的財産の保護のための法整備に継続的に取り組んでいる。タイの知的財産権に関する法令では，商標，特許（意匠特許を含む），小特許（実用新案），著作権，営業秘密，植物品種，地理的表示及び半導体集積回路の回路図が保護の対象とされている。

(1)　商　標

(ア)　商標の保護

2000年及び2016年に改正された商標法は，以下のようにマーク（標章）の保護を規定している。

- 商標：　商標の権利者の商品を第三者の商標が付された商品と区別するため，商品そのものに又は当該商品に関連して使用又は使用を意図するマーク（写真，図面，ブランド，名前，単語，文字，番号，署名，色の組み合わせ，目的物の形又は音で，それらの一つ又は組み合わせを含む）
- サービスマーク：　サービスマークの権利者のサービスを第三者のサービスマークが付されたサービスと区別するため，サービスそのものに又はサービスに関連して使用又は使用を意図するマーク
- 証明標章：　商品の起源，構成，生産方法，品質若しくはその他の特徴を証明するため又はサービスの性質，品質，種類若しくはその他の特徴を証明するため，使用又は使用を意図するマーク
- 団体標章：　同じグループの会社若しくは企業によって又は団体，生活協同組合，ユニオン，連合，グループその他政府若しくは民間の組織の構成員によって使用又は使用を意図する商標又はサービスマーク

(イ)　商標に関する権利の取得

商標権者として登録された者は，登録した商標の排他的使用権を有する（商標法44条）。何人も，登録されていない商標への侵害に対して使用の差止め又は損害賠償を請求することはできないが，未登録商標の権利者であっても，当該商標の権利者の商品であると偽る者に対しては法的手続をとる権利を有している（商標法46条）。また，未登録商標の権利者は，当該商標の登録日から5年以内であれば，実際に権利者として登録した者よりも自己が当該商標の商標権者として適切であることを示して，当該商標登録の取消しを裁判所に対して申し立てることができる。一般的に，未登録の商標は，当該商標が事実上広く知られている場合で，且つ，悪意を持って侵害が行われた場合に限って保護されると考えられており，登録済み商標と比較して保護の程度は低い。

なお，証明標章（他者の商品又はサービスの品質等の証明を目的とする標章）に関しては，登録証明標章の権利者は，自らの商品又はサービスに当該マークを使用することができず，また，第三者に対して証明標章の証明者として使用することを許諾することもできない点にも留意されたい（商標法90条）。

登録を受けるには，商標は以下の特徴を有していなければならない。

① 識 別 性

識別性のある商標とは，公衆又は顧客が，当該商標が使用されている製品又はサービスを他の製品又はサービスと区別することができるような商標をいう（商標法7条）。

以下の重要な特徴を有する又はそれらで構成される商標は，識別性を有するものといえる。

(a) 通常の意味としてではない人の氏名，特別な方法で表示され，製品の特徴や品質に直接言及していない法人の名称や商号
(b) 製品の特徴や品質に直接言及しておらず，大臣によって指定された地名（例えば，国名，大陸又は首都名）にも該当しない単語やフレーズ
(c) 造語
(d) 図案化された文字や数字
(e) 特定の方法で表現された色の組み合わせ（例えば，オレンジ色，赤色及び緑色を組み合わせたセブンイレブンのシンボル）
(f) 出願人若しくは当該出願人の事業における前任者の署名，又は本人の許可を得た第三者の署名
(g) 出願人，本人の許可を得た第三者又は尊属，卑属及び配偶者から許可を得た故人の肖像
(h) 新たに創作された図形
(i) 製品の特徴や品質に直接言及しておらず，大臣によって指定された地図又は地理的な場所の図形にも該当しない図形
(j) 製品そのものの一般的な形ではない形状，製品にとって技術上不可欠なものではない形状又は製品に付加価値を与えるものではない形状
(k) 製品の特徴や品質に直接言及していない音，製品から発せられる一般的な音ではない音又は製品が機能している結果発する音ではない音

上記(a)ないし(k)に該当しない商標であっても，広く販売され，また広告されている製品の商標として使用され，また商務省の定める以下の要件を充足する場合には，識別性があるものとみなされる（「識別性の獲得」とも呼ばれる）。

(a)　商標の付された商品が，タイにおいて一般大衆又は関連する分野における公衆が当該商品が他の商品と異なるものであることを認識し且つ理解するまでの間，継続的に販売，流通又は広告されたこと
(b)　当該商品の販売，流通又は広告によって当該商標がタイにおいて広まったこと（なお，当該商標は当該商品に関して出願された場合にのみ識別性を有する）
(c)　識別性について立証される当該商標が登録出願される商標と同じであること

②　商標法において禁止されている特徴を有しないこと

商標が，王の紋章，タイの国旗，王族の名前，王族のモノグラム，国王，王妃若しくは王位継承者の肖像，外国の国家のエンブレム若しくは旗，公の秩序，道徳若しくは政策に反するマーク，公衆が商品の所有者若しくはその出所を混同するようなよく知られたマークと同一若しくはそれらに類似のマークを含む禁じられた特徴等を有し又はそのような特徴から構成される場合には，これを登録することはできない（商標法8条）。また，悪意を持って登録出願が行われた商標についても，公の秩序，道徳若しくは政策に反する禁じられた特徴等を有するものとみなされ，登録することができないと解されている。

③　第三者によって以前に登録された商標と同一又は類似でないこと

商標登録官が，登録出願された商標につき，(a)同じ区分に属する若しくは異なる区分ではあるが同じ特徴を有する商品に使用する商標として，すでに第三者によって登録された商標と同一であると認めた場合，又は(b)公衆が商品の所有者若しくはその出所を混同若しくは誤解するほどに第三者の他の登録商標に類似しており，且つ，当該登録商標と同じ区分に属する若しくは異なる区分ではあるが同じ特徴を有する商品に係るものであると認めた場合には，当該商標を登録することができない（著作権法13条）。

なお，商標を登録するためには，商標登録官が連絡することができるよう，出願人又はその代理人はタイに事務所又は住所を有していなければならない点に注意が必要である（商標法10条）。

商標法の商標及びサービスマークの登録に関する条項は，証明標章及び団体標章にも適用される。ただし，証明標章に関しては，商標登録に関する条項を

遵守することに加えて，出願人は以下についても提出・提示することが求められる。

① 出願の際に，証明標章の使用に関する規則を提出すること
② ①の規則に定める商品又はサービスの特徴を証する能力を提示すること

(ウ) 商標権者

複数の出願者が商標登録を出願した商標について，当該商標が同一又は公衆が商品の所有者若しくはその出所を混同若しくは誤解するほどに類似しており，当該出願が同じ区分に属する商品若しくは異なる区分であるが同じ特徴を有する商品についてなされた場合，先に出願した出願者が商標権者として登録される権利を有し，これに続く出願者やその他の出願者に対しては，書面で最初の出願者の手続を待つよう連絡がなされる（商標法20条）。最初の出願者の登録がなされなかった場合には，2番目に出願した出願者に係る手続が開始され，商標登録官は，これを遅滞なく当該出願者及び他の出願者に対して連絡しなければならない。

もっとも，商標法27条によれば，商標登録官は，それぞれが商標を善意で同時に使用している又は登録を認めるのが適当な特別の事情があると判断した場合は，使用方法若しくは使用場所に関する条件若しくは制限，又はその他の適当と判断する条件若しくは制限に従うことを条件として，複数の者による商標登録を認めることができる。ただし，タイの実務上，このような登録が認められることは稀である点に留意が必要である。

(エ) 登録商標に関する権利の譲渡

出願中の商標出願に関する権利は，譲渡することができる（商標法48条，1992年3月13日付けの省令）。ただし，譲渡人又は譲受人は，商標登録までに商標登録官に譲渡がなされた旨を通知しなければならない。

また，登録商標の譲渡については，これを登録しなければならない（商標法51条）。

出願中の商標出願に関する権利及び登録商標は相続によっても承継される[111]（商標法48条〜51条，1992年3月13日付けの省令）。

(オ) 商標ライセンス契約

商標権者は，登録された製品・サービスの一部又は全部に関して第三者に当該商標の使用をライセンスすることができる（商標法68条）。商標のライセンス契約は，商標権者とライセンシーが署名した書面によって締結され，且つ，これを登録しなければならない。登録がなされない場合には，ライセンスは無効且つ失効不能となる（民商法典152条）。また，ライセンス契約の登録の出願にあたっては，ライセンスが排他的なものであるか又は非排他的なものであるかを明確にしなければならない。さらに，少なくとも，(a)商標権者による当該商標のライセンシーによって製造される商品の効果的な品質管理を確保するための商標権者及びライセンシー間の契約条件，(b)商標が使用される製品を示す必要がある。これらの事項が示されないライセンス契約の登録出願は，登録を拒絶されることとなる。

なお，ライセンスされた商標権が譲渡又は相続の対象となった場合であっても，ライセンス契約で別途合意していない限り，当該ライセンス契約は終了しない（商標法79/1条）。他方で，ライセンスされた商標の登録が取り消された場合には，当該ライセンス契約は効力を失うこととなる（商標法76条）。

また，団体標章の権利者は同じグループに属さない他の会社に対して当該団体標章の使用を許諾することはできない（商標法94条）。

(カ) 商標の存続期間

商標権の存続期間は登録日から10年間であり（商標法53条），登録後10年ごとに更新することができる（商標法54条，55条）。

(キ) 商標権の侵害

商標は，主に商標法，刑法及び民商法典において保護されている。

111）　この場合，死亡証明書及び遺言を商標登録官に提出する必要がある。

商標権侵害に対しては，民事手続及び刑事手続の双方を利用することが可能であるが，一般的には，刑事手続を用いる方が比較的コストを要さず迅速な対処が可能と考えられる。

刑事手続に関しては，商標法では，偽造した者，模倣した者，偽造商品の輸入，販売若しくは販売の申入れをした者，又は権限なく登録商標，サービスマーク，証明標章若しくは団体標章を使用したサービスを付与した者に対する罰則が設けられている。例えば，登録商標の偽造に対しては，4年以下の懲役若しくは40万バーツ以下の罰金，又はその両方が科され（商標法108条），登録商標の模倣に対しては，2年以下の懲役若しくは20万バーツ以下の罰金，又はその両方が科される（商標法109条）。

なお，2016年商標法改正によって，正規のパッケージ・容器の再補充又は再利用に関する罰則が導入された。これによると，他人が有する登録商標，証明標章若しくは団体標章が付されたパッケージ・容器を使用し，当該他人の製品等と別の製品等について，当該他人の製品であると公衆を誤信させた場合には，4年以下の懲役若しくは40万バーツ以下の罰金が科される（商標法109/1条）。

また，タイで未登録であってもタイ国外ですでに登録されている外国の商標に対する侵害については刑法において罰則が定められているところ，このような商標の偽造については3年以下の懲役若しくは6,000バーツ以下の罰金，又はその両方が科され，このような商標の模倣については1年以下の懲役又は2,000バーツ以下の罰金が科される（刑法273条〜275条）。

次に，民事手続に関して，商標法では，権限なく登録商標が使用された場合について定められている（商標法44条）。「使用」に含まれる具体的な行為について，商標法44条では明確に定義されていないが，一般的に，偽造品の製造販売，登録商標の模倣及び商標の冒用（passing off）を含むと考えられる。権利を侵害された登録商標の権利者は，侵害者に対して損害賠償請求訴訟を提起することができる（商標法46条1項，民商法典420条，421条）。

(ク) 国際商標登録

2017年8月7日，タイ政府は，マドリッドプロトコルへの加盟書をWIPO

の事務総長に寄託し，当該加盟は2017年11月7日に発効した[112]。これにより，外国法下で商標を保有する商標権者は，タイ国内において当該商標の保護を受けるために，マドリッド制度に基づく国際出願（当該商標の保護を受けられる国としてタイを指定することの出願）を行うことができる。

⑵　特許（意匠特許を含む）

特許とは，(a)発明（すなわち，新しい製品若しくは製法を生み出す技術革新若しくは発明，又は既存の製品若しくは製法の改良），あるいは，(b)意匠（すなわち，製品に特別の外観を与え，工業製品又は手工芸品のためのパターンとして役立つ形態，線又は色の形態又は構成）に保護を与えるために発行される文書を意味する（特許法3条）。

タイは，特許協力条約（Patent Cooperation Treaty，以下「PCT」という）の142番目の加盟国であり，当該条約は，タイ国内では2009年12月24日に発効した。出願日が2009年12月24日又はそれ以降のPCT出願は，タイにおいて国内審査を受けることができる。他方で，非PCT出願（タイで直接提出されるが，PCTルートを通らない出願書）については，タイに従前より存在する特許システムが適用される。また，工業所有権保護に関するパリ条約（Paris Convention for the Protection of Industrial Property）に基づき内国民待遇に関する権限を有するすべての外国出願者は，発明特許の場合には最初の外国出願の日から12か月以内，意匠特許の場合には最初の外国出願の日から6か月以内は優先権を主張することができる。

㈠　特許の保護

① 発明特許

特許の対象となりうる発明は以下の三つの特徴を有する必要がある（特許法5条）。

・　新たな発明であること（新規性）。発明が以下のいずれかの点を含む「既存技

112）　タイは99番目の加盟国である。

術」の一部でなければ，新規性を有するものとされている（特許法6条）。
(a)　特許の出願日より前にタイ国内において広く知られ，又は使用された発明
(b)　特許の出願日より前にタイ国内外において，発明の対象が書面若しくは印刷刊行物に記載されたか，又は展示その他の方法で公衆へ開示された発明
(c)　特許の出願日より前にタイ国内外において，特許又は小特許が与えられた発明
(d)　特許の出願日の18か月以上前に外国において特許又は小特許が出願され，これに係る権利が付与されていない発明
(e)　タイ国内外で特許又は小特許が出願され，特許の出願日より前に当該出願が公開された発明
・　発明の進歩性を含むものであること（進歩性）。すなわち，発明が当該技術分野における通常の技能を有する者にとって自明のものではないこと
・　産業応用が可能であること（実用性）。発明が手工芸，農業及び商業を含むいずれかの産業において製造又は使用できるものであること

なお，以下については発明とはみなされず，特許の対象となることはない（特許法9条）。

(a)　自然発生した微生物及びそれらの構成部分，動物，植物又は動物若しくは植物からの抽出物
(b)　科学又は数学の規則又は理論
(c)　コンピュータプログラム
(d)　人間又は動物の病気の疾病の診断，処置又は治療の方法
(e)　公の秩序，道徳，健康又は福祉に反する発明

② 意匠特許

特許取得が可能な意匠は，手工芸を含む工業のための新しい製品意匠である（特許法56条）。但し，以下の製品意匠は新しいものとは考えられず，特許の対象とはならない（特許法57条）。

(a)　特許の出願より前にタイ国内において広く知られ，又は使用された意匠
(b)　特許の出願より前にタイ国内外において，書面又は印刷刊行物において開示又は記載された意匠
(c)　特許の出願より前に65条及び28条[113]に従い公告された意匠
(d)　(a)，(b)又は(c)に掲げる意匠に酷似しており模倣と認められる意匠

上記のほか，公の秩序，道徳又は勅令に反する製品意匠も特許の対象とはならない（特許法58条）。

(イ)　特許の取得

以下の者は，特許を出願する権利がある。

①　発 明 者

発明者は特許を出願する権利を有しており，その権利は譲渡又は承継が可能である（特許法10条）。もっとも，従業員発明者が雇用又は委託の過程で発明品を発明した場合には，雇用契約又は委託契約において別段の定めがない限り，雇用者又は委託者が特許の出願をすることができる（特許法11条）。

複数人によって共同で発明されたものである場合には，当該発明者らは特許を共同で出願しなければならない。ただし，共同発明者のうちのいずれかが特許の出願を共同で行うことを拒否した場合，所在が不明な場合又は出願する権限を有さない場合には，他の発明者が当該発明者に代わって当該特許出願を行うことができる。特許出願に参加しなかった共同発明者は，その後特許が付与される前であればいつでも出願に参加することを要求することができる（特許法15条）。

複数人が独自に同じ発明をし，それぞれが特許の出願をした場合には，最初に出願した者が特許権を取得する。出願が同じ日になされた場合には，当該複

113)　出願者による意匠特許の出願後，知的財産局（DIP）の調査官は当該出願について，必要書類の提出及び正式図面の要式性に関する形式審査を行い，要件を満たす場合には出願公告費用に関する通知が発出される。当該通知の定める期間内に公告費用が支払われた後，当該出願が公告されることとなる（特許法28条，57条，65条）。

数の出願者らは，自らのうちの1人が特許を受けるか，全員が共同名義で特許を受けるかについて合意しなければならない。DIP長官が指定した期間内に合意に達することができなかった場合には，指定された期間の満了から90日以内に裁判所へ提訴しなければならない。当該出願者らがかかる期間内の提訴を怠った場合には，当該出願者らは出願を放棄したものとみなされる（特許法16条）。

② 雇用者・政府当局

以下の場合には，雇用者が特許を出願する権利を有する。

(a) 従業員又は受託者が，雇用契約又は委託契約における業務の過程で特許出願可能な発明品を発明した場合
(b) 雇用契約又は委託契約において従業員又は受託者に対し発明活動を行うことが要求されていないものの，従業員又は受託者が当該雇用者による雇用のもとで得られた手段，データ又はレポートを使用することによって，発明品を発明した場合

また，発明者が公務員の場合には，政府当局が特許を出願する権利を有する。

なお，従業員，受託者又は公務員は，上記のとおり業務過程での発明について原則として特許出願を行う権利を有しないものの，当該発明によって雇用者，委託者又は政府当局が利益を得ている場合には，通常の給与又は賃金に加えて報酬を受け取ることができる（特許法12条，13条）。

③ 特許を出願する権利の譲受人

特許を出願する権利は譲渡が可能であり，当該権利の譲受人もまた特許を出願する権利を有する。当該譲渡は，譲渡人と譲受人の署名のある書面によってなされなければならない。

④ 特許を出願する権利を有する者の相続人

特許を出願する権利は，相続によって相続人に移転する。

特許の出願者は以下の資格のうちいずれか一つを有していなければならない（特許法14条）。

(a)　タイ国籍の者であるか，その本社をタイに有する法人であること
(b)　TRIPs 又は PCT の加盟国の国民であること
(c)　タイ国籍の者又はその本社をタイに有する法人に特許出願を認める国（例えば，英国，米国，日本，中国及びシンガポール）の国民であること
(d)　タイ又は TRIPs 若しくは PCT の加盟国に居住しているか，事実上の工業又は商業上の施設を有すること

(ウ)　特許権者の排他的権利

①　発 明 特 許

発明特許権者は，以下の排他的権利を有する。

(a)　(i)特許の対象が製品の場合には，当該製品を生産し，使用し，販売し，販売のために保有し，販売を申し出又は輸入する権利，(ii)特許の対象が方法である場合には，これを使用する権利，これによって生産される製品を生産し，使用し，販売し，販売のために保有し，販売を申し出又は輸入する権利
(b)　「タイ特許」の用語を製品上に表示する権利
(c)　特許に関する権利をライセンスする権利
(d)　特許を第三者に承継し又は譲渡する権利

②　意 匠 特 許

意匠特許権者は，製品の製造において特許意匠を使用し又は特許意匠を具体化した製品を販売し，販売のために保有し，販売を申し出若しくは輸入する排他的権利を有する（特許法 63 条）。上記にかかわらず，特許権者でない者も，研究又は調査のためにその意匠を使用する権利を有する。

(エ)　特許権の譲渡

特許権者は，書面による契約を締結し，登録することにより，保有する特許権を第三者に譲渡することができる。

(イ)　特許ライセンス契約

特許権者はライセンシーに対して特許権を行使することを許諾することができる（特許法 38 条）。ただし，特許権者は，(a)ライセンシーに対し不当に競争を制限し又は不公正契約法に反するような不公正な条件，制限又はロイヤリティを課すことはできず，また，(b)特許が失効した後の当該特許の使用に対してライセンシーにロイヤリティの支払を要求することはできず，そのような条件，制限又はロイヤリティに関する条項を定めたとしても無効となる。

特許ライセンス契約は書面にて作成の上，登録しなければならない（特許法 41 条）。

(カ)　特許の保護期間

①　発 明 特 許

発明特許の保護期間はタイ国内において出願した日から 20 年間存続し，更新することができない（特許法 35 条）。

②　意 匠 特 許

意匠特許の保護期間はタイ国内において出願した日から 10 年間存続し，更新することができない（特許法 62 条）。

(キ)　特許の侵害に係る制限及び例外

特許権者は，特許権の侵害に対して刑事上又は民事上の手続を利用することができる（特許法 85 条，民商法典 420 条）。

ただし，次に掲げる特許に対する行為は，特許権の侵害には該当しない（特許法 36 条 2 項）。

(a)　研究，調査，実験又は分析を目的とする行為（ただし，特許の通常の実施と不合理に矛盾してはならず，また，特許権者の正当な利益を不当に害するものであってはならない）

(b)　製造者又は使用者が特許出願について知らず又は合理的に知り得ずに，タイでの特許出願日より前に善意で製造を行っていたかそのための機器を取得してい

た場合における，特許製品の製造又は特許方法の使用

(c)　専門の薬剤師又は医師による医師の処方箋に基づく薬の調合（かかる医薬品に関する行為を含む）

(d)　特許の保護期間満了後に特許医薬品を製造，頒布又は輸入するための医薬品登録の出願に関する行為

(e)　タイが当事国である特許保護に関する国際条約又は協定の当事国の船舶が一時的又は偶発的にタイの領海に侵入した場合に，その船体又は付属品に必要範囲内で特許の対象を構成する装置を使用すること

(f)　タイが当事国である特許保護に関する国際条約又は協定の当事国の航空機又は陸上車両が一時的又は偶発的にタイの領空又は領土に侵入した場合に，その構造物又は付属品に特許の対象を構成する装置を使用すること

(g)　特許権者の承認又は同意を得て製造又は販売されている特許製品の使用，販売，販売のための所持，販売の申し出又は輸入

また，研究又は調査を目的とした意匠の使用については，意匠権者の許諾がない場合であっても意匠の侵害には該当しない。

(3)　小特許（実用新案）

発明の進歩性を欠くために発明特許としては保護されない発明についても，小特許として登録することが可能である。小特許については，日本における実用新案と類似しており，登録する前に実質審査が必要とされないので，取得に要する期間は発明特許の取得手続と比較して一般的に短い。

(ア)　小特許の保護

小特許は，新規性があり，産業応用が可能な発明に与えられる。小特許は，発明者に発明へのインセンティブを付与し，小規模発明を奨励するために，発明特許として保護される要件を満たさない発明を保護する制度である。もっとも，同じ発明について特許と小特許の両方を出願することは禁止されている（特許法65条の3）。

(イ)　小特許権の取得

小特許権の取得については，発明特許の取得に関する条項が準用される。

(ウ)　小特許権者の排他的権利

小特許権者は基本的に特許権者と同じ排他的権利を有する（なお，小特許権者は「タイ小特許」の用語を製品上に表示する権利を有する）。

(エ)　小特許権の譲渡

小特許権者は，書面による契約及び登録によって，その権利を第三者に譲渡することができる。

(オ)　小特許ライセンス契約

小特許権者はライセンシーに対して小特許権の排他的行使を許諾することができる（特許法65条の10，38条）。ただし，小特許権者は，(a)ライセンシーに対し不当に競争を制限し又は不公正契約法に反するような不公正な条件，制限又はロイヤリティを課すことはできず，また，(b)小特許が失効した後の当該小特許の使用に対してライセンシーにロイヤリティの支払を要求することはできず，そのような条件，制限又はロイヤリティに関する条項を定めたとしても無効となる。

小特許ライセンス契約は書面にて作成の上，登録しなければならない（特許法65条の10，41条）。

(カ)　存続期間

小特許の存続期間は，出願した日から6年間とされているが，2年間の延長が2回まで可能であり，最長で出願した日から10年間存続させることができる（特許法65条の7）。

(キ)　小特許の侵害に係る制限及び例外

小特許権者は，小特許権の侵害に対して刑事上又は民事上の手続を利用することができる（特許法86条，民商法典420条）。

ただし，上記特許の侵害に対する例外に関する定めが小特許の侵害にも準用される。

⑷　著 作 権

1994年に制定された著作権法（copyright Act）4条では，著作権は，著作者に帰属する権利を侵害した者に対する請求権を含む著作物に関する排他的権利として定義されている。著作権は，アイデアそのものを保護するものではなく，アイデアが具現化された表現を保護するものである。

また，著作権として保護されるための要件として，創作性が求められる。創作性が認められるためには，独自の技量，労力や思考に基づいて創作されたものでなければならないが，たとえ創作性が認められても，単なるアイデアだけの状態で具現化されていなければ，著作権の対象にはならない。

㋐　著作権の保護

著作権は，以下のカテゴリーを含む創作性を有する表現作品（その表現の方法又は形態を問わない）について認められる（著作権法6条）。

- 本，定期刊行物，記事，出版物及びコンピュータプログラム等の文芸作品
- 伝統舞踊，ダンス，振り付け，パントマイム等の演劇作品
- 絵画，彫刻，リトグラフ，建築，写真，イラスト，地図，スケッチ及びこれらの構成からなる応用美術（これらの作品の写真及び図を含む）
- メロディ及び歌詞により構成される音楽作品又はコーラス等を含むメロディのみの音楽作品
- ビデオテープ及びレーザーディスク等の視聴覚作品
- 映画及び映画の音響等の映写作品
- カセットテープ及びコンパクトディスク等の録音
- ラジオ放送又はテレビ局による音及び映像の放送等の放送作品
- 文学，科学又は美術に関する分野のその他の作品

著作権の保護は，アイデアそのものや手順，工程，使用法，概念，原理，科

学的・数学的理論等には及ばない（著作権法6条）。さらに，以下のものは著作権の対象とはならない（著作権法7条）。

① 文学，科学又は美術の分野に属さない日々のニュース等単なる情報，事実
② 憲法及び法令
③ 省，局，課その他の政府又は地方機関の規則，条例，告示，命令，説明及び公式通知
④ 裁判所による判決，命令，決定及び公式の報告
⑤ 省，局，課その他の政府又は地方機関によって編纂された上記①から④の翻訳及び掲載集

上記のほか，2015年改正及び2018年改正を経た著作権法では，権利管理情報も保護の対象とされている（著作権法53/1条，53/2条）。権利管理情報とは，著作物又は公演記録に付記等された，著作者，作品，実演家，実演，著作権者若しくは著作権の使用に係る条件，又は，それらの情報を表す番号若しくは暗号を特定する情報を指すとされている（著作権法4条）。権利管理情報を削除又は改変することは，当該行為が著作権者や実演家の権利の侵害を誘引し，これを生じさせ，助長し又は隠蔽する結果になりうると知りながらなされた場合には，権利管理情報の侵害となる（著作権法53/1条）。また，当該著作物又はその複製について，権利管理情報の削除又は改変がなされていると知っている者が，当該著作物等を，公衆への伝達又は販売目的でタイ国内に輸入した場合にも，権利管理情報の侵害となる（著作権法53/2条）。これらの者は，著作権法70/1条に定める刑事上及び民事上の責任を負う。ただし，以下の場合はこの限りでない（著作権法53/3条）。

① 法律の執行，国防上の必要性，その他これらに類する目的のために，法律上権限のある職員による権利管理情報の削除又は改変
② 営利を目的としない教育機関，図書館，又は公共の放送局による権利管理情報の削除又は改変

③　権利管理情報が削除又は改変された著作物又はその複製を，営利を目的としない教育機関，図書館又は公共の放送局が公衆へ伝達すること

さらに，改正著作権法においては，技術的保護手段も保護されている。技術的保護手段とは，作品又は実演記録の権限なき複製又はアクセスを防ぐための，当該複製防止又はアクセス制限技術を指すとされている（著作権法4条）。技術的保護手段を回避し又は技術的保護手段の回避を発生させるためのサービスを提供する者が，著作権者や実演家の権利の侵害を誘引する又は発生させる可能性があることを知ってこれらの行為を行った場合は，技術的保護手段の侵害になるとされており（著作権法53/4条），この場合も，著作権法70/1条に定める刑事上及び民事上の責任を負う。ただし，以下の場合はこの限りでない（著作権法53/5条）。

①　これらの行為が，著作物に関する著作権侵害の例外に該当する行為を行う上で，必要不可欠である場合
②　コンピュータプログラムを他のコンピュータプログラムとともに使用するにあたり，その構成を分析する必要がある場合
③　暗号化技術の調査，分析及び欠陥の特定に資する場合（ただし，対象となる著作物が適法に入手されており，且つ著作権者からこれらの行為について誠意をもって許諾を得ようとした場合に限る）
④　コンピュータ，コンピュータシステム又はコンピュータネットワーク上の安全性維持システムのテスト，検証又は修正に限る目的のために行われ，且つこれらの保有者の許諾を得ている場合
⑤　著作物にアクセスした者のインターネット上の活動を特定する情報の収集や拡散に関連する技術的保護手段の作用を停止するために必要がある場合（ただし，当該行為は，その他の個人による著作物へのアクセスに影響しないものでなければならない）
⑥　法律の執行，国防上の必要性等のために，法律上権限のある職員によって行われる場合
⑦　他の方法では著作物にアクセスできない著作物に営利を目的としない教育機関，

図書館又は公共の放送局がアクセスしようとする場合

(イ) 著作権の取得

著作権は，作品を創造することで当然に著作者に付与されるものであり，著作権法の保護対象となる要件として登録は必要とされない。タイでは，タイが加盟する著作権保護に関する条約の加盟国国民により創造された著作物又は同加盟国で創作され若しくは最初に公表された作品に対して著作権に基づく保護を与えている。この点，現在，タイは文学的及び美術的著作物の保護に関するベルヌ条約及びTRIPsに加盟している。

(ウ) 著 作 権 者

① 著 作 者

著作権の対象となる作品の著作者は以下の条件のもとで当該作品の著作権者となる（著作権法8条）。

(a) 未発表の作品の場合

- 著作者がタイ国民（会社の場合には，タイ法のもとで設立された会社）又はタイに居住していること
- 著作者がタイが加盟している著作権保護に関する条約の加盟国国民であるか，当該加盟国に居住しており，且つ，その作品の創作時間のすべて又はほとんどを当該居住地で過ごしていること

(b) 発表済みの作品の場合

- 最初の発表が，タイ又はタイが加盟している著作権保護に関する条約の加盟国でなされたこと
- 上記の条件を満たさない場合には，最初の発表から30日以内に当該作品がタ

イ若しくはタイが加盟している著作権保護に関する条約の加盟国で発表されたこと又は著作者が最初の発表の時に(a)に係る資格を有していたこと

② 著作者が雇用契約のもとにある場合

上記のとおり，著作者が著作権者となるのが原則である。著作物が雇用の過程で創作された場合であっても，雇用者と従業員の間で書面によって別途合意されていない限り，著作権は著作者（従業員）に帰属するものとされている（著作権法9条）。もっとも，雇用者は雇用の目的に従って著作物を一般に広める権利を有している。このルールは日本の著作権法における職務著作の規定とは正反対であり，特にソフトウェアの著作権が重要な資産となり得るIT企業等においては，開発したソフトウェアの著作権が従業員に帰属してしまわないよう，適切な書面合意を交わす必要があることに留意が必要である。

③ 著作者が委託契約等のもとにある場合

著作物が委託の過程で創作された場合には，委託者と受託者との間で別途合意されていない限り，委託者に著作権が帰属する（著作権法10条）。当該ルールも日本の著作権法におけるルールとは正反対であるため（日本では合意されていない限り受託者に帰属する），留意が必要である。

④ 政府当局

著作物が政府当局における雇用の過程で創作されたもの又は政府当局の命令若しくは指揮のもとに創作されたものである場合には，別途書面により合意されていない限り，政府当局が当該著作物の著作権者となる（著作権法14条）。

⑤ 著作物の改変者等

著作権は，原作に係る著作権者の同意のもとで著作物を改変，修正，変形，編集又は再構成した者に対しても付与される。ただし，原作の単なる模倣ではなく，新しい作品として創作される必要がある。このとき，原作に係る著作権者は当該原作に関する著作権を引き続き有し，当該著作物を改変，修正，編集などした者は，新しい著作物の著作者として著作権を有することになる（著作権法11条）。

⑥　編集作品の作成者

著作権は，著作権者の同意を得て行われた編集若しくは構成，又は，読解，機械による運搬が可能なデータ又は資料の編集若しくは構成を行った者に対しても付与される。ただし，情報の選別又は配置において他の作品や他の人物を模倣したものについては付与されない（著作権法12条）。

(エ)　著作権者の排他的権利

いかなる資産であれ，所有者は自身が望むとおりにこれらの資産を使用することができ，また，その所有者の許可なしにいかなる第三者もそれを適法に使用することはできないのが原則である。この原則は，著作権保護の概念にも妥当し，著作権者は保護された著作物を自由に使用することができ，また，他の第三者が当該著作権者の許可又は同意を得ることなくそれを使用することを防ぐことができる。

具体的には，著作権者は以下の排他的権利を行使し又はこれらを付与する権利を有する[114]（著作権法15条）。

①　複製又は翻案
②　公衆への伝達
③　コンピュータプログラム，視聴覚作品，映写作品及び録音のオリジナル又はコピーの貸与
④　著作権から生じる利益の他人への供与
⑤　条件付き（ただし，競争を不公正に制限する条件であってはならない）又は無条件での上記①，②又は③の権利に関するライセンス付与

114）　また，第三者の著作権を侵害することにより作成された物であることを知った上で，又は知りうべきであったにもかかわらず，図利目的のもと当該侵害物に関して以下の行為を行った場合は，二次的著作権侵害について責任を負う（著作権法31条）。
・　販売，販売のための占有，販売の申し出，貸出し，貸出しの申し出，割賦販売又は割賦販売の申し出
・　公衆への流布
・　著作権者へ損害を与える方法での頒布
・　自ら又は第三者を介してのタイへの輸入

また，著作権法18条は，著作者のいわゆる「人格権」を規定している。人格権とは，著作者が自身を著作者であると著作物に表示し，譲受人又はその他の者が著作者の名誉を害するような著作物の歪曲，削除，改変，その他著作物を害する行為を禁止する権限を指す。著作者が死亡した場合には，著作者の相続人は，別途書面により合意されていない限り，著作権の保護期間中，当該権利に基づいて訴訟を提起する権限を有する。

2015年の著作権法の改正により，実演家についても，著作権法18条により著作者に認められるのと類似の人格権が保護されることとされた（著作権法51/1条）。

(オ)　著作権の譲渡

著作権は譲渡することが可能である（著作権法17条）。著作権者は，著作権の全部又は一部を譲渡することが可能であり，また，例えば，著作物を複製する権利のみを譲渡し，著作物を修正する権利は譲渡しないといった権利の一部のみを譲渡することも可能である。この場合には，著作権の譲受人は著作物を複製することはできるが，著作物を修正することはできない。さらに，譲渡期間の設定についても制限はなく，保護期間の一部に係る著作権又は保護期間の全部に係る著作権を譲渡することができる。譲渡の期間が契約に明示されていない場合には，譲渡期間は10年間とみなされる。

著作権の譲渡又は承継は，相続による承継の場合を除き，譲渡人と譲受人の署名のある書面によってなされなければならない。著作権の譲渡が著作権法に定める要件を満たしている場合には，譲渡人は譲渡契約に定める日から譲渡される著作権の権利者でなくなる。したがって，譲渡人がすでに譲渡した著作権を使用した場合には，譲渡人による著作権侵害とみなされる。

(カ)　ライセンス契約

著作権者（ライセンサー）は，著作物の複製若しくは改変，著作物の公の場での展示若しくは販売，又は著作物の原本若しくは複製の貸与に関して，著作物をライセンスする権利を有する（著作権法15条5号）。ライセンスには，不当な競争制限にあたらない内容の条件を付すことができる。

著作権の譲渡の場合とは異なり，著作権のライセンス契約においては，方式に関するルールは定められておらず，同契約は口頭でも書面でも締結することができる。また，著作権は，排他的又は非排他的のいずれの態様でもライセンスすることが可能である。もっとも，（ライセンス契約に基づき，ライセンシーが著作権侵害者に対する法的措置を行う権限を付与される場合には特に，）書面でライセンス契約を締結することが推奨され，また一般的である。

ライセンスが非排他的である場合には，ライセンス後も，別途合意しない限り，ライセンサーはなお当該著作物を利用する権利を有しており，第三者に対して当該著作権を別途ライセンスすることも可能である（著作権法16条）。

著作権の譲渡と著作権のライセンスの主な違いは，以下のとおりである。

- 著作権のライセンスの場合には，別途合意しない限り，著作権者はライセンシー以外の第三者にも著作物の利用を許可することができる。他方，著作権の譲渡の場合には，譲渡された排他的権利は譲受人にのみ帰属することとなり，譲渡人はもはや当該著作物に関する譲渡された権利を行使することはできない。
- 著作権の譲渡は譲渡人及び譲受人が署名をした書面を必要とするが，著作権のライセンスについては様式に関する特段の定めはない。
- ライセンス契約に期間が明示されていない場合には，ライセンス契約は，民商法典393条[115]に基づき終了するまで存続することになる。他方で，著作権の譲渡の場合には，別途合意しない限り，譲渡期間は10年間とされる。

(キ) 著作権保護の期間

原則として，著作権は著作者の生存中及びその死後50年間存続する（著作権法19条）。共同著作権の場合には，最後に死亡した共同著作者の死後50年間保護される。

著作者（共同著作権の場合には全著作者）が著作物の発表より前に死亡した場合には，著作権は最初の発表から50年間存続する。著作者が法人の場合又は

115) 当事者は，契約を終了する権利を有する相手方に対して合理的な期間内に契約を終了するか否かを明らかにするよう通知することができる。当該期間内に回答がない場合は，当該相手方の契約を終了する権利は消滅する。

著作物が政府当局における雇用の過程若しくはその命令若しくは指揮のもとで創作された場合には，創作又は（創作から50年以内に発表された場合には）最初の発表から50年間存続する。著作物が仮名又は匿名で創作された場合も同様である（著作権法20条）。

また，写真作品，視聴覚作品，映画作品，録音又は視聴覚放送作品の著作権については創作又は（創作から50年以内に発表された場合には）最初の発表から50年間存続すると定められている（著作権法21条）ほか，応用美術の著作物については，著作権の保護期間が，創作又は（創作から25年以内に発表された場合には）最初の発表から25年間存続すると定められている（著作権法22条）。

(ク)　著作権の侵害

著作権法上，著作物（視聴覚作品，映画作品，録音作品及びコンピュータプログラムを含む）について著作権者の許諾なく以下のいずれかの行為を行った場合には，著作権侵害を構成するとされている（著作権法27条〜30条）。

- 複製又は改変
- 公衆への伝達
- オリジナル又はコピーの公開
- 全体又は一部の再放送
- 有償で公衆に視聴させること
- 販売又はその募集，販売のための占有，レンタル又はその募集，割賦販売又はその募集
- 著作権者に損害を与える可能性のある態様での頒布

また，上記の基本的な著作権侵害に加え，著作権法は，ある作品が著作権を侵害して製作されたことを知り又は知り得る者が利益を得る目的で以下のいずれかの行為を行った場合を，二次侵害として，著作権侵害とみなす旨を定めている（著作権法31条）。

- 販売又はその募集，販売のための占有，レンタル又はその募集，割賦販売又はその募集
- 公衆への伝達
- 著作権者に対する偏見的な影響を与える可能性のある態様での頒布
- タイへの輸入

著作権の侵害に対しては民事上の救済（損害賠償の請求，差止請求）及び刑事罰が定められているところ，著作権の侵害に対する民事上の救済措置として，公衆による広範なアクセスを可能とさせる意図を有して著作権又は実演家の権利を侵害したことを示す明確な証拠がある場合には，裁判所はこれによる損害を補填するための賠償額の最大3倍までを損害賠償額として認めることができる（著作権法64条）。

また，改正著作権法では，侵害行為の差止請求についても新たな規定が設けられた。すなわち，著作権者は，インターネットプロバイダーのコンピュータシステム上での著作権侵害の内容の流通の差止めを求めることができる（著作権法32/3条）。この場合，裁判所は，当該プロバイダーに対して，裁判所による命令を履行するための一定の期間を特定する。また，差止命令がなされた後，著作権者は上記期間内に著作権侵害者に対して訴訟を提起しなければならない。なお，プロバイダーが当該著作権侵害を操作，指示等したものではなく，また裁判所からの命令に従った場合には，当該プロバイダーは，著作権侵害に関する責任や裁判所による命令に従ったために生じた損害に対する責任を免れる。

(ケ) 著作権の侵害に係る制限及び例外

著作権者による著作物の通常の利用と相反せず，且つ著作権者の権利を不合理に害しない以下のような著作物の公正使用は，著作権侵害を構成しないとされている（著作権法32条）。

- 図利目的のない著作物の調査又は研究

- 私的使用[116]，又は個人及びその家族若しくは近親者のための使用
- 当該著作物における著作権を認識した上での著作物へのコメント，批判又は紹介
- 当該著作物における著作権を認識した上でのマスメディアを通じたニュースの報道
- 権限を有する公務員による司法手続若しくは行政手続のためになされる複製，改変，陳列若しくは展示又は当該手続の結果の報告のためになされるこれらの行為
- 利益を目的としない教師が教育に利用することを目的として行う複製，改変，陳列又は展示
- 利益を目的としない教育機関において生徒へ配布又は売却するための教師又は教育機関による著作物の一部の複製，改変，抜粋又は要約の作成
- 試験における問題又は回答の一部としての著作物の使用
- 視覚障害，聴覚障害，知的障害又は学習障害その他の省令で定める障害のため著作物にアクセスすることができない者のための利益を目的としない複製又は改変

上記のほか，著作権の存在を認識した上での，著作権で保護される著作物の一部の合理的な範囲内での引用又は参照（著作権法33条），司書による図書館での使用のための複製（著作権法34条）及び適切な範囲内での報酬や対価を得ない映画又は音楽の公演（著作権法36条）も，著作権侵害を構成しないこととされている。

また，改正著作権法では，著作権侵害に対する二つの例外が設けられた。すなわち，第一に，著作物の原版又は複製の取得者による販売は，当該著作物の原版又は複製が適法に取得されたものであれば，著作権の侵害とはみなされない（著作権法32/1条）。第二に，コンピュータシステムを正常に機能させるために必要な複製は，著作権の侵害とはみなされない（著作権法32/2条）。

更に，タイが2018年に「盲人，視覚障害者その他の印刷物の判読に障害のある者が発行された著作物を利用する機会を促進するためのマラケシュ条約」

116）なお，映画館において権限なく映画を録画する方法による複製は，著作権侵害とみなされ，当該録画の私的使用を抗弁とすることはできない（著作権法28/1条）。

の加盟国となったことに伴い，公的に認可された組織が，印刷物の判読に障害のある者のために，利益を目的とせず行う一定の活動（例えば点字本，音声媒体及び手話媒体の作成）についても，著作権侵害の例外とする旨の著作権法の改正が行われた。

(5) 営業秘密

(ア) 営業秘密の保護

タイにおける営業秘密保護については，営業秘密法（企業秘密法とも訳される）に定められている。

「商業データ」とは，その方法及び形態にかかわらず，意味，事実又はその他情報を伝達する媒体を意味する（営業秘密法３条）。商業データは，公に知られておらず，又は通常そのような情報に接続することができる人々によって未だアクセスされていない場合において，その秘密から由来する商業上の価値を有し，その管理者がその秘密を維持するために適切な方法を講じているときは，「営業秘密」として保護される（営業秘密法３条）。営業秘密法において保護される情報には，フォーミュラ，複合体，原型，試験データ，計算，図，グラフ，供給者情報，営業又は販促計画，パターン，方法，テクニック又は工程，及びプログラムが含まれる。

(イ) 営業秘密に係る権利

営業秘密の保有者は以下の権利を有する（営業秘密法５条）。

- 営業秘密を開示し，持ち出し又は使用すること
- 第三者に対し，秘密を維持するための条件のもとで又はこのような条件なしに，営業秘密を開示し，持ち出し又は使用することにつき，ライセンスを付与すること
- 営業秘密を譲渡すること

(ウ)　営業秘密の取得

営業秘密は，これが生じた時点で保護の対象となり，登録等の手続を要しない。当該情報の秘密性が維持される限り，その保有者は当該情報を営業秘密として保護される権利を有する。

したがって，営業秘密の保有者は，営業秘密として保護される権利を維持するために，秘密を維持するための適切な措置を講じなければならない。このような適切な措置には，物理的又は電子的なセキュリティ及び機密維持の方法（データの保管庫又は金庫へのアクセス制限，データの保管場所の制限，データシステム上での機密情報へのアクセス制限，機密保持契約の締結等）を含むものと考えられる。

(エ)　営業秘密の譲渡

相続以外の方法で営業秘密を譲渡する場合には，譲渡人及び譲受人による署名がなされた書面をもって行う必要がある（営業秘密法５条）。譲渡の期間が規定されていない場合には，譲渡の有効期間は10年間とみなされる。

(オ)　営業秘密ライセンス契約

営業秘密の保有者は，営業秘密を開示し，持ち出し又は使用することを，ライセンシーに対して許諾することができる。ただし，商標のライセンスとは異なり，営業秘密に関するライセンス契約には形式要件は存在しない。営業秘密に関するライセンス契約は口頭又は書面によることができ，登録する必要もない。

(カ)　営業秘密保護の期間

営業秘密法は，営業秘密に対して付与される保護期間を制限していない。したがって，営業秘密はそれが秘密である限り保護される。

(キ)　営業秘密の侵害

営業秘密の保有者は，営業秘密法に基づき，当該秘密を侵害した者に対して，損害賠償又は差止めを求める民事手続及び刑事手続を行うことができる。

典型的な営業秘密の侵害は，営業秘密の不正流用である。営業秘密の不正流用には，正当な取引実務に反した方法で，営業秘密の保有者の同意なしに，営業秘密を開示し，持ち出し又は使用することが含まれる[117]（営業秘密法6条）。ただし，不正流用というためには，侵害者は，これらの行為が機密性を侵害するような契約違反，権利侵害若しくは侵害に関する誘引，賄賂，脅迫，詐欺，窃盗，盗品の譲受又は電子的若しくはその他の方法によるスパイ活動を含む正当な取引実務に反する行為であることを認識していたか又は合理的に認識し得たことが必要となる。

なお，いわゆるリバースエンジニアリング（製品を分解したりソフトウェアを解析することによる分析・調査）については，営業秘密の侵害とはみなされず，営業秘密の保持者において損害賠償請求を行うことはできないと解される。

(ク) 営業秘密の侵害に係る制限及び例外

営業秘密に対する以下の行為は，営業秘密への侵害とはみなされない（営業秘密法7条）。

- 取引の他方当事者が権利侵害によって営業秘密を取得したことを認識せず，又は合理的に認識し得ないまま，当該取引を通じて当該営業秘密を取得した者による当該営業秘密の開示又は使用
- 次に掲げる場合における政府当局による営業秘密の開示又は使用
  - (a) 公共衛生・安全の保護のために必要である場合
  - (b) （商業上の目的はなく）その他の公の利益のために必要である場合（ただし，営業秘密の維持の責務を負う政府当局又は営業秘密にアクセスするその他の政府当局若しくは政府関係者は，当該営業秘密が不正な取引活動で使用されないように当該営業秘密を保護するための合理的な手段を講じなければならない）
- 発見者が独自の発明方法又は自らの専門知識の発展によって第三者の有する営

117) 営業秘密の管理者の事業に損害を与えることの悪意をもって，第三者の営業秘密をその秘密性を失わせる方法で公衆に開示した者には，文書，音声又は映像放送を通じての公表によるか，他の方法による開示かを問わず，1年以下の懲役及び／又は20万バーツ以下の罰金が科せられる（営業秘密法33条）。

業秘密を発見した場合
- リバースエンジニアリング（製品が発明され，製造され又は開発された方法を発見する意図で一般に知られている当該製品を評価及び分析すること）により第三者の有する営業秘密を発見した場合。ただし，評価・分析の対象となった製品は，誠実に取得されたものでなければならない（もっとも，リバースエンジニアリングを行った者が営業秘密の保有者又は製品の売主と明確に別途合意していた場合には，この点は問題とはならない）。

⑹　植物品種

㋐　植物品種の保護

植物品種保護法（Plant Varieties Protection Act，以下「種苗法」という）は，以下の特徴を有する植物品種（植物の同じ品種における他のグループから区別される均一の安定した特定の特徴を有する類似又は同一の遺伝子構造や植物学上の特性を有する植物のグループであり，当該グループとしての繁殖性を有するもの）の保護を目的とする。

- 形及び外観に関して又は当該植物品種特有の遺伝子型に基づく他の特徴に関して，均一な特徴を有すること（ただし，これは野生植物品種には適用されない）
- 当該品種にとって一般的な方法で種苗を生産した場合に，当該種が毎回定期的にその特有の特徴を現すことのできる安定性を有していること
- 形又は外観に関して他の品種から区別される特有の特徴を有し又は他の植物から区別される遺伝子型に基づく特徴を有すること

種苗法のもとで保護される植物品種は，以下のように分類することができる。

①　植物新品種

植物新品種として登録することができる植物品種は，以下のいずれをも充足するものでなければならない。

・　出願日の1年以上前から，タイの国内外において，様式にかかわらず，品種育成者により又は品種育成者の同意を得て種苗の販売又は頒布といった利用がなされていない植物品種
・　栽培，消費，調剤，生産，加工等に資する特徴に関して，出願日において存在する他の植物品種から区別できる植物品種（ただし，当該区別には，以下の植物品種からの区別も含む）
　(a)　出願日より前に，タイの国内外において，すでに登録され，保護された植物品種
　(b)　タイ国内においてすでに出願され，その後登録された植物品種

環境，健康又は公共の福祉に直接的又は間接的に重大な悪影響を与える植物新品種は，登録が禁止される（種苗法13条）。遺伝子組替に由来する植物新品種については，農業局（Department of Agriculture，以下「DOA」という）によって行われる環境，健康又は公共の福祉に関する安全評価をクリアした場合にのみ植物新品種として登録することができる。

②　地域固有植物品種

地域固有植物品種として登録可能な植物品種は，(a)タイ国内の特定の産地にのみ生息する植物品種で，且つ，(b)植物新品種として登録されていない植物品種である。

③　地域一般植物品種及び野生植物品種

地域一般植物品種とは，タイ国内において起源を有し又は生息している植物品種で，一般の利用に供されており，且つ植物新品種，地域固有植物品種，野生植物品種ではない植物品種をいう。

野生植物品種とは，タイ国内の自然生息地に現在生息し又は以前生息していた植物品種で，一般に栽培されていなかった植物品種をいう。

(イ)　植物品種に関する権利の取得

植物新品種及び地域固有植物品種としての保護を得るには，DOAへの登録が必要となる。

植物新品種に係る登録の出願を行うことができる者は以下のとおりである。

① 品種育成者

品種育成者は植物新品種の登録を出願することができる（種苗法15条）。複数人が植物新品種を共同で栽培し又は改良した場合には，これらの者はその登録につき共同で出願する権利を有する。しかし，数人の品種育成者が別々に新たな同一の植物品種を栽培し又は改良した場合には，はじめに植物新品種の保護に係る出願をした者が優先権を有する（種苗法17条，18条）。

また，いずれの場合でも，出願者は以下のいずれかの資格を有しなければならない。

- タイ国籍を有する者か，タイに本社を有する法人
- タイ国籍を有する者又はタイに本社を有する法人に対し，当該国での出願を認める国の国籍を有する者
- タイが加盟国である植物品種の保護に関する国際協定又は合意の加盟国である国の国籍を有する者
- タイ又はタイが加盟国である植物品種の保護に関する国際協定若しくは合意の加盟国に居住し又は事実上の産業若しくはビジネスを行っている者

② 雇用者・政府当局

植物新品種の育成を目的とする従業員又は受託者によって育成された植物新品種に係る登録の出願をする権利は，契約で別途合意しない限り，雇用者が有する。

また，その職務の遂行の過程で公務員によって育成された植物新品種に係る登録の出願をする権利は，その公務員が所属する政府当局が有する（種苗法16条）。

上記の雇用者又は政府当局が植物新品種の育成によって利益を得た場合には，その従業員，受託者又は公務員は，通常の賃金又は給与に加えて，報酬を受け取ることができる。

地域固有植物品種について，植物品種が特定の産地にのみに存在し，特定のコミュニティーによって独占的に保存又は改良された場合には，当該コミュニティーは，その所在する地域を管轄する地方政府当局に対して，当該コミュニ

ティー名で地域固有植物品種の登録出願を開始することを要求することができる。当該コミュニティーが農家のグループ又は生活共同組合として形成されている場合には，当該農家のグループ又は生活共同組合が当該コミュニティーを代表して地域固有植物品種の登録を出願する権利を有する。

植物新品種及び地域固有植物品種と異なり，地域一般植物品種や野生植物品種を登録することはできない。商業上の利益のため品種改良，教育，実験又は調査の目的で地域一般植物品種若しくは野生植物品種又はこれらの一部を採取，入手又は収集しようとする者は，DOAから事前に許可を取得し，これらから生じる利益を植物品種保護ファンドに送金することについての利益分配に関する合意をしなければならない。

(ウ)　植物品種の権利者の排他的権利

①　植物新品種

植物新品種の登録証明書が発行された者は，当該植物新品種の権利者となる（種苗法32条）。権利者は，第三者に対して植物新品種に関する権利の使用を許諾し又はその権利を譲渡することができる。

また，植物新品種の権利者は，植物新品種の種苗を生産，販売又は頒布し，また，これらのために輸入，輸出又は保有する排他的な権利を有する（種苗法33条）。権利者からの許可なくこれらの行為を行った者は，(a)植物新品種を種苗として使用する意図がなく，(b)植物品種の育成又は改良に関する教育，実験又は調査的目的を有し，且つ(c)誠実に排他的権利を利用した場合を含む一定の場合を除き，当該権利侵害につき責任を負う。

一方で，安全保障，栄養に係る安定性の維持，独占の防止又はその他公の利益のため，DOAは，公衆に植物新品種の権利者の排他的権利を利用することを認める告示を発することができる（種苗法36条）。ただし，この場合，適切な報酬を権利者に対して支払わなければならない。

②　地域固有植物品種

特定コミュニティー名での地域固有植物品種の登録がなされた場合，当該コミュニティーは，その種苗の改良，研究，実験又は調査の実行，生産，販売，輸出又は頒布を行う排他的権利を有する（種苗法47条）。許可なくこれらの行為を行った者は，(a)地域固有植物品種を種苗として使用する意図がなく，(b)誠実に，且つ(c)商業上の目的を有さないで排他的権利を利用した場合を含む一定の場合を除き，当該権利侵害につき責任を負う。

③　地域一般植物品種及び野生植物品種

DOA から許可を取得した者は，商業上の利益のため品種改良，教育，実験又は調査の目的のために，地域一般植物品種若しくは野生植物品種又はこれらの一部を採取，入手又は収集する権利を有する（種苗法52条）。

(エ)　植物品種に係る権利の譲渡

植物新品種に係る権利者は，書面により合意し，且つ，省令の定める規制，手続及び条件に従い DOA に登録することによって，その権利を第三者に対して譲渡することができる（種苗法32条）。権利が相続によって承継された場合にも，DOA への登録が必要となる。

他方で，地域固有植物品種や地域一般植物品種，野生植物品種に関する権利を譲渡することを具体的に認めた法律は存在しない。

(オ)　植物品種ライセンス契約

植物新品種に係る権利をライセンスする場合には，書面により合意し，且つ，DOA に登録しなければならない（種苗法32条）。

地域固有植物品種について，商業上の利益のため品種改良，教育，実験又は調査の目的で植物品種を採取，入手又は収集しようとする者は，地方政府当局，農家のグループ又は生活共同組合を通じてコミュニティーから事前の認可を取得しなければならない（種苗法48条）。また，認可の取得者は，当該認可に係る収益の20%を植物品種を保存し又は改良した者へ，その60%をコミュニティーへ，また，その20%を地方政府当局，農家のグループ又は生活共同組合に分配する旨の利益分配に関する合意をしなければならない。

(カ)　植物品種の保護期間

植物新品種の登録証明書は以下の期間有効である。

・　種苗栽培後2年を超えない期間内で当該品種特有の特徴を備えた果実の収穫が可能な植物については，証明書発行日から12年
・　種苗栽培後当該品種特有の特徴を備えた果実の収穫に2年以上を要する植物については，証明書発行日から17年
・　種苗栽培後当該品種特有の特徴を備えた果実の収穫に2年以上を要する樹木に係る植物については，証明書発行日から27年

上記の期間は，地域固有植物品種の登録においても同様である。ただし，地域固有植物品種の登録期間は，当該植物品種が種苗法50条に定める条件に該当する場合には，1回につき10年間延長することができる（種苗法50条）。

㈭　植物品種の侵害に係る制限及び例外

① 植物新品種

次に掲げる植物新品種に対する行為は，植物新品種の侵害には該当しない（種苗法33条2項）。

(a) 種苗として使用する意図を有しない植物新品種に関する行為
(b) 植物品種の育成又は改良の目的での植物新品種に関する教育，研究，実験又は分析
(c) 植物新品種に関する善意の行為
(d) 農業従事者の自ら生産した種苗による植物新品種の栽培又は繁殖（ただし，当局がその植物新品種を奨励植物品種に指定した場合には，農業従事者は，これまでの生産量の3倍以下の量において，その品種の栽培又は繁殖をすることができる）
(e) 商業目的を有しない植物新品種に関する行為
(f) 権利者によって又は権利者の許可を得て頒布された植物新品種の種苗の販売若しくは頒布，輸入若しくは輸出又はこれらのための所有

②　地域固有植物品種

次に掲げる地域固有植物品種に対する行為は，地域固有植物品種の侵害には該当しない（種苗法47条2項）。

(a)　種苗として使用する意図を有しない地域固有植物品種に関する行為
(b)　地域固有植物品種に関する善意の行為
(c)　農業従事者の自ら生産した種苗による地域固有植物品種の栽培又は繁殖（ただし，当局がその地域固有植物品種を奨励植物品種に指定した場合には，農業従事者は，これまでの生産量の3倍以下の量において，その品種の栽培又は繁殖をすることができる）
(d)　商業目的を有しない地域固有植物品種に関する行為

(7)　地理的表示

(ア)　地理的表示の保護

「地理的表示」は，地理的原産地を呼称又は表示する名前，シンボル又はその他のものと定義され，商品の品質，評判その他の特徴がその地理的原産地に起因している場合に，当該地理的原産地から生じた商品であることを特定することができるものである（地理的表示保護法〔Geographical Indications Act，以下「GIP法」という〕3条）。

地理的表示は以下のように二つの種類に分類することができる。

・　スイスのグリュイエールを起源とするチーズの「グリュイエール」，フランス南部のボルドー地区を起源とするワインの「ボルドー」，タイのコーンケン県チャボット地区を起源とするシルクの「チャボットマドミータイシルク」のような特定の商品の原産地の名前による直接的な地理的表示
・　スイスのマッターホルン，パリのエッフェル塔，ロンドンのタワーブリッジのような原産地をそのまま表示することなく商品の起源を示すことができる地理的な名前によらない名前又は場所に広く結びつくシンボルである間接的な地理的表示

地理的表示を登録し，保護の対象とするには，以下の事項を含むものであってはならない（GIP 法 5 条）。

(a)　地理的表示が使用する商品の一般名であること
(b)　公の秩序，道徳又は公のポリシーに反する地理的表示であること

タイ国外の地理的表示についてタイ国内において保護を受けるには，当該地理的表示がその国の法律のもとで保護されていること及びタイ国内における登録出願の日まで継続的に使用されていることを示す明確な証拠が必要となる（GIP 法 6 条）。

(イ)　地理的表示に関する権利の取得

地理的表示が GIP 法に基づき保護を受けるには，以下の出願者によって DIP に登録される必要がある。

・　地理的表示の登録出願を行うことができる者は以下のとおりである（GIP 法 7 条）。
　(a)　政府当局
　(b)　地理的表示を使用する商品に関する取引を行っており，且つ，当該商品の地理的原産地に居住する自然人，団体又は法人
　(c)　地理的表示を使用する商品の消費者グループ
・　タイ国籍以外の者で，タイ国外の地理的表示の登録出願を行おうとする者は，上記 GIP 法 7 条に定める要件に加えて，以下のいずれかの資格を有していることも必要とされている（GIP 法 8 条）。
　(a)　TRIPs 又はパリ条約の加盟国の国籍を有すること
　(b)　タイ又は TRIPs 若しくはパリ条約の加盟国において住居し，又は実際に事業場所を有すること

㈦　地理的表示の権利者の排他的権利

特定の地理的表示の登録が商品のためになされた場合には，当該商品の製造者又は当該商品に関する取引に従事する者は，DIP によって定められた条件に従って当該商品につき登録された地理的表示を使用することができる（GIP 法25条）。

㈧　地理的表示の侵害

以下の行為を行った者は，地理的表示侵害の責任を負い（GIP 法27条），20万バーツ以下の罰金が科せられる（GIP 法39条）。

- 登録出願の際に特定された地理的原産地に由来しない商品について，当該地理的原産地に由来する商品であると第三者に示し又は誤解させるために，当該地理的表示を使用すること
- 他の業者に損害を生じさせることを目的として，商品の地理的原産地及びその品質，評判又はその他の特徴につき混同又は誤解を生じさせる方法で，地理的表示を使用すること

商務省が「特定の商品」と定める商品（米，シルク，ワイン及びリキュール）については，登録出願の際に特定された地理的原産地に由来しない商品に地理的表示を使用した場合，別途その商品の真の地理的原産地が表示され又はこれを示す語句等が使用されていたとしても，権利侵害があったものとみなされ（GIP 法28条），20万バーツ以下の罰金が科せられる（GIP 法40条）。例えば，ある者がシルク製品の上に「本製品は，チャボットマドミータイシルクと同じ種類のシルクを使用している」と記載した場合に，当該製品がチャボット地区を原産地とするものではないときには，権利侵害の責任を負う。

㈨　地理的表示の侵害に係る制限及び例外

上記㈧の侵害行為が地理的表示の登録日より前になされた場合には，地理的表示の侵害に係る責任を負わない。

(カ)　地理的表示の保護期間

登録された地理的表示は，登録出願の提出日から当該登録が地理的原産地の変更等の理由により取り消される日まで保護される。

(8)　半導体集積回路の回路図

(ア)　半導体集積回路の回路図の保護

「回路図」とは，形態や方法にかかわらず，集積回路の配列を示すために作成されたあるパターン，図又はイメージである（半導体集積回路の回路図保護法〔Protection of Layout-Designs of Integrated Circuits Act，以下「回路図保護法」という〕3条）。また，集積回路とは，電子的なオペレーションを機能させる素子からなる電子的機能を実行することを目的とした最終製品又は半製品であり，その素子の一部又は全部の相互接続部分は，半導体物質上又は半導体物質中で層状に設置され，組織されているものをいう。

回路図保護法に基づき，回路図として保護されるものは，以下のいずれかの要件を満たすものである（回路図保護法6条）。

(a)　設計者自身により作成され，半導体集積回路産業においてありふれたものではない回路図
(b)　半導体集積回路産業においてありふれた素子，回路図の相互接続又は集積回路を設計者が組み合わせることで，ありふれたものではないものとした回路図

(イ)　回路図に関する権利の取得

回路図に係る保護を得るためには，DIPへの登録が必要となる。この点，タイ国内外にかかわらず回路図が商業上利用されている場合には，当該回路図の登録出願は，その最初の商業利用の日から2年以内に行わなければならない（回路図保護法14条）。また，回路図の完成日から15年間商業的に利用されなかった回路図は，保護の対象とならない。

また，以下の者が出願をすることができる。

・　回路図の設計者。複数の設計者が共同で回路図を作成した場合には，これらの者は共同して回路図の保護に係る出願をする権利を有する。ただし，複数の設計者が個別に同じ回路図を作成した場合には，最初に出願した設計者が出願する権利を有する。
・　雇用契約又は委託契約で別途合意しない限り，回路図を作成した従業員又は受託者
・　従業員又は受託者が業務の過程で回路図を作成した場合で，雇用契約又は委託契約で別段の定めがない場合には，雇用者又は委託者
・　公務員がそのサービス契約の過程で，政府当局の命令に従って又は政府当局によるコントロールのもとで回路図を作成した場合には，書面で別途合意しない限り，政府当局
・　回路図の保護に係る出願をする権利の譲受人
回路図の保護に係る出願をする権利は，譲渡人及び譲受人の署名がある書面による契約をもって譲渡することが可能である。
・　回路図の保護に係る出願をする権利を有する者の承継人

また，出願人は，以下のうちいずれかに該当する者でなければならない（回路図保護法 13 条）。

・　タイ国籍を有する者か，本社がタイにある法人
・　TRIPs 加盟国の国籍を有する者
・　タイ又は TRIPs 加盟国に住居又は回路図の作成若しくは集積回路の生産に関する事業を行うための場所を有する者

㈦　回路図の権利者の排他的権利

権利者は以下のとおり回路図を利用する排他的権利を有する（回路図保護法 22 条）。

①　保護された回路図の複製

② 商業上の目的のための保護された回路図，保護された回路図を組み込んだ集積回路又は当該集積回路が組み込まれた製品の輸入，販売又は頒布

(エ) 回路図の権利の譲渡

権利者は上記(ウ)の排他的権利について，書面により合意し，これをDIPへ登録することによって第三者に対してこれを譲渡することができる。

(オ) 回路図のライセンス契約

権利者は上記(ウ)の排他的権利について，書面により合意し，これをDIPへ登録することによって第三者に対してこれをライセンスすることができる。もっとも，権利者は，ライセンスにあたって，競争法のもとにおける競争を制限し又はこれを妨げるような条件，権利の制限又は報酬を定めることは禁止される。

また，回路図保護法においては，保護された回路図に関する強制的なライセンス制度がある点に留意が必要である。すなわち，登録及び回路図証明書の発行日から3年の期間満了後は，いかなる者もDIPに対して上記(ウ)の排他的権利を行使するためのライセンスを申請することができる（回路図保護法32条）。ただし，その際，権利者は，競争法のもとにおける競争を制限し又はこれを妨げる方法により自己の権利を行使することができる。また，国家の防衛，安全保障の維持，安全，健康若しくは環境維持又はその他の公の非営利的な利益のために強制的なライセンスが付与されることもある（回路図保護法34条，35条）。

(カ) 回路図保護の期間

登録及び証明書の発行によって，回路図における排他的権利は保護されることになる（回路図保護法19条）。回路図に係る証明書は，登録出願日又は（タイ国内外にかかわらず）最初の商業利用の日のいずれか早い日から10年間有効である（ただし，回路図の作成の完了日から15年を超えることはできない）。また，権利者が定められた期間内における年間登録料及び追加料金の支払を怠った場合には，回路図に係る権利は失効したものとみなされる（回路図保護法20条）。

さらに，以下の場合に，回路図における排他的権利は消滅したものとみなされる（回路図保護法31条）。

- 権利者が回路図に係る証明書を返還することによって，回路図における権利を放棄した場合
- 回路図保護の期間が，回路図保護法19条又は20条のもとで満了又は失効したものとみなされた場合
- 権利者が死亡し，且つ相続人がいない場合
- DIPによる命令若しくは決定又は裁判所による最終判決により回路図の登録取消しが命じられた場合

㈭ 回路図の侵害

権利者以外の者による上記㈹の排他的権利の利用は権利侵害とみなされ（回路図保護法22条），罰金とともに裁判所による権利侵害に係る回路図，集積回路又は製品に対する差押命令の対象となり得る（回路図保護法48条，49条）。

㈮ 回路図保護の侵害に係る制限及び例外

集積回路又は集積回路が組み込まれた製品に関して，上記㈹②の権利者の排他的権利を侵害する行為があった場合であっても，当該行為を行った者が集積回路若しくは製品から権利者の回路図を取り除き，又は権利者がその後当該行為を行うことを認めた場合には，当該行為は権利侵害とはみなされない（回路図保護法22条）。

また，①評価，分析，調査又は教育のための複製，②①によって作成された回路図の集積回路への組み入れ，③商業上の目的ではない私的な利益のための複製等は，権利者の排他的権利への侵害とはみなされない（回路図保護法23条）。

(9) 知的財産権に関する紛争解決手段

知的財産権保護の水準を高め，また，TRIPsにおける義務を満足するような制度を整えるために，タイでは，知的財産・国際通商裁判所の設置及び手続のための法律（Act for the Establishment and Procedure for Intellectual Property and International Trade Court，以下「IPIT法」という）のもと，1997年に中央知的財産・国際通商裁判所（Central Intellectual Property and International Trade Court，以下「IPIT裁判所」という）が設置された。知的財産権に関する訴訟の性質は，通常の刑事又は民事訴訟と大きく異なり，特別な専門知識を有する者によって取り扱われるべきであるという前提のもとで，IPIT裁判所は，第一審の特別裁判所として知的財産権に関する訴訟を取り扱うために設置された。

国際取引もIPIT裁判所の管轄に含まれている。これは，行政上の理由や司法制度の利用を容易にする目的だけでなく，専門化した裁判所制度を維持するに十分な作業量を満たすためでもある。

IPIT裁判所は，知的財産権に関する民事及び刑事訴訟並びに国際取引事件に関して管轄権を有する（IPIT法7条）。また，一つの行為が複数の犯罪を構成し，そのうちの一つがIPIT裁判所の専属的裁判管轄に含まれる場合には，IPIT裁判所はその他のすべての犯罪に対しても裁判管轄を有する（IPIT法35条）。同様に，複数の犯罪が関連する行為から生じた場合で，これにIPIT裁判所が専属的裁判管轄を有するものが含まれる場合には，IPIT裁判所は，自らの判断によってその裁判管轄を拡大することができる（IPIT法36条）。

知的財産権に関する争いの迅速な解決を確保するために，IPIT裁判所における司法手続は審理が終了するまで延期することなく継続される。当事者の同意が得られれば，主要な争点に関連しない書証を英語で提出することができ，また，電磁的記録を証拠として使用することができる。訴訟期間中はいつでも，当事者は裁判所付の調停による解決を選択することができ，その場合の手続は英語で行われる。また，これまでIPIT裁判所の決定や命令に対する上訴は最高裁判所に対して行われなければならなかったが，2015年のIPIT法改正に伴い手続が変更され，特別控訴裁判所に対して上訴することとなった（IPIT法38条）。特別控訴裁判所による知的財産権及び国際取引に関する手続及び決定には，民事訴訟法又は刑事訴訟法とともに改正後のIPIT法が適用される。さらに，IPIT裁判所は電子裁判所システムを使用するタイにおける最初の裁判所であり，電子裁判所システムでは申立て及び裁判所の決定はIPIT裁判所の電子システムを通じて提出され，また，送付される。電子裁判所システムのもとでは，一般に，当事者は出廷することなくIPIT裁判所の命令を電子メールで受け取ることができる。その上，IPIT 裁判所では，時間と費用の節約のため，証拠調べをテレビ会議で行うことも可能である（例えば，テレビ会議を通して証人尋問等を行うことができる）。いくつかの技術上の問題もあるものの，電子裁判所システムは訴訟の期間を短縮し，関係当事者にとって時間及び費用を抑えることができるといった利点を有するものである。

6 コンプライアンス

(1) 競 争 法

(ア) 概 要

タイでは，先進国の競争法／独占禁止法に類似の規定を定める旧取引競争法（Trade Competition Act）が1999年4月30日に施行されていた。もっとも，実務上，旧取引競争法の執行例はほとんどみられない状況であった。旧取引競争法が十分に機能していない点に関しては，①取引競争委員会（Trade Competition Commission）のメンバーが常勤ではない，②取引競争委員会のメンバーに民間部門からの代表者が多く含まれている，③取引競争委員会及び取引競争委員会事務局（Office of the Trade Competition Commission）が商務省の一部局という位置づけで独立性が不十分である，④国営企業の事業が民間企業の事業と競争関係にあるにもかかわらず旧取引競争法では国営企業をその対象に含んでいない等の指摘がなされていた。

旧取引競争法に関しては，実際の執行のための関係法令も制定されず（例えば，取引競争委員会は企業結合規制に関する基準を公表していなかったため，旧取引競争法における企業結合規制は機能していなかった），数度にわたり旧取引競争法及びその関係法令の制定・改正が検討されたものの，長らく実現することはない状況が続いていた。

(イ) 新取引競争法の制定

2017年7月7日，新しい取引競争法が公布され，同年10月5日に施行された。新取引競争法は，反競争行為を制限するという主たる法の趣旨を維持しながら，競争当局の構造や規制態様を国際的な水準や実務に則したものにすることを目的としたものである。

① 規制に係る構造の変更

(a) 規 制 当 局

旧取引競争法と同様に，新取引競争法は取引競争委員会を通じて運用される。

この点，旧取引競争法下においては，取引競争委員会は商務省の一部局とされており，その委員長は商務大臣で，内閣から指名された8～12人の委員（その半数以上は民間部門から指名された委員）により構成されるものとされていた。また，取引競争委員会は，商務省内国取引局のもとにある取引競争委員会事務局のサポートを受けながら，案件の都度開催されていた。このような取引競争委員会の位置づけについては，①委員が内閣により指名されるため政治的影響を受ける可能性がある，②民間部門から選出された委員がビジネスに寄った判断を行いかねない等，独立性や利益相反に関して強い批判を受けていた。

そこで，新取引競争法においては，取引競争委員会を独立した行政機関の扱いとするとともに，委員長，副委員長及び他の5人の委員により構成されるものとし，委員は指名委員会から推薦を受けた者から首相が指名することとされた（新取引競争法7条）。また，新たな取引競争委員会は常設機関とされた（新取引競争法23条）。

さらに，新取引競争法においては，利益相反によるリスクを低減させるため，委員はいかなる事業体におけるいかなる地位やパートナーシップのマネージング・パートナーの地位も有してはならず，特定の会社の5% を超える株式を保有してはならないものとされ（新取引競争法10条1号），また，その退任後2年間，取引競争委員会が調査している非公開会社，公開会社その他の事業におけるいかなる地位にも就いてはならないものとされた（新取引競争法16条）。なお，旧取引競争法と同様，新たな取引競争委員会の委員が政治的な地位に就くことは禁止されている（新取引競争法9条3号）。

(b)　規制対象外の機関等

旧取引競争法においては全ての国営企業が規制の対象外とされていたのに対し，新取引競争法では，法令又は閣議決定に基づき①安全保障，②公益，③共通の利益，④公益事業の点で必要な事業を運営する国営企業，公的機関又は他の政府機関のみが規制の対象外となるものとされた（新取引競争法4条2号）。したがって，これに該当しない国営企業は，基本的に新取引競争法による規制に服することになる。

その他，①中央又は地方政府，②法令により規定され，農業の利益のための事業運営をその目的とする農家のグループ又は協同組合，③競争に関する事項について定める他の法令によって規制される事業（例えば，電気通信事業等）については規制の対象外とされている（新取引競争法4条1号，3号，4号）。

② 新取引競争法における規制

旧取引競争法と同様に，新取引競争法においても①市場支配力の濫用（新取引競争法50条），②企業結合規制（新取引競争法51条〜53条），③競争制限的行為（新取引競争法54条〜56条），④不公正な取引行為（新取引競争法57条），⑤外国事業者との間の不公正な協定（新取引競争法58条）について規制されている。

また，事業運営を円滑にするため，事業者が取引競争委員会に対して，検討している取引や行為が新取引競争法に違反するか否かについて事前照会することができる制度が導入された（新取引競争法59条）。この事前照会制度による照会結果は，取引競争委員会が照会者に対して定めた範囲及び期間において拘束力を有する。照会者による情報が実質的に不完全であったり，照会者が取引競争委員会の定める条件を遵守しなかった場合には，取引競争委員会は照会結果を取り消すことができる。

(a) 市場支配力の濫用の禁止（新取引競争法50条）

市場で支配的地位を有すると認められる事業者は，市場の競争を阻害することが禁止されている（新取引競争法50条）。旧取引競争法に引き続き，新取引競争法でも，①事業者が支配的地位を有しているか，②当該事業者が競争を阻害する行為を行っているかという2段階のテストによる判断枠組みがとられている。

(α) 支配的地位の有無に関する判断基準

取引競争委員会による支配的地位に関する2018年10月の告示において，旧取引競争法下での告示における基準が引き続き採用され，支配的地位を有する事業者は以下のとおりとされている。

(i) 前年度の市場シェアが50% 以上且つ売上高が10億バーツ以上の事業者
(ii) 前年度の合計市場シェアが75% 以上且つ売上高が10億バーツ以上の上位3位内の事業者（前年度の市場シェアが10% 未満又は売上高が10億バーツ未満の事業者を除く）

なお，市場シェア及び売上高の算定にあたっては，一定の関係を有する関連当事者の市場シェア及び売上高も考慮されることになる。

また，市場シェアに関する告示は，少なくとも3年に一度見直される。

(β)　競争を阻害する行為

市場で支配的地位を有する事業者は，以下の行為によって市場での支配的地位を濫用することを禁止されている。

(i)　不合理に商品又はサービスの購入価格又は販売価格を設定し又は維持すること
(ii)　取引相手である他の事業者に対して，商品の供給，生産，購入若しくは販売を制限し，又はその他の事業者からの商品の購入若しくは販売，サービスの享受若しくは提供，信用供与の機会を制限することを要求するような不公正な条件を不合理に設定すること
(iii)　正当な理由なくサービス，生産，購入，分配，提供若しくは輸入を停止，減少若しくは制限すること，又は市場の需要を下回る量に減少させるために商品を損壊すること
(iv)　正当な理由なく第三者の事業に介入すること

(b)　企業結合規制（新取引競争法51条～53条）

旧取引競争法においては，事業者は取引競争委員会から許可を得ない限り，独占又は不公正な競争につながり得る，取引競争委員会の定める基準に該当する企業結合を行うことができないものとされていた。もっとも，取引競争委員会はかかる基準を定めていなかったため規制は形骸化していた。

新取引競争法下では，規制対象となる企業結合の数的基準が定められるなど，タイにおける企業結合規制が実効化されている。

(α)　規制対象となる企業結合

新取引競争法は，旧取引競争法と同様に，以下の企業結合を規制の対象としている（新取引競争法51条4項)。

(i)　合併

(ii) 事業方針又は経営を支配することを目的とした他の事業者の全部又は一部の資産の買収
(iii) 事業方針又は経営を支配することを目的とした他の事業者の全部又は一部の株式の直接又は間接の取得

他方，新取引競争法下では，(ii)及び(iii)について，規則にて以下のとおり数的基準が定められた点に特徴がある。

(ii) 「資産の買収」とは他の事業者の直近事業年度における総資産額の50% 超に相当する資産の買収を意味する
(iii) 「株式の直接又は間接の取得」とは他の事業者が公開会社の場合，議決権の25% 以上，非公開会社の場合，議決権の50% 超に相当する株式を直接的又は間接的に取得することを意味する

(β) 必要となる手続

企業結合が市場に与える影響に応じて，(i)取引競争委員会による事前の許可が必要な企業結合，及び(ii)企業結合の完了から7日以内に取引競争委員会への通知が必要な企業結合の2種類に分けられている（新取引競争法51条）。それぞれの手続が必要となる場面は下記のとおりである。

(i) 事前の許可が必要となる企業結合：独占又は支配的地位の形成につながる企業結合。具体的には，企業結合により，①市場に単一の事業者のみが存在することになり，且つ取得会社グループ及び対象会社グループ合算で国内売上高が10億タイバーツ以上である場合（独占の形成となる場合），又は②前年度の市場シェアが取得会社グループ及び対象会社グループ合算で50% 以上となり，且つ取得会社グループ及び対象会社グループ合算で国内売上高10億タイバーツ以上となる場合，若しくは③上位3社の前年度の合計市場シェアが75% 以上となり，且つ当該上位3社の国内売上高がそれぞれ10億バーツ以上となる

場合（②及び③は，支配的地位の形成となる場合）
(ii)　事後の通知が必要となる企業結合：競争の実質的な減少につながる企業結合。具体的には，特定の商品役務について取得会社グループ及び対象会社グループが単独又は合算で国内売上高10億タイバーツ以上を有し，且つ上記(i)のタイ市場に係る市場シェア基準に該当しない場合

なお，(i)事前許可手続については，正式な届出を行ってから90日の審査期間が設けられており，同期間中に審査結果が出ない場合には，さらに15日審査期間を延長できるものとされている。

(γ)　企業結合手続の例外

取引競争委員会によって定められる告示に従い，グループ内の再編については例外が設けられている（新取引競争法51条6項）。例外が認められるためには，企業結合を行う複数の当事会社の運営・経営等が，同一事業者の支配力の影響下にある必要がある。支配力は，以下のいずれかの場合に認められる。

(i)　議決権の50%超を保有している場合
(ii)　直接又は間接的に，株主総会の議決権の過半数を支配できる場合
(iii)　直接又は間接的に，取締役の半数以上の選任又は解任を決定できる場合
(iv)　同一の事業者の子会社ではないものの，孫会社に該当し，上記(i)又は(ii)の関係性がある場合

したがって，例えば，子会社同士や親子会社間での合併等は企業結合規制の例外となる。

(c)　競争制限的行為・カルテル（新取引競争法54条～56条）

旧取引競争法と同様，新取引競争法はハードコア・カルテルとソフトコア・カルテルを明示的に区別している。

(α)　ハードコア・カルテル（新取引競争法54条）

市場を独占し又は競争を減少若しくは制限する以下の水平的な共同行為をい

い，これに対する違反には刑事罰が科せられる。

(i) 購入若しくは販売価格又は直接若しくは間接に商品若しくはサービスの価格に影響を与えるような取引条件を固定すること
(ii) 各事業者が製造，購入，販売又は提供する商品又はサービスの量を合意により制限すること
(iii) ある当事者が商品若しくはサービスの入札において落札するよう又は当事者がこれに参加しないよう合意し又は条件を設けること
(iv) 各事業者が商品又はサービスを販売，販売を制限又は購入する地域を指定・分割すること，各事業者が商品又はサービスを販売又は購入する購入者又は販売者を特定し，これによって他の事業者はかかる商品又はサービスを購入又は販売しないこと

なお，取引競争委員会によって定められる告示に従い，共通の支配関係を有する事業者のグループ内の取引については例外が設けられている（新取引競争法54条2項）。

(β) ソフトコア・カルテル（新取引競争法55条）

市場を独占し又は競争を減少若しくは制限する以下の水平的又は垂直的な共同行為をいい，これに対する違反には行政罰が科せられる。

(i) 同じ市場において競争関係にない事業者間で上記(α)(i)，(ii)又は(iii)の条件を設定すること
(ii) 商品又はサービスの質を従前製造又は提供していたものより低下させること
(iii) 同じ又は同種の商品又はサービスの独占的な販売者又は提供者を指定すること
(iv) 商品又はサービスの購入又は販売に関して条件又は慣行を定めること
(v) その他，取引競争委員会の定める規則に挙げられた行為をすること

ソフトコア・カルテルは，グループ内の取引，共同の研究開発，ライセンス契約（フランチャイズ契約や販売代理店契約を含む）のような一定の合意には適用

されないが，共同研究開発やライセンスに関する合意は，これらによる利益を得るために必要な範囲を超えて制限を加えるものや，価格や量・質等の点における消費者に対する影響も踏まえ独占的な権限又は市場において重大な競争の制限を創出するものであってはならないとされている（新取引競争法56条）。

(d) 不公正取引行為（新取引競争法57条）

新取引競争法においては，事業者は，他の事業者に損害を与えるような以下の行為に従事することが禁止されている。

(i) 他の事業者の事業運営を不公正に制限すること
(ii) 不公正に優越的な市場権限又は交渉力を用いること
(iii) 不公正に第三者の事業運営の制限又は障害となるような取引条件を定めること
(iv) 取引競争委員会が定めるその他の行為を行うこと

この新取引競争法57条は，旧取引競争法29条同様のキャッチオール規定であり，同法50条～56条の違反とならないような行為であっても，ケースバイケースで同法57条の違反を問われる可能性があるものと解される[118)]。

(e) 外国事業者との間の不公正な協定（新取引競争法58条）

新取引競争法は，外国事業者との協定が経済又は消費者に影響を及ぼす場合に，不公正な協定を制限することを目的とした規制を定めている。

すなわち，タイの事業者は，外国事業者との間で，不合理に，独占的な行動や不公正な取引の制限につながり，ひいては経済や消費者の利益に重大な悪影響を及ぼすような法律行為を行ったり，協定を締結したりしてはならないものとされている。

もっとも，実際にどのような運用がなされるかは現状不透明な部分も多く，今後の実務の積み重ねを待つ必要がある。

③ 罰 則

旧取引競争法では，民事上の補償に加え，同法の違反に対して行政処分（取

118) 取引競争委員会が定める規則において，具体的な不公正取引行為が列挙されている。

引競争委員会は，事業者に対して違反行為を停止，終了又は変更するよう書面により命令することができる）及び刑事罰（3年以下の懲役若しくは600万バーツ以下の罰金又はその併科，違反が繰り返された場合にはこれらは2倍になる）を定めていた。

新取引競争法では，民事上の補償及び取引競争委員会による上記の行政処分に加え，違反類型ごとに以下のような罰則が定められている。

1.		市場支配力の濫用（新取引競争法50条）	（刑事罰）2年以下の懲役及び／又は違反行為がなされた年の売上の10％相当額以下の罰金
2.	2.1	競争の実質的な減少となるような企業結合（新取引競争法51条1項）	（行政罰）20万バーツ以下及び違反期間中1日あたり1万バーツの罰金
	2.2	独占又は市場支配力の形成となるような企業結合（新取引競争法51条2項，53条）	（行政罰）企業結合に係る取引額の0.5％相当額以下の罰金
3.	3.1	ハードコア・カルテル（新取引競争法54条）	（刑事罰）2年以下の懲役及び／又は違反行為がなされた年の売上の10％相当額以下の罰金
	3.2	ソフトコア・カルテル（新取引競争法55条）	（行政罰）違反行為がなされた年の売上の10％相当額以下の罰金
4.		不正取引行為（新取引競争法57条）	（行政罰）違反行為がなされた年の売上の10％相当額以下の罰金
5.		外国事業者との間の不公正な協定（新取引競争法58条）	（行政罰）違反行為がなされた年の売上の10％相当額以下の罰金

(ウ)　取引競争法に関して問題となった近時の事例

現在，取引競争委員会は，市場支配力の濫用や不公正取引等の反競争行為に関して，積極的に判断を行っており，以下では，その中のいくつかについて紹介する。

①　トヨタ自動車による販売制限

2020年1月9日，取引競争委員会は，「新型カローラアルティス・ハイブリッド車」の販売制限に関して，Toyota Motor Thailand Co., Ltd.（以下「トヨタ」という）を支持する判断を行った。

取引競争委員会は，トヨタのディーラーから，トヨタが「新型カローラアルティス・ハイブリッド車」のタクシー業者への販売を制限したとする申立てを受けた。また，トヨタは，ディーラーに対し，その割り当てられた販売地域外においてトヨタ車を販売することも制限していた。

もっとも，取引競争委員会は，このようなトヨタの方針は，ブランド・イメージを維持し，また，異なる顧客層に最善の方法で製品を提供し，顧客を満足させることを目的とするものであり，新取引競争法に違反するものではないと判断した。また，販売地域外での販売制限に関しても，ディーラーの管轄外での販売活動を制限するものではあるが，消費者によるトヨタ車の購入を制限するものではないとした。

② 農産物卸売業者が設定した不公正な取引条件

2017年9月から10月にかけて，チェンマイ及びメーホーンソーンの農産物卸売業者は，メーホーンソーンの農家に対し，農産物を他の卸売業者に販売することを制限し，また，農産物の仕入価格の引き下げを強制した。また，農産物卸売業者は，農産物を他の卸売業者に販売した農家の販売価格を固定した。これに対し，農家は，取引競争委員会に対し，これらの行為が新取引競争法57条3項（不公正に第三者の事業運営の制限又は障害となるような取引条件を定めることの禁止）に違反するとして不服申立てを行った。

農産物卸売業者は，上記制限は農家に対して種子を無償提供したことによるものであるため，許容される旨を主張したが，取引競争委員会は，新取引競争法57条3項に定める不公正取引に該当すると判断した。取引競争委員会は，当初，農産物卸売業者に5万バーツの罰金を課したが，その後，取引競争委員会の調査に対する農産物卸売業者の協力度合いを考慮し，2万5000バーツに減額した。

③ エネルギー飲料メーカーによる市場支配力の濫用

2011年10月から2012年7月にかけて，タイのエネルギー飲料メーカーは，タイの流通業者に対し，競合相手のエネルギー飲料の販売を禁止した。また，エネルギー飲料メーカーは，これに従わない流通業者に対し，製品の供給の停止を示唆した。そこで，2012年8月，流通業者は，そのようなエネルギー飲料メーカーの行為が旧取引競争法25条及び29条に違反するものと主張し，取引競争委員会に申立てを行った。

エネルギー飲料メーカーの市場シェアは50%を超え，また，前年には10億バーツを超える売上があったことから，支配的地位を有しているものとされ，かかるエネルギー飲料メーカーの行為は，旧取引競争法25条及び29条に違反するものと判断された。そして，取引競争委員会は，2019年2月，これを検察当局に告発した。その結果，最終的に，エネルギー飲料メーカーは取引競争委員会との和解を提案した（現在の取引競争委員会は取引競争法違反に関連する刑事手続において和解の権限を有している）。当該和解の成立により，エネルギー飲料メーカーとその取締役は，総額1200万バーツの罰金を取引競争委員会に支払った。

④ プロモーション・クーポンに関する不公正取引

2011年，タイのハイパーマーケット（幅広い商品を販売する非常に大規模な店舗）の運営会社は，タイの競合するスーパーマーケット運営会社2社が発行するクーポンをハイパーマーケット運営会社の店舗で2倍の価値で使用できることを謳った広告パンフレットを作成し，その広告パンフレットをスーパーマーケット運営会社の店舗近くの消費者に配布した。スーパーマーケット運営会社は，これらの行為が旧取引競争法29条に違反するものであると主張して，取引競争委員会に申立てを行った。

これに対し，取引競争委員会は，ハイパーマーケット運営会社の行為が旧取引競争法29条に定める不公正取引であると認定したものの，新取引競争法の制定・施行により，旧取引競争法29条違反に係る刑事罰の規定は廃止され，また，新取引競争法違反に係る行政罰の規定は遡及的に適用されないものとした。そこで，取引競争委員会は，ハイパーマーケット運営会社の行為にペナルティを課さないものとした。

他方で，これとは別に，スーパーマーケット運営会社は，不法行為に基づく損害賠償を求める訴訟をハイパーマーケット運営会社に対して提起し，タイ最高裁はハイパーマーケット運営会社に対して約400万バーツの支払を命じた。

㈤ 小　括

新取引競争法は，タイにおける競争法の執行をより厳格且つ強力なものとするという期待の下，従来の旧取引競争法及びこれに基づく実務を改正・変更し，国際的な競争法制との整合性を図ったものである。取引競争委員会は，新取引競争法に基づく任務の履行及び権限の行使に非常に積極的であり，タイにおける反競争的行為に対する執行事例が今後も増加していく可能性は高いものと考えられる。

⑵ 消費者保護及び製造物責任

民商法典473条は，買主が購入時又は納品時に認識可能であった製品の欠陥については売主は免責されるとの契約原則を規定している。しかしながら，近年の技術や産業の発展により，企業が製造する製品には高度に科学的な原材料が用いられ，その製造工程もきわめて複雑なものとなっており，一般消費者が製品を正しく理解し，そのニーズにあうものを選択することは容易ではない。また，製造コストを切り下げるため，より安価な原材料を使用したことによる品質の低下が一般消費者に対して損害をもたらすおそれも存する。このように，特に売主が企業で買主が一般消費者である場合には，消費者が製品に内在し得る瑕疵を把握することは容易ではなく，今日の取引実務において，製品の瑕疵から生じるリスクを一律に消費者に負担させるルールは不公平であるように考えられる。

そこで，かかる不公平を是正するとともに，一般消費者を保護するために，虚偽の広告，虚偽の表示及び不公平な契約に罰則等を課す「消費者保護法（Consumer Protection Act）」，個人に損害を生じさせた欠陥製品の製造及び販売に関与する事業者に厳格な責任を課す「安全性欠如製品から生じる損害に対する責任法（Liability for Damages Arising from Unsafe Products Act，以下「製造物責任法」という）」や，消費者事件に関する訴訟手続において消費者と事業者間の不平等を是正するための「消費者事件手続法（Consumer Case Procedure Act）」が制定された。立証上の公平性確保のための規制のみならず，懲罰的損害賠償や，消費者による請求を超えた金額・救済方法を裁判所が命じることが許容される等，日本の消費者保護法制よりも広範且つ強力な定めも見受けられることから，タイ国内において販売される製品又はサービスに関与する事業者においては留意が必要と思われる。

(ア) 消費者保護法

消費者保護法3条によれば，「消費者」とは，事業者[119]から製品を購入し若しくはサービスを受けた者，事業者から製品の購入若しくはサービスを受けることを勧誘された者，又は対価の支払の有無を問わず製品を適切に使用し若しくは適切に事業者からサービスを受ける者と定義されている。かかる定義によると，事業者に対して対価を支払わずに製品を使用する事実上の消費者も，消費者保護法により保護される。

消費者保護法において消費者は以下の権利を有する（消費者保護法4条）。

① 製品又はサービスの品質について正確且つ十分な情報及び説明を受ける権利（正確な広告又は表示を受ける権利，製品又はサービスを不公正なく購入するにあたってこれらについての正確且つ十分な情報を知る権利を含む）
② 製品又はサービス選択の自由を享受する権利（不公正な誘因なく製品及びサービスを選択し，購入する権利を含む）
③ 製品の使用又はサービスにおける安全を期待する権利（指示に従い又は状態に注意することで生命，身体又は財産に害のない適切な水準の安全な製品又はサービスを受領する権利を含む）
④ 公平な契約を受ける権利（事業者に有利でない合意条項を受ける権利を含む）
⑤ 損害について補償を受ける権利（上記①から④の権利の侵害に対して保護及び補償を受ける権利を含む）

前記の権利を確保するために，消費者保護法は消費者保護委員会（Consumer Protection Board）の設置を定め，また，主として不当広告（消費者に対して不公正な印象を与える広告や，社会に害を与える内容を含む広告）[120]，不当表示（虚偽の表示や消費者に誤解を与える表示），安全でない製品又はサービス[121]及び不公平

119) 販売目的での製品の販売業者，製造業者及び輸入者，転売目的での製品の購入者，サービスの提供者（広告事業を営む者を含む）をいう。

な契約[122]から消費者を保護する。そして消費者保護法の違反は，懲役刑や罰金刑の対象となり得る。

なお，消費者保護法以外の法律が消費者保護に関する事項を定めている場合には，当該事項については，原則として当該法律のルールが適用されることになる（消費者保護法21条）。したがって，このような場合，消費者保護法の規定は，当該ルールと重複しない範囲又は当該ルールに反しない範囲で適用されるにとどまる。もっとも，消費者保護委員会が消費者に対する保全措置に関する手続を進めることが必要と判断した場合には，（当該ルールと重複しない範囲又は当該ルールに反しない範囲で）消費者保護法の規定が適用される。

(イ) 製造物責任法

製造物責任法は，損害が製品の使用から生じたことを証明することが困難な場合においても消費者を実効的に保護する目的で制定され，2009年より施行されている。

① 製造物責任法の適用範囲

製造物責任法の保護の範囲は，安全性欠如製品によって生じた損害に限られている。製造物責任法における「製品」とは，販売目的で生産又は輸入された全ての動産を指し，農産物や電気も含まれるが，医薬品，医療機器[123]，特定の条件下で加工された農産物等，省令で定める製品は除外されている（製造物責任法4条）。

「安全性欠如製品」とは，製造物責任法において「製造若しくは設計の欠陥，使用及び保管に際しての説明の不存在，製品に関する警告若しくは情報の不存在又は不正確若しくは不明確な指示により，損害が生じ又は生じ得る製品」と

120） 虚偽又は誇張表現，製品又はサービスの重要な部分に関する誤導的な表現等については，不当広告とみなされることとされている（消費者保護法22条）。

121） 消費者保護委員会の下部組織である商品役務安全委員会が所掌して，安全性に問題のある製品やサービスに関する調査や，提供禁止命令，リコール命令，改善命令等の権限を行使することとされている（消費者保護法29条の8，29条の9）。

122） 一定の規制対象業種（クレジットカード業，コンドミニアム販売業，携帯電話サービスプロバイダ，自動車の割賦販売業等）につき，書面での契約締結義務，契約内容規制（消費者に不合理な不利益を生じさせないための必要な条項を規定すること，消費者にとって不公平な条項を規定しないこと）等が課される（消費者保護法35条の2）。

123） なお，一般大衆に販売される目的で製造される医薬品や医療機器は除外されない。

定義されている（製造物責任法4条）。裁判所が安全性欠如製品に該当するか否かを判断するにあたっては，製品の性質，通常の使用方法及び保管方法等が考慮要素とされる。

② 事業者の連帯責任

安全性欠如製品に関与する全ての事業者は，故意であるか過失であるかを問わず，消費者に販売された安全性欠如製品から生じた損害に対して連帯して責任を負う（製造物責任法5条）。この点，製造物責任法において「事業者」とは以下のとおり定義される。

(a) 製造業者又は製造を依頼した者（例：発注者）
(b) 輸入者
(c) 製造業者，発注者又は輸入者が特定できない場合における販売業者[124)]
(d) 製造業者，発注者又は輸入者であると認識され得る名称，商号，マーク，掲示等を使用している者（例：自らを製造業者であると公表している者）

③ 厳格な責任

製造物責任法は，安全性欠如製品によって損害を負った者を「被害者」と定義し（製造物責任法4条），事業者の故意又は過失を問わず，当該損害の原因を作出した事業者に対して厳格な責任を課している。

消費者保護法とは異なり，製造物責任法における被害者に該当するためには，事業者から製品を購入することや当該製品を用法に従って使用することは求められていない。被害者は，事業者に対して責任を負わせるために以下の事項を証明すれば足りる（製造物責任法5条）。

(a) 被害者は，事業者の安全性欠如製品によって損害を被ったこと
(b) 被害者は，当該製品を通常の方法で使用及び保管していたこと

124） 製品を商業目的で配布，分配，提供又は交換した場合（商業目的でのレンタル，割賦販売，提案，説得，展示を含む）にも，その製品を「販売」したものとみなされる（製造物責任法4条）。

但し，事業者は以下の場合には，生じた損害に対して責任を負わない。

(a) 事業者が以下のいずれかの事項を証明することができる場合（製造物責任法7条）
  (i) 製品が安全性欠如製品でないこと
  (ii) 被害者において製品が安全性を欠いていることを知っていたこと
  (iii) 明確且つ十分な指示，警告又は製品情報があったにもかかわらず，製品の不適切な使用又は保管によって損害が生じたこと（被害者が事業者によって提供された指示，警告又は情報に従わなかったこと）
(b) 発注者からの発注によって製品を製造した製造業者について，製品の安全性欠如が発注者による設計又は指示によるものであることを証明し，且つ当該製造業者が安全性欠如を知らず，予期することもできなかった場合（製造物責任法8条1項）
(c) 部品の製造業者について，製品の安全性欠如が当該製品の製造業者による設計，組立，使用及び保管のための指示，警告又は製品情報によって生じた場合（製造物責任法8条2項）

なお，消費者と事業者との間の契約や事業者から消費者に対してなされる通知や表示によって，安全性欠如製品から生じた損害に対する事業者の責任を免除又は制限する旨を定めることは認められない（製造物責任法9条）。

④　認められる損害

被害者は，民商法典の下で認められる損害賠償に加えて，精神的苦痛に対する損害賠償請求を行うことも認められる（製造物責任法11条1号）。被害者が死亡した場合には配偶者，扶養親族又は子孫が当該損害賠償を請求する権利を有する。

事業者が安全性欠如製品であることを知り，若しくは重過失により知らなかった場合，又は製品が安全性を欠如していたことを認識した後も損害を防止するための合理的な措置をとらなかった場合には，実際の損害額の2倍を上限として，いわゆる懲罰的損害賠償も認められる（製造物責任法11条2号）。

⑤　製造物責任請求のための手続

製造物責任法は被害者が請求を行うために以下二つの手続を規定している。

(a) 被害者は裁判管轄を有する裁判所へ損害賠償のための訴訟を提起することができる
(b) 被害者は，消費者保護委員会又は同委員会によって訴えを受理する主体として認定された基金若しくは団体に対して訴えを提起することができ，同委員会又は指定された基金若しくは協会は，被害者に代わってかかる訴えを裁判管轄を有する裁判所へ提起する（製造物責任法10条）

損害賠償請求権の行使期間は，被害者がその損害及び責任を有する事業者を知った日から3年以内に制限され，安全性欠如製品が販売された日から10年を超えることはできない（製造物責任法12条1項）。但し，安全性欠如製品が被害者の体内における物質の蓄積によって生命，身体，健康又は衛生に損害を与えた場合又は症状が現れるまでに相当の期間を要する場合には，損害賠償請求権の行使期間は，被害者がその損害を認識した日から10年を超えない期間とされている（製造物責任法12条2項）。

(ウ) 消費者事件手続法

消費者事件手続法は，損害を被った消費者が事業者に対して責任を追及するにあたってそのプロセスを簡素化することによって消費者の利益となるよう制定された手続法であり，2008年より施行されている。

① 消費者事件の範囲

消費者事件とは以下の事件をいう（消費者事件手続法3条）。

(a) 消費者（又は消費者を代理して訴えを提起する権限を有する者）と事業者間の製品又はサービスの消費に関する権利義務に関する紛争事件
(b) 安全性の欠如した製品に起因する損害賠償に関する法（製造物責任法）に基づく民事事件
(c) 上記(a)又は(b)の事件に関連する民事事件
(d) 消費者事件手続法を適用する旨の定めのある民事事件

② 通常の民事訴訟との主な相違

消費者事件の方が通常の民事訴訟と比較して，簡素且つ迅速であり，より消費者にとって便宜な手続とされている。

まず，原則として裁判手続に関する費用が免除される（消費者事件手続法18条）。もっとも，合理的な理由の欠如，過大な損害の請求，不適切な行為，手続の遅滞や不必要な手続等が存する場合には，裁判所は裁判手続に関する費用の全部又は一部を裁判所が定める期間内に納付することを命ずることができる。

訴訟期日において原告と被告の双方が出廷する場合で解決に至らないとき又は訴訟期日を延期する必要があるときには，裁判所は原則として訴訟期日を3回まで7日以内の日に延期することができる（消費者事件手続法25条）。また，裁判所は速やかに証拠調べを行う必要があり，不可避な必要性がない限り，証拠調べ期日は連続して行う必要があるとされている。不可避な必要性がある場合においても，裁判所は15日を超えない範囲でのみ期日を延期することができるものとされており（消費者事件手続法35条），手続進行の迅速化が図られている。

また，消費者事件における証拠調べについては（通常の民事訴訟における当事者主義とは異なり）職権探知主義がとられている。証人尋問に関しては，裁判所が自らこれを行うこととされ，当事者やその代理人は裁判所の許可を得た上で尋問を行うことができるにすぎず，また，裁判所は当事者があげていない問題に関しても尋問を行うことができる（消費者事件手続法34条）。さらに，裁判所は，当事者が提出しない証拠についても，適切と認める範囲で自ら収集することができる（消費者事件手続法33条）。

判決内容についても，職権主義的な側面がみられる。すなわち，裁判所において，原告の請求額が実損と比較して低額である又は原告の請求内容を認めるのみでは被害救済方法として不十分であると認める場合には，原告の請求範囲を超えた賠償を命じる判決や，（原告の請求内容と異なる）適切な内容の判決を行うことができる（消費者事件手続法39条）。また，懲罰的損害賠償の制度も存在し，事業者において消費者を不正に害する意思を有している場合や事業者側に重過失があると判断される場合には，裁判所が認定した実損額の2倍まで（実損額が5万バーツ以下の場合にはその5倍まで）の損害賠償を命じることができるとされている（消費者事件手続法42条）。さらに，裁判所は，損害賠償や瑕疵補修の他，同種製品との交換を命じることや（消費者事件手続法41条），製品のリコール又は廃棄を命じる判決を下すことも認められている（消費者事件手続法43条）。

その他に消費者側の利益を保護するための通常の民事訴訟と異なる規制として，消費者は書面だけでなく口頭でも訴えを提起することができること，消費者が提出する証拠について法令上書面による証拠が求められる場合であっても（書面がない場合には）証言をもって代用することが許容されていること（消費者事件手続法10条及び11条）等があげられる。

(エ) そ の 他

消費者保護法や製造物責任法，消費者事件手続法の他にも，不公正契約法（Unfair Contract Terms Act），薬事法（Drug Act），食品法（Food Act），化粧品法（Cosmetics Act）及びダイレクト販売・ダイレクトマーケティング法（Direct Sale and Direct Marketing Act）や，自動車割賦販売事業の契約（The Contract of Auto Hire Purchase Business to be a Contract -Controlled Business）及び住居不動産の賃貸契約（Residential Property Leasing as a Contract-Controlled Business）に関する契約委員会の告示（Notification of the Contract Committee）等，さまざまな法律や規則において消費者に対する保護が定められている。

(3) 贈 収 賄

(ア) 概　要

タイでは，近年，腐敗防止に向けた取組みが積極的に行われはじめており，2014年5月の軍事クーデター以降，国連腐敗防止条約（UNCAC）に基づき刑法及び汚職行為防止法の改正が進むなど，法律整備自体は国際水準に近づきつつある。日系企業の多くが，タイで事業を実施していく中で贈収賄の問題に直面せざるを得ないという実態も未だに存在するところであるが，リスク管理の観点からも法律の内容や社会の動向を把握しておくことは重要である。

タイにおける贈収賄防止に関する法律のうち，最もよく知られているのは，刑法（Criminal Code）と2018年に成立した汚職行為防止法（Organic Act on

Counter Corruption)[125] の二つである。

(イ) 刑　法

汚職に関する基本的な規制は刑法に定められている。贈収賄に関しては，刑法第2巻第2章「行政に関する違反」において，公務員，国会（State Legislative Assembly）議員，県議会（Provincial Assembly）議員，市議会（Municipal Assembly）議員の贈収賄に関する規定が設けられている。

① 「公務員」の定義

2015年2月14日に改正された刑法では，「公務員」を「法律により公務員と定められるか，公務を遂行するよう任命された者で，恒久的か一時的かを問わず，また報酬の有無を問わない」と定義している。

実際には，多種多様な政府関連機関があるため，刑法に定義される公務員に該当するかどうかの判断は容易ではないが，一般に，公務員法（Civil Service Act）や他の法律に基づき公務を遂行するよう任命された下記のような者は公務員とみなされるものと解される。

- 公務員法に定める関税局（Customs Department），歳入局（Revenue Department），入国管理局（Immigration Office）の職員等
- 地方行政法（Local Administration Act）により任命された行政区長や村長
- 検察官法（Public Prosecutors Act）により任命された検察官
- 裁判所職員法（Act on Judicial Service of the Courts of Justice）により任命された裁判官等

また，その他の法律においても，刑法に定義される公務員に該当することが明記されている場合がある[126]。

125） 1999年の制定以来数次にわたって改正されてきた汚職行為防止法（Organic Act on Counter Corruption）が，刷新されたものである。

126） 例として，選挙委員会基本法（Organic Act on the Election Commission）38条では，選挙委員の事務総長，監察官，その他選挙委員会によって任命された者は刑法に定義される公務員とみなされる旨が明確に規定されている。

ⓒ 刑法に定める違反行為

刑法に定められている主な違反行為は以下のとおりである。

(a) 公務員への贈賄

その職務に反する作為若しくは不作為又は遅延を生じさせるため，公務員，国会議員，県議会議員又は市議会議員に対して財産その他利益を供与し，供与を申し出又は供与に同意した者は，5年以下の懲役若しくは10万バーツ以下の罰金又はその併科に処せられる（刑法144条）。

公務員に対するファシリテーションペイメント（行政サービスの迅速化・円滑化のための比較的少額の金銭の支払）は当該規定の対象とならないと解釈する立場もあるが，他の行政サービスの遅延を生じさせることにつながり得ること等に鑑みれば，贈賄罪が成立する可能性があることに十分な注意が必要である。

(b) 仲介者による収賄

有利又は不利に公務員や議員に職務を遂行させ又は遂行させないよう誘導することに対して，財産又はその他の利益を要求し，収受し又はその収受に合意した仲介者は，5年以下の懲役若しくは10万バーツ以下の罰金又はその併科に処せられる（刑法143条）。なお，仲介者が実際に行動したことが必要となる。

(c) 職務上の不正行為（賄賂の要求又は収受）

公務員及び議員が，職務の遂行又は不遂行の対価として財産又はその他の利益を要求し，収受し又はその収受に合意することは禁止されている（刑法149条）。このとき，当該行為又は不作為自体が不正であるかどうかは問われない。同条に違反した者は，5年以上20年以下の懲役若しくは無期懲役及び10万バーツ以上40万バーツ以下の罰金又は死刑に処される。

(d) 判事による職務上の不正行為：賄賂の要求又は収受

判事においても，その職務の遂行又は不遂行を目的に自ら又は第三者のために不正に財産又はその他の利益を要求し，収受し又はその収受に合意することは禁止されている（刑法201条）。当該作為又は不作為自体が不正であるかどうかは問われない。同条に違反した者は，5年以上20年以下の懲役若しくは無期懲役及び10万バーツ以上40万バーツ以下の罰金又は死刑に処される。

㈡　汚職行為防止法

国家汚職防止委員会（The National Anti-Corruption Commission，以下「NACC」という）は，1997年に汚職の防止と抑制を目的として設立された。NACCは，独立政府機関で広範な調査権限が認められており，また，汚職行為防止法に定める一定の手続に従った上で，汚職事件について単独で起訴することもできる（汚職行為防止法97条2項）。

① 汚職行為防止法における「公務員」の定義

汚職行為防止法に定める「公務員」の定義は刑法よりも広く，政治職に就いている者，在職中又は恒久的に給与を得ている国家公務員及び地方公務員，国営企業又は国家機関において職務に従事する職員等，政治職に就いていない地方行政官及び地方議会議員，地方行政に関する法律に基づく公務員をいうとされており，委員会や小委員会の委員，政府機関，国営企業又は国家機関の従業員，法令に基づく特定の行為の履行に関して政府の行政権を行使し又は行使を委託された者や団体も含まれる（汚職行為防止法4条）。

したがって，国営企業の職員等，刑法上は公務員とみなされない者であっても，汚職行為防止法上は公務員に該当する場合がある。例えばタイの国営航空会社であるタイ国際航空は，公開会社として組織されているが，2020年の破産前についてみると，主要株主が財務省であったため，同社の職員は刑法上の公務員ではなかったが，汚職行為防止法上の公務員とみなされる状態にあった。

なお，UNCACに基づく責務を果たすため，汚職行為防止法においては，外国公務員及び国際機関の職員に対する違反に関する規定も追加されている。

② 汚職行為防止法に定める違反行為

汚職行為防止法に定められている主な違反行為は，以下のとおりである。

(a) 異常な富（Unusual Wealth）

汚職行為防止法では，「異常な富」を「在職中又は職務上，職務の遂行又は権限の行使の結果，異常に大量の資産を保有し，異常に資産が増加し，異常に債務が減少し又は資産を不正に取得すること」と定義している（汚職行為防止法4条）。

NACCは，政治家や公務員が異常な方法により富を蓄積していることが疑われる場合，その財産を調査することができ，富が異常に（不正に）蓄積されていると判断する場合には，最高裁判所政治職者刑事訴訟部（Supreme Court's Criminal Division for Persons Holding Political Positions）での訴追のため，上院議長（President of the Senate）又は法務長官（Attorney General）へこれを報告しなければならないとされている。

(b) 贈答品，財産又はその他の利益の受領

公務員への贈答はタイにおいて慣習的に行われており，社会通念の範囲と捉えられているものもあるが，汚職行為防止法128条1項[127)]に基づき，NACCは，公務員による社会儀礼としての財産又はその他の利益の受領に関する告示を発出している。なお，同項及び同告示は，在職中の公務員だけではなく，退職後2年以内の公務員にも適用される点に注意が必要である（汚職行為防止法128条2項）。

同告示6条によれば，以下の場合に限り社会儀礼として財産又はその他の利益を受領することが許されるものとされており，その他の場合に，公務員が財産又はその他の利益（接待，会食等）を受けることは原則として禁止される。

(i) 親族以外の者から，各人から各回につき金額又は価値が3,000バーツを超えない財産又はその他の利益を受領する場合
(ii) 贈与が一般大衆に向けられた状況において財産又はその他の利益を受領する場合

なお，これらの定めは公務員側を対象とするものであるところ，供与者側の供与に関する例外を定めるものではないことから，上記の範囲に含まれる財産又はその他の利益の提供であっても，例えばその職務に反する作為若しくは不作為又は遅延を生じさせる目的で提供する場合には，刑法に定める贈賄罪に該当する可能性がある点に留意が必要である。

127) 同項では，公務員は，法令等に基づく正当な財産若しくは利益又はNACCの定めるルールに従った社会儀礼としての財産若しくはその他の利益の受領を除き，財産又はその他の利益を受領することが禁止されている。

(c)　その他の違反行為

汚職行為防止法においては，例えば，その職務に反する作為若しくは不作為又は遅延を生じさせるため，公務員，外国公務員又は国際機関職員に対して財産又はその他の利益を供与し，供与を申し出又は供与に同意した者は，処罰の対象となる（汚職行為防止法176条1項）。

また，法人の責任が定められている点も注意が必要である。会社の関係者（従業員，代表者，関係会社又は当該会社のために若しくは当該会社を代理して行為を行った者を意味し，当該行為に関する権限を有しているか否かを問わない。また，会社はタイ法に基づいて設立された会社か，外国法に基づいて設立されタイで事業を行っている会社かを問わない）による贈賄で，その行為が会社の利益を目的とする場合，当該違反行為を防止するために適切な内部統制措置[128]を講じていたことを証明することができない限り，会社の違反行為とみなされ，会社に対して発生した損害又は受領した利益の100%～200%の罰金が科せられる（汚職行為防止法176条2項）。

(エ)　その他の法律

その他の腐敗防止や汚職防止に関する法律としては，政府機関の入札に係る不正行為に関する法（Act on Offenses Relating to the Submission of Bids to State Agencies），政治職者刑事訴訟基本法（Organic Act on Criminal Procedures for Persons Holding Political Positions），公務員法，国家公務員による贈答品の授受に関する首相府規則（Regulations of the Office of the Prime Minister on the Giving or Accepting of Gifts by Government Officers）等が挙げられる。これらには，例えば，

128）　NACCは，2017年12月に適切な内部統制措置に関する基本原則に関する告示を公表した。これによれば，適切な内部統制措置の構築にあたっては以下に掲げる八つの基本原則を検討することが求められている。

1. 贈収賄防止措置は経営陣による重要なポリシーであること
2. 効率的に贈収賄を特定・評価するためリスク評価を行うこと
3. リスクが高い分野に係る具体的な措置を定めること
4. 取引相手に対しても贈収賄防止措置を適用すること
5. 適切な会計システムを有すること
6. 贈収賄防止措置に沿った人事管理ポリシーを有すること
7. 贈収賄の疑いに関する報告を促すコミュニケーション体制を有すること
8. 定期的に贈収賄防止措置及びその有効性につき検証・評価すること

情報の入手や開示，利益相反，公共調達，公益通報者保護，贈物・接待，懲罰手続等を定めるものもある。

また，前述のように，タイ政府が汚職や贈収賄の撲滅に取り組む一環として，許認可円滑化法（Licensing Facilitation Act）が2015年に施行された。同法は，許認可手続の透明化と効率化を図り，担当官の裁量の余地を制限することによって，汚職や贈収賄を減少させることを狙いとしている。同法は，各政府機関に対し，許認可申請の審査に関する明確な手続及び審査期間を定め，また，審査結果に関する十分な理由を提示することを求めており，また，申請者への情報提供を目的として，事務所やウェブサイト上で許認可に関するガイドブックを公表することを義務づけている。もっとも，許認可円滑化法は指針を示しているのみであり，実務上の有効性については疑義があるのが現状となっている。

(4)　個人情報保護

タイでは従前日本の個人情報保護法のような個人情報保護について包括的に定めた法令は存在しなかったが，憲法の下で一般にプライバシー権の保護が認められており，また，政府が保有する個人情報に関しては，情報公開法（Official Information Act）においてタイ人及びタイに居住する外国人に関する個人情報の保護が定められている。さらに，刑法でも，公務員の他，医師，弁護士，会計士等の一定の専門家が職務に基づいて得た第三者の機密情報を開示した場合，刑事罰に処せられることが定められている。これ以外にも，金融機関法（Financial Institution Act），信用情報事業法（Credit Information Business Operation Act），電気通信事業法（Telecommunication Business Act）等，業種ごとの各種法令において，個人情報を無許可で収集，開示又は処理する行為が一定の範囲で規制されている。

また，個人情報保護について一般的な法的枠組みを構築する検討の結果，EUのGRPR（一般データ保護規則）を参考にして同規則に非常に類似した個人情報保護法（Personal Data Protection Act）が制定され，2019年5月27日に官報に掲載，翌28日に施行された。

しかしながら，同法の主な規定については脱稿時点で施行されていない。当初，官報掲載日から1年後の2020年5月27日に全面施行予定であったが，施行準備の遅れ等を理由として，勅令により全面施行が2度延期されており，2020年5月27日から2022年5月31日までの間，個人情報保護法のうちの第2章，第3章，第5章，第6章，第7章及び95条は適用されない。当該適用除外の対象となる組織及び事業者については，政府機関等に加え工業・商業をはじめとする幅広い業種の事業者を含んでおり，また，個人情報保護法のうち2019年5月28日付で施行された個人情報保護委員会に係る部分以外の本人の権利，管理者の義務，罰則等を含む主要な規定ほぼ全てが適用されないため，実質的に全面的な施行延期の状況となっている。

個人情報保護委員会も脱稿時点においてまだ設置されておらず，同委員会が定めるとされている下位法令・通知・ガイドライン等も未制定の状況であることから，今後の法令の具体化の経過や，施行後の実務の積み重ねについて注視する必要があると考えられる。もっとも，顧客等から収集した個人情報を取り扱う企業としては，制定済みの個人情報保護法の内容に基づいて適切な準備を行うことが望ましいと考えられることから，以下では個人情報保護法の主要な内容について概説する。

㋐　個人情報の定義及び適用範囲

個人情報保護法において，「個人情報」とは，個人（自然人）に関する情報であって，直接的か間接的かを問わず，当該個人を特定することができる情報（ただし，死亡した個人の特定の情報は除く）と定義されている（個人情報保護法6条）。

また，同法は，「国籍，人種，政治的意見，信条，宗教若しくは思想上の信念，性行動，犯罪歴，健康関連情報，労働組合情報，遺伝情報，生物学的情報に関連する個人情報，又は，個人情報保護委員会により規定される本人に対して同様の影響を及ぼすその他の情報」について，機微な個人情報（センシティブ個人情報）だと定めている（個人情報保護法26条）。

これらの機微な個人情報を収集する場合には，原則として本人の明示の同意が必要とされ，機微でない個人情報の場合と比較して例外事由が厳格に規定されるとともに，これらの情報に関する個人情報保護法違反についてはより重い罰則が規定されている。

個人情報保護法の適用範囲に関しては，タイに所在する管理者又は処理者による個人情報の収集，利用又は開示については，かかる収集，利用又は開示がタイ国内で行われるか否かを問わず適用され，管理者又は処理者がタイ国外に所在する場合であっても，下記の活動については個人情報保護法が適用されるとされている（個人情報保護法5条）。

① タイに所在する本人に対する商品又はサービスの提供（本人が支払を行うか否かを問わない）
② タイにおいて行われる本人の行動のモニタリング

もっとも，個人的な理由又は家族内の用件のために個人情報の収集，利用又は開示を行う場合は個人情報保護法の適用対象外とされているほか，行政機関等による個人情報の取扱いに関しては，個人情報の保護や本人の権利について広範な制限が規定されている（個人情報保護法4条）。

(イ) 管理者・処理者

個人情報保護法では，管理者と処理者が区別して取り扱われており，それぞれに課される義務が異なっている。

管理者とは，個人情報の収集，使用又は開示に関して決定する権限及び責務を有する個人又は法人をいう（個人情報保護法19条）。他方で，処理者とは，管理者の指示に従い又はこれに代わって，個人情報の収集，使用又は開示に関する手続を行う個人又は法人をいうとされている（同法5条）。

(ウ) 個人情報の収集，利用及び開示

個人情報は，収集の目的上必要な範囲内においてのみ収集することができる（個人情報保護法22条）。管理者は個人情報の収集の前又は収集の際に，本人に対して以下の事項を通知する必要がある（同法23条）。

① 利用又は開示される個人情報の収集の目的
② 契約締結のために個人情報が提供される場合には，個人情報が提供されない場合の影響
③ 個人情報の保有期間
④ 個人情報の開示先の類型
⑤ 個人管理者の連絡先，連絡方法に関する情報
⑥ 個人情報保護法上の本人の権利の一部[129)]

管理者は，個人情報の収集，使用又は開示にあたって，事前に又はこれらの時点で情報保有者の同意を取得しなければならない（個人情報保護法19条）。

かかる同意は，その性質上不可能である場合を除き，書面により又は電子的システムを通じて明確に付与されなければならない。当該同意を取得する際，管理者は，情報保有者に対して個人情報の収集，使用又は開示の目的及び方法を明らかにしなければならない。同意の要求は，他の事項と明確に区別して行われなければならず，理解しやすく，十分且つ単純な文言により行われなければならない[130)]。管理者は，本人の同意が本人に自由な意思に基づいて行われるよう配慮する必要があり，サービス提供に係る契約締結等に関して不必要又は無関係であるにもかかわらず個人情報に関する同意を契約締結等の条件としてはならない。

本人により付与された同意は，法令又は契約において取消しが制限される場合を除き，いつでも当該同意を取り消す権利を有する。

ただし，以下に掲げる場合には，個人情報の収集，利用又は開示にあたって本人の同意は不要とされる（個人情報保護法24条及び27条1項）。

① 個人情報が公共の利益のための歴史的文書又は記録文書の作成，研究又は統計の目的のため収集される場合

129） 個人情報保護法19条5項，30条1項，31条1項，32条1項，33条1項，34条1項，36条1項，73条1項に定める権利について通知する必要がある。
130） なお，管理者による同意の要求に関しては，個人情報保護委員会がフォーマットを定めることが可能とされている。

② 個人の生命，身体，健康の保護又は個人の生命，身体，健康に害が及ぶことの防止のために収集される場合
③ 本人との間の契約上の義務を履行するために必要な場合又は契約を締結する前に本人からの要請を遵守するために必要な場合
④ 管理者又は他の第三者の正当な利益のために必要な場合（ただし，当該利益が本人の利益又は基本的権利及び自由に劣る場合を除く）
⑤ 管理者の法的義務を遵守するために必要な場合

また，管理者は，本人以外の情報源から個人情報を収集する場合，一定の要件（例えば，かかる収集が収集から30日以内に本人に知らされており当該本人が同意している場合や，本人の同意を得ずに個人情報を収集できる場合等）を満たす必要がある（個人情報保護法25条）。

(エ) 個人情報の外国への移転

個人情報が外国に移転される場合，原則として，当該移転先の外国は，個人情報保護委員会が通知により定める個人情報保護の基準に準じた，十分な個人情報保護の水準を備えている必要がある（個人情報保護法28条）。ただし，以下の場合は，当該水準を備えていなくとも国外移転を行うことができる。

① 下記(a)から(f)のいずれかの要件を満たした場合（個人情報保護法28条）
(a) 法令に基づく場合
(b) 本人の同意を得た場合。ただし，本人が，移転先の国又は国際機関が適切な個人情報保護基準を有していないことを通知されている場合に限る。
(c) 本人が当事者である契約の履行のために必要な場合，又は契約を締結する前に本人の依頼に応じた措置を講じるためである場合
(d) 本人の利益のために管理者と他の者又は法人との間で契約を遵守するためである場合
(e) 本人又はその他の者の生命，身体又は健康に危害が及ぶことを防止し又は抑制するためであり，その時点で当該本人が同意することができない場合
(f) 重大な公共の利益に関して活動を行うために必要な場合

② 企業グループ内の移転等について個人情報保護ポリシーを定めて個人情報保護委員会に同ポリシーが審査及び認証された場合で，認証を受けた同ポリシーに基づき，個人情報の移転を行う場合（個人情報保護法29条）。
③ 管理者又は処理者が，個人情報保護委員会の定める基準と方法に従った十分な法的措置を含む，本人が自身の権利を行使することができる適切な保護措置を備えた場合（同条）。

なお，個人情報保護法上，個人情報保護委員会が，国外移転が可能となる「個人情報保護の基準に従った十分な個人情報保護の水準」や上記②及び③の措置の詳細を規定する基準を定めるものとされている。しかし，脱稿時点において当該基準は未だ公表されていないため，現時点では，上記②及び③の措置としてどのような具体的措置を実施すべきかについては不明確である。

㈴　その他の管理者の義務

その他，管理者は大要以下の義務を負う（個人情報保護法37条）。

① 個人情報が違法に紛失，アクセス，利用，改変，開示されないよう個人情報を保護する義務
② 個人情報を第三者に開示する必要がある場合に，当該第三者が個人情報を権限なく又は違法に利用又は開示することを防ぐための予防的措置を講じる義務
③ 個人情報について許容される保有期間を経過した場合，当初の目的との関係で必要でなくなった場合，個人情報保護法に基づいて本人からの請求があった場合又は本人が同意を撤回した場合に，個人情報をシステム上から削除する義務
④ 個人情報保護法に違反する事実（データブリーチ等）を認識した場合に，当該認識時から72時間以内に個人情報保護委員会事務局に通知する義務
⑤ 管理者が外国に所在する等の場合（個人情報保護法が域外適用される場合）に，書面によりそのタイ国内における代理人を指名する義務

また，管理者は，①当該管理者が行う個人情報の収集，利用及び開示が，個

人情報保護委員会が指定する一定規模以上の個人情報を保有していることを理由として継続的なモニタリングシステムを必要とする場合，又は，②当該管理者の主な活動が機微な個人情報（センシティブ個人情報）の収集，利用若しくは開示である場合等には，当該管理者における情報保護方針の統括及び個人情報保護法の遵守体制の実施を行う役職者として，個人情報保護責任者（所謂DPO）を指名しなければならない（個人情報保護法41条）。

さらに，管理者は，本人又は個人情報保護委員会事務局による確認に供するために，以下の事項について書面又は電子的方法により記録しなければならない。なお，記録すべき事項は今後個人情報保護委員会によってさらに追加等される可能性がある。

①　収集した個人情報
②　個人情報収集の目的
③　管理者の情報
④　個人情報の保有期間
⑤　個人情報にアクセスする権限及び手段
⑥　個人情報保護法に基づき本人の同意なしの個人情報の利用又は開示がなされた場合はその旨
⑦　個人情報の主体である本人からの要求や異議を拒否した場合にはその旨
⑧　個人情報の保護措置

ただし，この記録義務は，個人情報保護委員会が制定する規則が定める小規模な管理者については，以下の場合を除き，適用されない（個人情報保護法39条3項）。

①　個人情報の収集，利用又は開示が本人の権利及び自由に影響を及ぼすおそれがある場合
②　収集，利用又は開示が一時的ではない場合
③　機微な個人情報（センシティブ個人情報）を収集，利用又は開示する場合

(カ)　処理者の義務

個人情報保護法上，処理者は大要以下の義務を負う。

① 管理者の指示に従ってのみ個人情報の収集，利用及び開示に関連する活動を行うこと。ただし，管理者の指示が法令又は個人情報保護法上の個人情報保護に関する規定に反する場合はこの限りでない（個人情報保護法40条1項1号）。

② 権限のない又は違法な個人情報の損失，アクセス，利用，変更，修正又は開示を防止するための適切な安全措置を講じ，データブリーチ発生時には管理者に通知すること（同項2号）。

③ 個人情報保護委員会が規定する基準及び方法に従って，個人情報の処理活動を記録し，これを保持すること（同項3号）。ただし，この記録義務は，個人情報保護委員会が制定する規則が定める小規模な処理者については，以下の場合を除き，適用されない（同法40条4項）。

　(a) 個人情報の収集，利用又は開示が本人の権利及び自由に影響を及ぼすおそれがある場合

　(b) 収集，利用又は開示が一時的ではない場合

　(c) 機微な個人情報（センシティブ個人情報）を収集，利用又は開示する場合

④ 域外適用を受ける場合に処理者自身の代理人を選任すること（同法38条2項）。ただし，この義務は，処理者が，個人情報保護委員会が定める公的機関である場合，又は，機微な個人情報（センシティブ個人情報）を収集，利用又は開示せず，且つ，個人情報保護委員会が定める大量の個人情報を有しない場合には適用されない（同条1項）。

⑤ 要件を満たす場合（要件は上記(オ)で述べた管理者の場合と同様）個人情報保護責任者（所謂DPO）を選任すること（同法41条1項）。

なお，処理者は，個人情報の収集，利用又は開示に関して，管理者の指示に従って活動する義務に違反した場合，当該個人情報について管理者とみなされる（個人情報保護法40条2項）。また，管理者の指示の下で処理者が処理を行うため，管理者は，処理者との間で契約を締結し，処理者が個人情報保護法を遵守して処理を行うよう監督しなければならない（同条3項）。

(キ) 本人の権利

個人情報保護法上，本人の権利として大要以下が認められている。

① 管理者が責任を負う自身に関連する個人情報にアクセスし，且つ，その写しを取得する権利，及び，当該個人情報が当該本人の同意なく取得された手段の開示を要求する権利（個人情報保護法30条）
② 自身に関連する個人情報が，管理者によって自動機械により解読可能又は利用可能な状態とされ，且つ，自動的に利用又は開示される可能性がある場合，管理者から当該個人情報を取得する権利（同法31条）
③ 自身に関連する個人情報が，(i)個人情報保護法24条に基づいて本人の同意なく収集された場合，(ii)ダイレクトマーケティングに関連する目的で収集，利用又は開示される場合，又は(iii)公共の利益のための業務以外のための科学的，歴史的又は統計的調査の目的で収集，利用又は開示される場合において，いつでも当該個人情報の収集，利用又は開示に対して異議を述べる権利（同法32条）
④ 個人情報がその収集，利用又は開示の目的との関係で不要となった場合等の一定の場合において，管理者に対して，個人情報を削除，破棄，識別不能とすることを要求する権利（同法33条）
⑤ 管理者が個人情報を当初の目的のために利用する必要はないが訴訟等のために保有する必要はある場合等の一定の場合において，管理者に対して，個人情報の利用を停止することを要求する権利（同法34条）
⑥ 自身に関する個人情報が正確，最新，完全且つ誤りのない形で保たれるよう，管理者に対して個人情報の訂正を要求する権利（同法35条）

(ク) 違反時の制裁

管理者が，個人情報保護法27条1項又は2項（個人情報の同意なき利用又は開示を禁止する規定）又は28条（越境移転規制）に違反して，他人に損害，名誉の棄損，中傷等の危険をもたらし得る方法で，機微な個人情報（センシティブ個人情報）を取り扱った場合，6か月以下の禁錮又は50万バーツ以下の罰金が課され，併科の可能性もある（同法79条1項）。また，このような行為が自ら又は第三者の不法な利益のために行われた場合，1年以下の禁錮又は100万バーツ以下の罰金が科され，併科の可能性もある（同条2項）。

さらに，個人情報保護法に基づく職務遂行の結果個人情報を知得した者が，当該個人情報を，職務遂行や裁判のために必要，国内外当局の法令に基づく要請がある，本人の書面同意が得られている等の事情がないにもかかわらず，第三者に開示した場合，6か月以下の禁錮又は50万バーツ以下の罰金が科され，併科の可能性もある（同法80条）。

加えて，法人が違反者の場合で，取締役，管理者又は個人情報の処理に責任を負う者の指示や行為の結果として違反が発生した場合や，当該人物が義務を負う指示や行為を違反時まで怠っていた場合には，当該人物も，法人と同様に上記の規定で処罰される旨が明記されている（同法81条）。このように，法令文言上，タイ子会社の管理措置の不備（不作為）によって個人情報保護法違反が発生した場合，当該子会社の日本人取締役や管理職が禁固刑に処される可能性もある建付となっているため，留意が必要である。

また，個人情報保護法には，違反の類型に応じて，100万バーツから500万バーツ以下の制裁金（行政上の罰金）も定められている（同法82条から89条）。主な違反類型に対応する制裁金額上限の概要は以下のとおりである。

① 管理者による，通知事項・同意取得方法・記録事項の不遵守，個人情報保護責任者関連の違反等の手続的な義務違反：100万バーツ以下（同法82条）。
② 管理者による，本人の同意のない又は通知事項外の取得・利用・開示，越境移転規制違反，代理人選任義務，安全管理義務，本人の権利行使への対応義務，データブリーチの際の対応義務等の，より実質的な義務違反：300万バーツ以下（同法83条）。
③ 管理者による機微な個人情報（センシティブ個人情報）に係る義務違反：500万バーツ以下（同法84条）。
④ 処理者による個人情報保護責任者関連の違反：100万バーツ以下（同法85条）。
⑤ 処理者による，管理者の指示及び法令を遵守して安全管理する義務，記録作成保管義務，代理人選任義務，越境移転の際のデータ保護方針に関する規定等の，より実質的な義務違反：300万バーツ以下（同法86条）。
⑥ 処理者による，機微な個人情報（センシティブ個人情報）に係る越境移転の際のデータ保護方針に関する規定違反：500万バーツ以下の制裁金（同法87条）。

さらに，個人情報保護法上，裁判所は，管理者又は処理者に対して，実際に発生した損害の賠償及び当該損害額の2倍を超えない懲罰的損害賠償を課すことができる（同法78条1項）。管理者又は処理者が個人情報保護法に違反したことによって何らかの損害が生じた場合には，民事上の損害賠償責任を問われる可能性もあるという点に留意する必要がある。

7　紛争解決

(1)　タイの裁判制度

タイでは原則として三審制が採用されており，一部の裁判を除き第一審裁判所から控訴裁判所，最高裁判所へと上告される仕組みとなっている。

また，タイの民事裁判は当事者主義を採用しているものの，実際の訴訟手続においては裁判官が手続の進行について判断する広範な権限を有しており，直接証人に対して質問することもある。

なお，現状タイでは裁判員制度や陪審員制度は採用されていない。

(2)　裁判所

タイの裁判所は，大きく分けて以下の4種類の裁判所に分けられる。

- 司法裁判所（The Court of Justice）
- 憲法裁判所（The Constitutional Court）
- 行政裁判所（The Administrative Court）
- 軍事裁判所（The Military Court）

本書では，主に司法裁判所について解説する。

(ア)　第一審裁判所

タイの第一審裁判所（Court of First Instance＝サーン・チャントン）は司法裁判所法（Statute of the Courts of Justice）2条に基づき以下のとおり分類されている。

① 民事裁判所
② 南バンコク民事裁判所

③ トンブリ民事裁判所
④ 刑事裁判所
⑤ 南バンコク刑事裁判所
⑥ トンブリ刑事裁判所
⑦ 県裁判所（Provincial Court＝サーン・チャンワット）
⑧ 簡易裁判所（Municipal Court，District Court 又は Small Claims Court＝サーン・クウェーン）
⑨ 法律により第一審裁判所として設置されるその他の裁判所

民事裁判所，南バンコク民事裁判所，トンブリ民事裁判所，刑事裁判所，南バンコク刑事裁判所及びトンブリ刑事裁判所は，いずれもバンコク内に設置されている。南バンコク民事裁判所，トンブリ民事裁判所，南バンコク刑事裁判所及びトンブリ刑事裁判所はそれぞれ法律に基づきバンコク内の異なる特定の管轄区域を有している。民事裁判所及び刑事裁判所は，前述の裁判所及びバンコク内に管轄区域を有するその他の司法裁判所が網羅していないバンコク内の区域を管轄している裁判所となる（司法裁判所法 16 条 2 項）。

民事裁判所，南バンコク民事裁判所，トンブリ民事裁判所，刑事裁判所，南バンコク刑事裁判所及びトンブリ刑事裁判所は，専門裁判所及び簡易裁判所が裁判権を有する事件を除く全ての民事訴訟又は刑事訴訟を扱う（司法裁判所法 19 条）。また，民事裁判所及び刑事裁判所は管轄区域外で生じた事件についても，裁判所の裁量で訴訟を受理するか又は管轄区域の裁判所に移送することができるとされている（司法裁判所法 16 条 3 項）。

県裁判所はタイの各県に最低 1 か所以上設置されている。県裁判所は，簡易裁判所（同じ区域内に県裁判所と簡易裁判所が両方設置されていた場合）及び専門裁判所が裁判権を有する事件以外の民事及び刑事訴訟全般を扱う。

簡易裁判所は，簡易裁判所設置及び簡易裁判所における刑事訴訟法 3 条に基づき，各県に最低 1 か所以上の設置が義務づけられているが，現在のところバンコクを含む一部の県にのみ設置されている状況である。

簡易裁判所は，訴訟物となる資産の価値又は請求額が 30 万バーツ以下の民事訴訟並びに懲役 3 年以下及び罰金 6 万バーツ以下の刑事訴訟を扱う（司法裁判所法17条，25条4号，5号）。但し，立退き，親権者の決定，相続財産管理人の任命といった請求額のない訴訟は，簡易裁判所の管轄に含まれない点に留意が必要である。また，刑事事件の場合，簡易裁判所は6か月の懲役又は1万バーツの罰金を超える判決をすることはできないとされており（司法裁判所法17条，25条5号），当該上限を超える判決をする場合には当該簡易裁判所の裁判長又は当該簡易裁判所を管轄する地方裁判所長官による承認が必要とされている（司法裁判所法29条3号，31条2号）。

(イ)　専門裁判所

タイには現在，①租税裁判所，②労働裁判所，③破産裁判所，④知的財産・国際通商裁判所，⑤少年・家庭裁判所の計5種類の専門裁判所が設置されている。

①　租税裁判所

租税裁判所は租税に関する事案を管轄する専門裁判所である。現在のところ，バンコクに全国唯一の租税裁判所である中央租税裁判所が設置されており，バンコク及び周辺の5県を管轄区域としている（租税裁判所設置及び租税訴訟法5条）。区域外の事案が中央租税裁判所に提訴された場合，同裁判所の裁量で提訴を却下することができる（租税裁判所設置及び租税訴訟法5条2項）が，上記5県以外の県租税裁判所が設置されていない地域については，県租税裁判所が設置されるまで中央租税裁判所が管轄権を有し，当該地域の県裁判所を通して中央租税裁判所に提訴することが認められている（租税裁判所設置及び租税訴訟法33条）。租税裁判所の判決に対する控訴は，原則として専門事案高等裁判所（後記(ウ)参照）に対してなされるものとされている（租税裁判所設置及び租税訴訟法24条）。

②　労働裁判所

労働裁判所は雇用や労働組合などに関する労働関連の事案を管轄し，バンコクに中央労働裁判所が設置されているほか，全国に計九つの地方労働裁判所が設置されている（労働裁判所設置及び労働訴訟法5条，6条）。

労働裁判所の判決に対しては，法律問題に限って控訴が認められており，原則として専門事案高等裁判所へ控訴されるものとされている（労働裁判所設置及び労働訴訟法54条)。労働裁判の特徴としては，訴訟手続に一切の裁判手数料がかからない点が挙げられる（労働裁判所設置及び労働訴訟法27条)。そのため，資金力に乏しい従業員や労働者であっても手数料を気にすることなく裁判を提起することができるといった利点があるが，中にはそれを逆手に取り（根拠がないと思われるような場合でも）多額の損害賠償請求等を会社に対して行うケースもみられる。

③　破産裁判所

破産裁判所は破産裁判所設置及び破産訴訟法に基づき設置された専門裁判所であり，破産法に基づく破産及び事業更生に関する刑事・民事訴訟を扱う。現在のところ，バンコクに全国唯一の破産裁判所である中央破産裁判所が設置されており，バンコクを管轄区域としている（破産裁判所設置及び破産訴訟法5条)。区域外の事案が中央破産裁判所に提訴された場合，同裁判所の裁量で提訴を却下することができる（破産裁判所設置及び破産訴訟法5条2項）が，バンコク以外の地方破産裁判所が設置されていない地域については，地方破産裁判所が設置されるまで中央破産裁判所が管轄権を有し，当該地域の県裁判所を通して中央破産裁判所に提訴することが認められている（破産裁判所設置及び破産訴訟法30条)。法律上は，破産裁判所での審理は，原則として審理が終了するまで途切れることなく連続で行われ，審理後には迅速に判決が言い渡されるとされている（破産裁判所設置及び破産訴訟法15条，破産法90/11条）が，実務上は裁判所の業務過多や当事者の都合等により審理に相当の期間を要することも珍しくないのが現状である。破産裁判所の判決は原則として専門事案高等裁判所に対して控訴されるものとされている（破産裁判所設置及び破産訴訟法24条)。

④　知的財産・国際通商裁判所

知的財産・国際通商裁判所は，知的財産・国際通商裁判所設置及び知的財産・国際通商訴訟法に基づき設立され，知的財産権や国際通商に関わる民事・刑事訴訟を主に扱う専門裁判所である。1997年12月にバンコクに初めて中央知的財産・国際通商裁判所が設置され，現在のところ全国で唯一の知的財産・国際通商裁判所となっている。中央知的財産・国際通商裁判所はバンコクを含む計6県に渡って管轄権を有している（知的財産・国際通商裁判所設置及び知的財産・国際通商訴訟法5条)。区域外の事案が中央知的財産・国際通商裁判所に提訴された場合，同裁判所の裁量で提訴を却下することができる（知的財産・国際通商裁判所設置及び知的財産・国際通商訴訟法５条２項）が，上記６県以外の地域については，地方知的財産・国際通商裁判所が設置されるまで中央知的財産・国際通商裁判所が管轄権を有し，当該地域の県裁判所を通して中央知的財産・国際通商裁判所に提訴することが認められている（知的財産・国際通商裁判所設置及び知的財産・国際通商訴訟法47条）。法律上，知的財産・国際通商裁判所での審理は，原則として審理が終了するまで途切れることなく連続で行われ，審理後には迅速に判決が言い渡されるとされている（知的財産・国際通商裁判所設置及び知的財産・国際通商訴訟法27条）が，実務上は裁判所の業務過多や当事者の都合等により審理に相当の期間を要することも珍しくないのが現状である。知的財産・国際通商裁判所の判決は原則として専門事案高等裁判所に対して控訴されるものとされている（知的財産・国際通商裁判所設置及び知的財産・国際通商訴訟法38条）。

⑤　少年・家庭裁判所

少年・家庭裁判所は，「少年・家庭裁判所及び少年・家庭訴訟法」に基づき設立され，未成年者による犯罪や家庭に関する民事訴訟を主に扱う専門裁判所である。少年・家庭裁判所は2015年の法改正により新たに専門裁判所として指定され，現在ではバンコクを含め全国各地に設置されている。少年・家庭裁判所の判決は原則として専門事案高等裁判所に対して控訴されるものとされている（少年・家庭裁判所及び少年・家庭訴訟法180条）。

上記の専門裁判所はいずれも特定の分野に関する複雑な事案を扱うために設置された専門的司法機関であることから，一般の裁判所と比べて専門知識を有する裁判官が任命されている。なお，一つの事案に対して裁判権を有する裁判所が複数あった場合，原告又は申立人はいずれかの裁判所に提訴又は申立てを行うことが認められている（民事訴訟法典５条）。

(ウ)　控訴裁判所

タイの控訴裁判所（Appellate Court＝サーン・ウトーン）は，バンコクを所管する高等裁判所（Court of Appeal＝サーン・ウトーン）[131]と，バンコク以外の77県を所管する計９か所の地方高等裁判所（Regional Court of Appeal＝サーン・ウトーンパーク）によって構成されている（司法裁判所法3条）。

控訴裁判所（Appellate Court）は，司法裁判所法22条に基づき，以下の裁判権を有するとされている。

① 第一審裁判所からの控訴事案の審理
但し，専門裁判所（租税裁判所，労働裁判所，破産裁判所，知的財産・国際通商裁判所，少年・家庭裁判所）からの控訴事案を除く。
② 第一審裁判所にて死刑又は終身刑が言い渡された刑事裁判の審理[132)]
③ 法律の規定に基づく控訴裁判所への申立て又は請願（request）に対する審判[133)]
④ その他の法律に基づき控訴裁判所が裁判権を有する事案の審理

なお，2015年12月に新たに専門事案高等裁判所設置法が施行され，2016年10月から専門事案高等裁判所がバンコクに設置されている。名前のとおり，専門事案高等裁判所には上記(イ)に掲げた①～⑤の5種類の専門裁判所からの控訴事案を審理する権限が与えられている（専門事案高等裁判所設置法5条）。

控訴裁判所における裁判官の定足数は原則として3人（司法裁判所法27条）とされているが，高等裁判所若しくは各地方高等裁判所の長官が必要と判断した場合，又は法律の規定による場合には，特定数の裁判官（民事訴訟の場合10人以上の班長裁判官〔民事訴訟法典140条〕，刑事訴訟の場合には当該裁判所にて実際に公務中の全裁判官，且つ当該裁判所に在籍する全裁判官の半数以上〔刑事訴訟法典208条bis〕）によって構成される大法廷において，特定の問題又は事案について審理されることもある。なお，訴訟物に影響しない命令（例えば，裁判期日に関する命令等）については1人の裁判官で判断することができるとされている（司法裁判所法24条2号）。

131） 第一審裁判所の控訴審を意味する「控訴裁判所」と，物理的な意味を指す「高等裁判所」は，いずれもタイ語で「サーン・ウトーン」と呼ばれているが，同義語ではない点に留意。

132） 第一審裁判所で死刑又は終身刑が言い渡された場合，当事者による控訴がない場合でも控訴裁判所が審理する必要があるとされている（刑事訴訟法典245条2項）。

133） 例えば，執行停止の申立て（民事訴訟法典231条）や，第一審が控訴を受理しなかった場合の控訴裁判所に対する当該判断に関する抗告・異議申立て（民事訴訟法典234条）が挙げられる。

(エ) 最高裁判所

最高裁判所（The Supreme Court＝サーン・ディーガー）はタイの司法最高機関であり，バンコクに設置されている。

最高裁判所は，司法裁判所法23条に基づき，以下の裁判権を有するとされている。

① 憲法又は法律の規定により最高裁判所へ直接提訴される事案の審理，政治家刑事訴訟に関する憲法関連法に基づく政治家に対する刑事訴訟の審理等
② 控訴裁判所（Appellate Court）からの上告事案の審理

なお，2015年の法改正により，民事訴訟において控訴裁判所の判決又は判断を最高裁判所に対して上告するためには原則として最高裁判所の許可が必要となっている（民事訴訟法典247条）。かかる許可を得るためには控訴裁判所の判決日又は判断がなされた日から1か月以内に当該事案の第一審裁判所に対して請願書及び上告状を提出することとされており，上告が認められるか否かは最高裁判所長官が任命する4人以上の裁判官によって決定される（民事訴訟法典248条）。

上記の他，最高裁判所に上告される事案において，「審理に値しない法律問題又は事実問題の上訴の不受理に関する最高裁判所大法廷規程（2008年）」にて定める事由（下級裁判所の判決を覆す理由がない場合など）に該当した場合，最高裁判所は上訴を不受理とすることが認められている（司法裁判所法23条）。

最高裁判所における裁判官の定足数は通常3人（司法裁判所法27条）であるが，最高裁判所長官が必要と判断した場合又は法律の規定による場合には，最高裁判所にて実際に公務中の全裁判官，且つ最高裁判所に在籍する全裁判官の半数以上によって構成される大法廷において，特定の問題又は事案について審理されることもある（民事訴訟法典140条，刑事訴訟法典225条）。なお，訴訟物に影響しない命令（例えば，裁判期日に関する命令等）については1人の裁判官で判断することができるとされている（司法裁判所法24条2号）。

タイの最高裁判所の判例は法的に先例拘束性が認められているわけではないが，実務上は大いに尊重され，下級裁判所における判決の指針となっている。

(3) 訴訟手続

(ア) 裁判管轄

タイの民事裁判所の裁判管轄は広く，タイで紛争の原因事実が発生している場合，被告がタイに居住している場合及び原告がタイ国籍保有者かタイに居住している場合の訴訟を管轄する。したがって，原告がタイ国籍保有者でなく，タイに居住していない場合であっても，タイの裁判所で訴訟を起こすことができるとされている。

民事訴訟の裁判管轄は主に以下のとおり定められている。

① 訴状は，被告の居住地（domicile）を管轄する裁判所，又は被告の居住地にかかわらず紛争の原因事実が発生した場所を管轄する裁判所に提出される（民事訴訟法典4条1号）。
② 請願は，紛争の原因事実が発生した場所を管轄する裁判所，又は請願者の居住地を管轄する裁判所に提出される（民事訴訟法典4条2号）。
③ 不動産，又は不動産の権利若しくは利益に関する訴状は，被告がタイ国内に居住地を有しているか否かにかかわらず当該不動産が所在する場所を管轄する裁判所，又は被告の居住地を管轄する裁判所に提出される（民事訴訟法典4条bis）。
④ 法人の決議事項に係る取消請求，解散申請，清算人の選任・解任，又は法人に関するその他の請願は当該法人の主たる事務所を管轄する裁判所に提出される（民事訴訟法典4条quinque）
⑤ 2か所以上の裁判所が裁判管轄を有していた場合，原告又は申立人はいずれかの裁判所を選択することができる（民事訴訟法典5条）。

(イ) 委任状

訴訟の当事者（すなわち原告又は被告）が自ら全ての訴訟手続を行う場合を除き，タイでの訴訟手続を進めるためには，委任内容を明記した委任状を作成して弁護士に委任することが必要となる（民事訴訟法典60条）。委任状は，タイの弁護士に当事者を代理する権限を付与するために欠かせない書類であり，訴訟の内容に入る前に相手方から委任状の内容や書式について争われることが頻繁にみられ，適切な委任状が提出されなければ，訴えや答弁が却下される場合もあるため，専門家に相談することが必須である。また，外国で作成された委任状は，基本的に公証と認証が必要となる。

法人（会社等）が訴訟当事者となる場合，登記簿謄本等の登記書類の提出が要求されるとともに，委任状は，登記書類にその名前が登記されたサイン権限を有する取締役（Authorized Director），又はサイン権限を有する取締役がその身分及び権限を委託した者によって署名（及び〔登記書類上必要とされている場合には〕社印の押印）がなされなければならないとされている。この点，登記書類は国によって内容が異なるため，日本企業を含む外国の法人が訴訟当事者となる場合の提出資料については管轄裁判所に事前に十分確認する必要がある。

(ウ)　訴えの提起

民事訴訟は，請求の趣旨・原因・提訴の根拠を明記した訴状（Plaint又はStatement of Claim）を提出することによって開始される（民事訴訟法典172条2項）。一般的には事実関係や訴えの全ての詳細を訴状に記載する必要はなく，審理や証人尋問の段階で詳細を補足することも認められているが，訴状に一切触れられていない訴えを審理の段階で提起することは原則として認められないため，訴状の内容は包括的にまとめる必要があるとされている。裁判所が訴状を確認した後，その内容について疑義がなければ原告の訴えが受理される（民事訴訟法典172条3項，18条）。

(エ)　訴訟費用とその担保

原告は，訴状の提出時に訴訟費用を裁判所に納めなければならないとされている（民事訴訟法典149条2項）。請求額を算出することができる訴訟（例えば，損害賠償の請求など）の場合，原則として5000万バーツを超えない請求額については請求額の2％相当額（但し，20万バーツを上限とする）の訴訟費用が発生し，5000万バーツを超える部分はさらに0.1％相当額の訴訟費用が発生する

(民事訴訟法典裁判費用表)。なお，労働裁判所については例外的に訴訟費用が不要とされている（労働裁判所設置及び労働訴訟法27条)。

(オ) 消滅時効

タイ法上，法律で定められた一定期間の間に債権を行使しなかった場合には消滅時効が完成するとされており（民商法典193/9条)，消滅時効が完成した場合には債務者は債務の履行を拒むことができるとされている（民商法典193/10条)。もっとも，消滅時効が完成した場合でも，債務者が任意で債務を履行したり債権者が債務の履行を求めて訴訟を提起したりすることは可能と解されており，裁判所が自ら時効完成を理由に訴えを却下することはできないとされていることから（民商法典193/29条)，仮に債務者が裁判で時効完成を主張しなかった場合には裁判所から債務の履行を命じられる可能性もある。なお，タイ法上は消滅時効が完成した場合でも債務者が債務の履行を拒む権利を得るに過ぎず，債権自体は存続すると解されている。

消滅時効は債権を行使し得る時点から起算され，また，特定の行為を禁ずる債権は当該禁止行為が行われた時点から起算される（民商法典193/12条)。

以下のいずれかの中断事由に該当した場合，消滅時効は中断する（民商法典193/14条)。もっとも，既に時効が完成した後にこれらの事由が生じても債権者の権利は復活しないと解される。

① 債務者が債権者に対して，書面によって債務を認めた場合，債務の一部を弁済した場合，金利を支払った場合，担保を提供した場合，又は債務を負っている旨を疑義なく示すことで債務を認めた場合
② 債権者が債権の存在を確立するため，又は弁済の催告をするために提訴した場合
③ 債権者が破産手続において債権の支払を請求した場合
④ 債権者が紛争を仲裁に委ねた場合
⑤ 債権者が提訴と同様の結果をもたらすその他の行為を行った場合

消滅時効が中断した場合，進行していた期間はリセットされて，中断事由の

終了時から新たに進行が再開することとなる（民商法典193/15条）。

民商法典に定められている主な消滅時効期間は以下のとおりである。

- 原則として10年（民商法典193/30条）
- 確定判決又は和解契約に基づき確定した債権に係る消滅時効は，元々の消滅時効の期間にかかわらず10年（民商法典193/32条）
- 未払の金利，分割で支払われる債務，未払の賃貸料，月給・年俸・年金・扶養手当及び期間毎に支払われるその他の債務の未払分の請求は5年（民商法典193/33条）（但し，動産の賃貸借事業者による賃貸料の請求は2年〔民商法典193/34条6号〕）
- 業者や職人による成果物の対価，賃金，他者の事業の管理料及び立替金の請求（但し，それらの業務が債務者の事業のためになされた場合は5年）は2年（民商法典193/34条）
- 不法行為による損害賠償の請求権は，損害を被った者が賠償責任を有する者を特定できた日から1年，又は不法行為がなされた日から10年（民商法典448条）。但し，刑事罰が科される行為に対する損害賠償の請求の場合，刑事罰の公訴時効がより長く定められていた場合には，その時効期間が適用される（民商法典448条2項）

㈲　刑事附帯民事訴訟（附帯私訴）と時効の取扱い

タイ法上，犯罪行為に基づき損害が生じた場合，被害者又は検察は，刑事事件又は民事事件の裁判権を有する裁判所に対して刑事附帯民事訴訟として提訴することができるとされている（刑事訴訟法典40条）。刑事附帯民事訴訟の場合には通常の消滅時効とは異なる消滅時効の期間が適用される場合があることから留意が必要となる。

まず，刑事事件が裁判所に提起されて，被疑者が裁判所に連行された場合，被害者が民事訴訟を提起するための消滅時効は中断するものとされており（刑事訴訟法典51条2項），刑事事件が提起されなかった場合には，被害者が民事訴訟を提起するための消滅時効は当該事件に適用される公訴時効と同時に完成するとされている（刑事訴訟法典51条）。

また，民事訴訟が提起される前に刑事訴訟において被告人を有罪とする確定判決がなされた場合，被害者による民事訴訟を提起するための消滅時効は当該判決がなされてから10年とされており（刑事訴訟法典51条3項），民事訴訟が提起される前に刑事訴訟の棄却が確定した場合，民事訴訟に係る消滅時効は民商法典に定める通常の時効期間が適用されるとされている（刑事訴訟法典51条4項）。

なお，刑事訴訟については公訴時効が完成している場合に裁判所は自ら時効の完成を理由に起訴を棄却することができるとされており，民事訴訟における時効の取扱いとは異なっている（刑事訴訟法典185条）。

(キ) 訴状の送達

原告は，訴状を提出してから7日以内に裁判所に対して呼出状の発行を要請し，呼出状及び訴状を被告に送達するための費用を支払わなければならない（民事訴訟法典70条，173条）。呼出状及び訴状は裁判所事務官から被告又は被告の居住地若しくは勤務先へ送達されるが，被告の弁護士へ送達することも認められている（民事訴訟法典74条，75条）。被告が呼出状及び訴状の受領を拒否した場合や呼出状及び訴状を被告へ送達することが不可能な場合，裁判所事務官は呼出状及び訴状を被告の居住地又は勤務先の目立つ場所に掲示するか，行政官又は警察官に呼出状及び訴状を渡してその旨を公告することもできるとされている（民事訴訟法典79条）。その場合，掲示又は公告された日から15日又は裁判所が定めるそれ以上の日数が経過した時点で送達されたものとみなされる（民事訴訟法典79条2項）。訴訟実務においては，被告側が訴状を精査し答弁書を作成するなどの時間を確保するために，あえて呼出状及び訴状を受領せずに居住地又は勤務先に掲示させるという手法が採られる場合もある。

(ク) 答弁書の提出

被告は，訴状の送達を受けてから15日以内に訴状に対する答弁書（訴えの認否）を作成して裁判所に提出しなければならないものとされている（民事訴訟法典177条。被告が訴状の受領を拒否した場合には，送達されたとみなされるまでに最低15日を要することから，実務上答弁書の提出期限は実質的に30日を超える場合がある）。なお，合理的な理由があると裁判所が判断した場合には，答弁書の提出期限を延長することもできるとされている（民事訴訟法典23条）。

答弁書は，訴えの一部若しくは全てを認める，又は否認する旨，及びその理由について明記しなければならないとされており，原告の訴えと関連する場合に限り原告に対して反訴を提起することも認められている（民事訴訟法典177条）。

(ケ) 争点整理

答弁書が提出されると，公判前審問期日が裁判所によって設定される。当該期日において裁判所は，当該事件における争点を確定し，口頭弁論期日を設定し，さらに判決にあたっての審理事項，各事項における立証責任者と証人・証拠提出の順序及び審理日程に関する命令を交付する（民事訴訟法典182条，183条）。実務上，裁判所が扱う案件数や裁判官の業務量次第では，口頭弁論期日が6か月から1年後に設定されるケースもみられる。裁判所が当事者に対する和解勧告を行うこともあり，口頭弁論期日に先立ち1回以上の和解期日が設定されることもある。

被告が答弁書を提出しない場合や裁判所が訴状及び答弁書の内容を確認した上で複雑な事案ではないと判断した場合等には，争点整理は省略されることがあり，その場合には直ちに審理日程が決定されることとなる（民事訴訟法典182条）。

(コ) 証拠の提示

民事訴訟における事実関係は①公知の事実，②争うことができない事実（法律でみなし規定が定められている場合など）及び③両当事者が裁判で認めた又は認めたとみなされる事実を除き，原則として裁判所に提出される証拠によって立証されることとされている（民事訴訟法典84条）。また，当事者が自身の主張（訴状又は答弁書に記載された内容）を裏付けるために何らかの事実を主張した場合には基本的には当該当事者がその事実の立証責任を負うこととされているが，法律に推定規定が定められている場合等には当該当事者は当該推定の基礎となる事実を立証すれば推定事項の利益を受けられるとされている（民事訴訟法典84/1条）。

(サ) 審理期間

民事訴訟法典37条では，裁判所は民事訴訟の審理を延期することなく可能な限り継続して行う必要があるとされているが，実務上は審理期間及び手続について裁判所に広範な裁量が認められており，裁判所が抱える案件数，担当裁判官の業務量又は当事者のスケジュール等に応じて裁判官の裁量で審理日程が組まれるため，審理期間を予測することは困難なのが実情となっている。なお，2016年の統計によれば，民事訴訟の大半は審理開始から1年以内に第一審裁判所の判決がなされているが，判決までに5年を超える事例もみられるところである（Annual Judicial Statistics, Thailand 2016）。

なお，審理は，原則として法廷内で，当事者の面前で，且つ公開にて行われなければならない（民事訴訟法典36条）。

(シ) 証　人

裁判では，原則として証人が法廷内で証言する前に証言内容が真実であることを宣誓する必要があり，国籍を問わず基本的に全ての証人が宗教や信仰に応じて宣誓することが求められる（民事訴訟法典112条）。

裁判手続は原則としてタイ語で行われるため，タイ語を話すことができない証人については通訳をつけることが認められるが，通訳は関係当事者が自ら手配する必要がある（民事訴訟法典46条）。

また，証言を終えていない他の証人の前で証言することは認められておらず，他の証人が法廷内にいる場合には裁判官が退廷を命じることも可能とされている（民事訴訟法典114条）。証言は，裁判官による質疑応答や当事者による証人尋問を通して証言することが一般であり，反対尋問や再尋問も認められる（民事訴訟法典117条）。

証人の証言は，裁判官が自ら内容を整理した上でそれを読み上げ，裁判所事務官が読み上げられた内容を裁判議事録へ転記する方法がとられている。証人による証言が終了した後，当該証人には裁判議事録を確認する機会が与えられ，内容が正しいことを証明するための署名を付すことが求められる（民事訴訟法典121条）。証人が出廷して証言することができない場合，当事者は裁判所の許可を得て，テレビ会議による証言を行うことも制度上は可能とされているが

（民事訴訟法典 120/4 条），実務上利用されている事例はあまり耳にしない。

また，当事者は，専門家の意見が論点の解決にとって有益となり得る場合，特定の分野（芸術・技術・実務・外国法等）について専門知識を有している専門家を証人として出頭させることも認められている（民事訴訟法典 98 条）。

なお，人証・書証の提示が完了した後，当事者は，裁判所に対して書面による最終弁論を提出することができる（民事訴訟法典 186 条）。その後，さらなる審理が必要と裁判所が判断しない限り判決が言い渡されることとなる（民事訴訟法典 187 条）。

㈫　集団訴訟

タイでは 2015 年 12 月の民事訴訟法典の改正により，集団訴訟に関する規定（民事訴訟法典 222/1 条～222/49 条）が新たに定められた。この改正により，同一の事件及び法的根拠に基づき共通の権利を有する複数の者が同時に原告となって民事訴訟を提起することが可能となった。

もっとも，全ての事案において集団訴訟を提起することが可能とされているわけではなく，集団訴訟が認められている事案は以下の事案に限られる（民事訴訟法典 222/8 条）。

① 不法行為に基づく訴訟
② 契約違反に基づく訴訟
③ 環境，消費者保護，労働，証券及び証券取引所，取引競争等の法律に基づく権利の主張に関する訴訟

集団訴訟を提起するためには訴状及び請願書を裁判所に提出する必要があり，裁判所が法律で定める要件を満たしていると判断した場合には集団訴訟として受理されることとなる（民事訴訟法典 222/10 条，222/11 条）。集団訴訟として受理された場合，裁判所は原告側の構成員にその旨を通知するとともに，日刊新聞に 3 日連続で当該集団訴訟の概要について公告することが義務づけられている（民事訴訟法典 222/15 条）。

集団訴訟の判決は原告側の構成員全員に効力が及ぶとされており，原告側が

勝訴した場合，原告又は原告側の弁護人は全構成員に代わって強制執行を実行することができるとされている（民事訴訟法典222/35条）。

また，集団訴訟の特徴の一つとして原告側が勝訴した場合に支払われる原告側弁護士に対する報奨金制度が挙げられる。集団訴訟の結果，裁判所が被告側に対し一定の作為，不作為又は資産の引渡しを命じた場合，被告側は原告側の弁護士に対して裁判所が決定する金額の報奨金を支払う必要があるとされている。この報奨金は原告側弁護士が証拠資料の収集など訴訟の準備作業に費やした費用を補填することが主な目的とされ，事案の複雑さや原告側弁護士が費やした時間及び経費（但し，裁判手数料を除く）に鑑みて金額が決定されるとされており，判決が被告側に金員の支払を命じる内容の場合には当該金員の30%を超えない金額を原告側弁護士の報奨金として命じることができるものとされている（民事訴訟法典222/37条）。

(セ) 仮処分

原告は，訴状を提出するのと同時に又は判決が言い渡されるまでに，裁判所に対して仮処分を申し立てることができるものとされており，裁判所は，原告の申立てに根拠があり仮処分を命じるに足りる理由があると認めた場合に限り，仮処分を命じることができる（民事訴訟法典254条，255条）。仮処分命令の種類としては，主に係争物や被告の資産の差押え，違法行為や契約違反行為の禁止，資産に関する登記の差止め，被告の身柄の拘束などが例として挙げられるが，実務上，裁判所は仮処分の申立てを慎重に判断することが一般であり，実際に仮処分が命じられるケースは稀と思われる。また，タイの仮処分は日本の制度と異なり本訴の提起後にしか行うことができないため，被告に知られないように秘密裏に仮処分手続を進めることが難しく，たとえ裁判所から仮処分命令を取得できたとしてもその時には既にみるべき資産がなくなってしまっているという状況も起こり得る。

(ソ) 保証金支払命令

原告が国内に居住しておらず（又は事業所を有しておらず）国内に強制執行の対象となり得る資産を有していない場合又は原告が敗訴した場合に裁判手数料

の支払を怠る可能性がある場合，裁判所は，被告からの申請により原告に対して裁判所が定める期限内に裁判手数料を支払うよう又は担保を提供するよう命じることができる（民事訴訟法典253条）。

(タ) 判　決

裁判所は裁判所が指定した日時に当事者の面前で公開して判決[134]を言い渡す必要があるとされている（民事訴訟法典140条3号）。判決は，原則として当事者に対してのみ拘束力を有するが，資産の所有権に関する判決や自然人の地位・能力，又は法人の解散命令等については第三者に対する対抗力を有するとされている（民事訴訟法典145条）。

なお，実務上は実際に判決文が当事者に交付されるのは判決が言い渡されてから数週間から1か月程度後となることが多い。

また，裁判所は，判決において敗訴側当事者が支払う利息・訴訟費用も決定する。裁判所が別段の決定をしない限り，訴訟費用には証人費用・弁護士費用・文書送達費用その他法律に定める費用が含まれる。実務的な問題として，民事訴訟法典に定める弁護士費用の上限は請求額の5％であるにもかかわらず，裁判所が一般に上限よりもかなり低い金額を弁護士費用として決定するとの点が指摘されることがある。

(チ) 上　訴

第一審の判決に対して不服がある場合，当事者は第一審の判決が言い渡された日から1か月以内に第一審裁判所に対して控訴を申し立てることが可能とされており，その場合には第一審判決で相手方への支払を命じられた金額を控訴の申立てと同時に裁判所に供託する必要があるとされている（民事訴訟法典229条）。もっとも全ての事案で控訴が認められているわけではなく，訴訟物の価値又は請求額が5万バーツ以下の場合は事実問題に関する控訴は原則として認められていない（民事訴訟法典224条）。

控訴審において主張する事実及び主張の法律的根拠は全て第一審で主張され

134）　判決には事案の詳細と判決根拠の概要が含まれるが，通常，判決文書には法的根拠に関する詳細は記載されない。

ている必要があり，第一審で主張されたことがない事実及び主張の法律的根拠は基本的には控訴審では検討されない（民事訴訟法典225条）。また，控訴の申立ては自動的に第一審判決の執行を留保するものではないが，当事者は裁判所に第一審判決の執行の留保を請願することも可能とされている（民事訴訟法典231条）。なお，控訴審では証人尋問は行われない。

前記(サ)の2016年の統計上は，控訴審における事案のほとんどが控訴から6か月以内に終結していると示されているが，実際にはそれ以上の時間を要するケースも多い印象である。

控訴審判決に不服がある場合，当事者は最高裁判所の許可が得られた場合に限り最高裁判所へ上告することが可能とされており，控訴審の判決が言い渡された日から1か月以内に第一審裁判所に対して上告を請願する必要がある（民事訴訟法典247条）。上告を受理するか否かは最高裁判所長官が任命した裁判官による委員会が上告された事案の重要性を検討した上で判断する（民事訴訟法典249条）。なお，上告審においても控訴審と同様に証人尋問は行われない。

前記(サ)の2016年の統計上は，上告審における事案の多くは上告から4年以内に終結していると示されている。

(ツ) 強制執行

敗訴側当事者が判決の一部又は全部に従わなかった場合，勝訴側当事者は判決があった日から10年以内に裁判所に対して判決の執行を要請することができるとされており（民事訴訟法典271条），判決が金銭の支払を命じる内容の場合，執行官は敗訴側当事者が所有する資産を押収して競売に掛けたり，敗訴側当事者が判決後に第三者から受領する金銭（例えば，敗訴側当事者が受領する給与など）を押収したりすることができるとされている（民事訴訟法典282条）。

また，判決における債権者は，判決における債務者又はその財産の所在に関して有益な情報を有していると認められる者の調査や召喚について，裁判所へ請求することができる。

(テ) 海外資産に対する執行・外国の判決の承認及び執行

タイは，他の国と判決執行に関する協定を締結していないため，債務者の海外資産に対する執行にあたってはその所在国において新たな訴訟提起が必要となる。

また，タイにおいて外国の判決を直接承認・執行するためのタイの特定の法律はなく，タイは外国の判決の承認・執行に関する国際条約にも加盟していない。したがって，外国で判決を取得済みのケースであっても，タイで新たに訴訟を提起する必要がある。但し，外国の判決や訴訟中に作成された書証はタイでの訴訟において証拠として提出することが認められる。

⑷　仲裁（Arbitration）

タイにおける仲裁手続は民事訴訟法典210条から222条に規定される法廷内仲裁手続と，国際連合国際商取引法委員会（UNCITRAL）によるモデル法を基に施行された仲裁法（Arbitration Act 2002）による法廷外仲裁手続に分けられる。本書では主に法廷外仲裁手続に関して述べる。

タイの仲裁法では，特に仲裁手続又は仲裁判断の守秘に関する規定は存在しないが，タイ国内の主要な仲裁機関である Thai Arbitration Institute of the Alternative Dispute Resolution Office, Office of the Judiciary（TAI）が定める仲裁規則，及び仲裁人の倫理規定には，一定の守秘義務に関する規定が定められている。もっとも，仲裁判断の執行を裁判所に申し立てた場合，裁判所による命令又は判決は一般に公開されるため，結果として機密性が損なわれる可能性がある点には留意が必要となる。

仲裁法15条では，行政契約かどうかを問わず，政府機関と民間による契約も仲裁によって解決できることが明確に規定されている。もっとも，2009年7月28日の閣議により，政府機関と民間の契約においては原則として仲裁による紛争解決を回避することが促されており，仲裁の採用が必要とされる問題又は相手当事者による要請がある場合に限り，その都度閣僚の承諾を得ることが必要との指針が示されている。

㋐　タイにおける法廷外仲裁機関

タイ国内の主な仲裁機関としては，タイ司法事務局（Office of the Judiciary）によって運営されるタイ仲裁機構（Thai Arbitration Institute of the Alternative Dispute Resolution Office), Thai Commercial Arbitration Institute of the Board of Trade 及び The Thailand Arbitration Center が挙げられる。

その他にも，タイ国際商工会議所（International Chamber of Commerce - Thailand)，保険委員会事務局（Office of the Insurance Commission)，タイ証券取引委員会（Security Exchange Commission）及び知的財産庁（Department of Intellectual Property）などもそれぞれ独自の仲裁の枠組みを設けている。

もっとも，タイにおける法廷外仲裁については，現時点では専門性・公平性等が十分担保されているかが不透明な状況にあり，日系企業を含む外資企業が当事者となる契約書や取引においてタイの法廷外仲裁が選択されることは実務上あまり一般的ではないと思われる。契約の当事者が異なる国の者である場合には，第三国の仲裁機関が選択されることも多くみられ，タイと日本の企業間の場合にはシンガポールのシンガポール国際仲裁センター（Singapore International Arbitration Centre）などが選択されることが実務上多いと思われる。

(イ) 仲裁の合意とその開始

法廷外仲裁手続を選択する場合，当事者はその旨の合意を書面にして署名を付す必要があるが，当事者間の取り交わした書面・ファックス・電子メールなどの交信又は訴状・答弁書においてその合意が示されており，他方の当事者がこれに対し異議を唱えていない場合は有効な合意として認められる（仲裁法11条2項)。

また，仲裁法上，契約の一部を構成する仲裁条項は契約の他の条項から独立した合意として扱われるため，契約を無効とする仲裁廷の決定は仲裁条項を無効とするものではないとされている（仲裁法24条)。

仲裁を合意をしている一方の当事者がその合意に反して裁判所に訴訟を提起した場合，訴えられたもう一方の当事者は民事訴訟法典又はその他の法律に定める答弁書の提出期限内に管轄権を有する裁判所に対し当該訴訟の抹消を申し立てることができる。申立てを受理した裁判所は，法廷外仲裁手続に関する合意が無効又は執行不能となる事由がないと判断した場合には，当該訴訟の抹消命令を出す（仲裁法14条)。

法廷外仲裁手続の当事者は，仲裁手続を開始する前に管轄権を有する裁判所に対して仮処分を要請する権利が与えられており，裁判所が妥当と判断した場合には仮処分を命じることができるが，当該仮処分命令から30日以内又は裁判所が定めた期限までに法廷外仲裁手続が開始されなかった場合には，当該仮処分命令の効力は期限満了とともに消滅したものとみなされる（仲裁法16条）。なお，仲裁廷には仮処分を命じる権限は与えられていない。

以下のいずれかの手続が当事者によってなされた場合，仲裁手続が開始されたとみなされ，民事訴訟法典193/14条に基づき紛争の対象である債権の消滅時効が中断する（仲裁法27条）。

① いずれかの当事者が，相手方当事者から仲裁による紛争解決の要請を書面にて受領した場合
② いずれかの当事者が，相手方当事者に対して仲裁人の任命を書面にて要請した場合又は仲裁人の任命を承諾した場合
③ 当事者が仲裁廷につき合意していた場合で，いずれかの当事者が書面により当該仲裁廷に対し紛争解決を要請した場合
④ いずれかの当事者が，合意に基づき仲裁機関に紛争解決を委ねた場合

(ウ) 仲裁人の選定

仲裁人の選定については，必ず奇数の仲裁人が任命されなければならず，特に人数につき合意がない場合には1人のみが仲裁人となるが，当事者が偶数の仲裁人を任命した場合，任命された仲裁人はさらに1人の仲裁人を選定し，その仲裁人を仲裁廷委員長に任命する必要がある（仲裁法17条）。

仲裁法23条には，仲裁人の責任に関する規定が定められており，故意又は重過失によりいずれかの当事者に損害を与えた場合，仲裁人が民事責任を問われる可能性がある（仲裁法23条1項）。また，職務における作為・不作為を目的として，仲裁人が不正に財産又はその他の便宜の供与を要求し，収受し又は収受の約束をした場合には，仲裁人に対して10年以下の懲役若しくは10万バーツ以下の罰金又はその併科に処される（仲裁法23条2項）。また，仲裁人の職務に反した作為・不作為又は行為を遅延させるために仲裁人に財産又はその他の便宜を供与し又はその申込み若しくは約束をした者は，10年以下の懲

役若しくは10万バーツ以下の罰金又はその併科に処される（仲裁法23条3項）。

なお，2019年の仲裁法改正により，外国人の仲裁人について定めた第2/1章が新設され，外国人がタイ国内で行われる仲裁において仲裁人となることが認められた（仲裁法23/1条）。

(エ) 仲裁手続

仲裁手続における証拠の提示，証人尋問，参考人の招聘，仲裁場所，使用言語などについては，原則として当事者による合意で取り決めることができ，一般的には当事者が予め選択した仲裁機関の規則に則って仲裁手続が進められるが，特に合意がなされていない場合には仲裁法に定める規定が適用されることとなる。

当事者は仲裁に用いられる準拠法を選択することができるが，特に合意がない場合はタイ法に基づき判断される（仲裁法34条）。もっとも，同仲裁判断の執行がタイの公序良俗に反すると判断された場合，タイの裁判所にて執行することができない可能性がある点には留意が必要である。詳細については仲裁判断の執行に関する部分（下記(カ)）を参照されたい。なお，仲裁判断は必ず書面にして仲裁人が署名する必要がある（仲裁法37条）。

(オ) 仲裁判断の取消し

仲裁のいずれかの当事者は，仲裁判断の写しを受領してから90日以内に，管轄権を有する裁判所[135]に対して仲裁判断の取消しの申立てを行うことができ，以下の事由に該当すると裁判所が判断した場合，仲裁判断の取消命令をなすことができる（仲裁法40条）。

① 取消しの申立てをする当事者が次のいずれかを立証した場合

135） 仲裁法9条に基づき，管轄権を有する裁判所は以下のとおりとされている。
1. 中央知的財産・国際通商裁判所又は地方知的財産・国際通商裁判所
2. 仲裁が行われている地域の管轄権を有する裁判所
3. 当事者のいずれかが本籍地を有する地域の管轄権を有する裁判所
4. （仲裁合意がなかった場合に）事案に対する裁判権及び管轄権を有する裁判所

(a)　当事者が準拠法として選択した法律のもとで，仲裁合意の当事者のいずれかが無能力であったこと
(b)　当事者が準拠法として選択した法律又はその指定がなかったときはタイ国の法律のもとで，仲裁合意が有効でないこと
(c)　申立てをした当事者が，仲裁人の選定若しくは仲裁手続について適切な事前通告を受けなかったこと，又はその他の理由により仲裁手続において主張若しくは立証ができなかったこと
(d)　判断が，仲裁合意の範囲に含まれない紛争に関するものであるか，仲裁合意の範囲を超える事項に関する決定を含むこと（但し，仲裁合意の範囲を超える事項に関する判断が仲裁合意の範囲内の事項に関する判断と区別することができる場合には，仲裁合意の範囲を超える事項に関する判断の部分のみを取り消すことができる）
(e)　仲裁廷の構成又は仲裁の手続が，当事者の合意又は（別段の合意がない限り）仲裁法に定める手続に従っていなかったこと

②　裁判所が次のいずれかを認めた場合

(a)　判断の対象となった紛争がタイ法のもとでは仲裁による解決が不可能なものであること
(b)　判断の承認又は執行がタイの公序良俗に反すること

㈮　仲裁判断の執行

法廷内仲裁では，仲裁判断後，当事者がこれに従う意思があるかどうかを問わず，仲裁人又は仲裁廷は裁判所へ当該仲裁判断を提出しなければならない。裁判所は，仲裁判断の適法性を認める場合，これに従って判決をする（民事訴訟法典218条）。いずれかの当事者が判決に従わない場合，他方の当事者は，民事訴訟法典に従い，裁判所に対して強制執行令状の発行による執行を申し立てることができる。

他方で，法廷外仲裁においては，仲裁が実施された国がタイであるか外国で

あるかを問わず仲裁判断は原則として当事者に対して拘束力を有するとされ，仲裁判断に基づく執行のために別途裁判所判決を求める必要はない。但し，外国の仲裁判断の執行についてはタイが加盟する国際条約又は国際協定に準拠する仲裁判断であることが条件とされている（仲裁法41条2項）。この点，タイは外国仲裁判断の承認及び執行に関する条約（United Nations Convention on the Recognition and Enforcement of Foreign Arbitral Award〔ニューヨーク条約〕）に1959年に加盟[136]している。

もっとも，いずれかの当事者が仲裁判断に従うことを拒否した場合，その執行を求める当事者は，原則として仲裁判断の執行を申し立てることができる日から3年以内[137]に管轄権を有する裁判所へ申立てを行わなければならない（仲裁法41条，42条）。申立てにおいて仲裁判断による執行の対象者が次のいずれかを証明できた場合，その仲裁判断がなされた国にかかわらず，タイ国内での執行を拒否することができる（仲裁法43条）。

① 当事者が準拠法として選択した法律のもとで，仲裁合意の当事者のいずれかが無能力であったこと
② 当事者が準拠法として選択した法律又はその指定がなかったときはタイ国の法律のもとで，仲裁合意が有効でないこと
③ 申立てをした当事者が，仲裁人の選定若しくは仲裁手続について適切な事前通告を受けなかったこと，又はその他の理由により仲裁手続において主張若しくは立証ができなかったこと
④ 判断が，仲裁合意の範囲に含まれない紛争に関するものであるか，仲裁合意の範囲を超える事項に関する決定を含むこと（但し，仲裁合意の範囲を超える事項に関する判断が仲裁合意の範囲内の事項に関する判断と区別することができる場合には，仲裁合意の範囲を超える事項に関する判断の部分のみを取り消すことができる）
⑤ 仲裁廷の構成又は仲裁の手続が，当事者の合意又は（別段の合意がない限り）

136) タイ国は同条約1条3項における「相互承認留保」及び「商事仲裁留保」のいずれも宣言していない。
137) 行政契約に関する執行については1年以内に行政裁判所へ申し立てる必要がある（行政裁判所設置及び行政訴訟法51条）。

仲裁法律に定める手続に従っていなかったこと
⑥　判断が，未だ当事者を拘束するに至っていないか，管轄権を有する裁判所又は判断がなされた国の法律により取り消され又は停止されたこと（但し，管轄権を有する裁判所に対して判断の取消し又は停止が申し立てられ，これが継続している場合，執行の申立てを受けた裁判所が適当と認めるときは，その決定を延期することができ，且つ，判断の執行を求める当事者の申立てにより，他方の当事者に対して相当な保証を提供するよう命じることができる）

上記の他，裁判所が仲裁判断の対象となっている紛争がタイ法のもとでは仲裁による解決が不可能である又は判断の執行がタイの公序良俗に反すると判断した場合，裁判所は判断のタイ国内での執行を拒否することができるとされている（仲裁法44条）。

タイ仲裁法に基づく裁判所の命令又は判決は，次のいずれかに該当しない限り上訴することができないとされている（仲裁法45条）。

①　仲裁判断の承認又は執行がタイの公序良俗に反する場合
②　裁判所の命令又は判決がタイの公序良俗に関する法律に反する場合
③　裁判所の命令又は判決が仲裁判断と整合しない場合
④　当該事案を審理した裁判官が判決に反対意見を述べていた場合
⑤　仲裁法16条に基づく仮処分に関する命令の場合

なお，当事者は上訴に関する権利を契約などにおいて放棄することはできず，そのような合意は法律上効力を有さないと解されている。

㈪　仲裁判断の執行申立てに要する裁判費用

タイ国内の仲裁判断の執行又は取消しをタイの裁判所に申し立てる場合，5000万バーツを超えない請求額については請求額の0.5％相当額（但し，5万バーツを上限とする），5000万バーツを超える部分についてはさらに0.1％相当額の裁判費用が定められている。国外の仲裁判断の場合，5000万バーツを超えない請求額については1%相当額（但し，10万バーツを上限とする），5000万バーツを超える部分についてはさらに0.1%相当額の裁判費用が定められている（民事訴訟法典裁判費用表）。

(ク) タイ仲裁機構によるクラス・アクション手続の新設

タイ仲裁機構の2020年の仲裁規則の改正により，クラス・アクションによる仲裁の申立てが認められた。クラス・アクションによる申立てが認められるためには，申立人が3人以上であり，同一の事実関係及び法律上の根拠に基づく同一の権利に関する請求である必要がある。また，クラス・アクション仲裁手続の進行のため，クラス・アクションの申立人らは手続を追行する代表者を選任する必要がある。

仲裁手続の進行中であっても，申立人らが同意した場合，新たな参加者が申立人として加わることが許される。一方で，クラスの中の特定の申立人が当該仲裁手続から脱退した場合，当該申立人は同じクラス・アクションに再び参加することはできないとされる。もっとも，当該申立人自身において，別の仲裁手続を申し立てることは禁止されていない。

(5) 調　停

(ア) 調停機関

調停にも法廷内と法廷外の2種類の手続がある。裁判所は，民事訴訟において適切と判断する場合又は当事者より要求される場合，調停を命じることができ（民事訴訟法典20条），主な調停機構として，民事裁判所に設置されている調停及び和解センター（Mediation and Reconciliation Centre of the Civil Court）などがある[138]。

また，法廷外調停では，タイ司法事務局（Office of the Judiciary）によって運営されるタイ調停センター（Thai Mediation Center of the Alternative Dispute Resolution Office）が代表的である。

138）なお，行政事件についても，行政裁判所設置及び行政訴訟法に基づき，法廷内調停の手続が用意されている。

(イ) 2020年民事訴訟法典改正による訴訟提起前の調停制度の創設

2020年9月の民事訴訟法典改正により，当事者は民事訴訟の提起前に，裁判所に対して調停人の選任を求める申立てが可能となった（民事訴訟法典20条ter)。裁判所が選任した調停人によって調停が行われ，当事者間で和解が整った場合，当事者は裁判官に対して，直ちに和解内容に従った判決を出すように求めることができる。裁判所は当該和解内容が当事者の意思に合致し，誠実なものであり，法に反しないかを確認した上で判決する。当該判決は拘束力がある終局的な判断とされる。

また，調停手続の利用にあたっては裁判所の費用は発生しないとされる。

(6) 外国法の適用

契約の当事者は，契約の成立及び効力に関し，外国法を準拠法として選択することも可能とされている（法の抵触に関する法律〔Conflict of Laws Act〕13条）が，外国法の適用はタイの公序良俗に反しない範囲で適用される（法の抵触に関する法律5条)。また，外国法の内容につき裁判所に対する十分な立証がなされない場合，タイの国内法が適用される（法の抵触に関する法律8条)。

もっとも，動産・不動産に関する事案は，原則として当該動産又は不動産が所在する国の国内法が適用されるとされている（法の抵触に関する法律16条)。

(7) 管轄裁判所の合意

タイでは，たとえ当事者の合意によって管轄裁判所を選択していた場合でも，これがタイの民事訴訟法典に基づき当該事案における裁判権を有する裁判所ではないと判断されたときには，訴えが却下される可能性があり，また，合意された裁判所以外に裁判が提起された場合であっても，民事訴訟法典上裁判権を有している裁判所であれば当該提訴を受理することが可能とされている（2001年最高裁判所判決9524号)。

IV

撤　退

1　非公開会社の清算

(1) 概　要

清算手続は，会社が解散した後に会社の負債を債権者に弁済した上で残余財産を株主へ分配するための手続である。非公開会社が破産以外の理由で解散した場合，会社は民商法典に規定されている清算の手続を開始する必要があるとされている。

清算人に指定された者は，会社の負債を弁済し，残余財産を会社の株主に分配する責任を負う。会社は，清算手続が完了するまで清算の目的に必要な範囲で法人として存続する。

(2) 解　散

会社は，以下の事由によって解散する（民商法典1236条）。

(a) 付属定款に定める解散事由が生じた場合
(b) 存続期間が満了した場合
(c) 特定の事業のために設立された会社において，当該事業が終了した場合
(d) 株主総会において解散の特別決議があった場合
(e) 破産した場合

上記の他，裁判所は以下の事由が生じた場合には会社の解散を命じることができる（民商法典1237条1項）。

(a) 創立総会の議事録の提出又は創立総会の開催に関する法令違反があった場合（但し，適当と認める場合には，裁判所は，解散命令に代えて創立総会の議事録の提出又は創立総会の開催を命じることができる〔民商法典1237条2項〕）

(b)　登記後1年以内に事業を行わなかった場合又は1年以上にわたって事業を停止した場合
(c)　事業から損失が生じるのみであり，回復の見込みがない場合
(d)　株主が3人未満となった場合
(e)　会社の存続を不可能にするその他の事由がある場合

(3)　清算手続

清算手続は会社が破産以外の理由により解散した時点から開始され，原則として取締役が清算人となる（民商法典1251条1項）。清算手続を行うのに必要な限りにおいて清算人が当該会社の全ての事業及び業務を管理する（民商法典1252条）。清算人の権限を制限することはできないと解され，たとえ会社の付属定款等において清算人の権限を制限していた場合でも会社は第三者に対して当該制限の有効性を主張することができないとされている（民商法典1260条）。

複数の清算人が選任されている場合は，全清算人が共同で行った行為のみ有効とされているが，株主総会決議にて別途定められた場合又は当該清算人を選任した裁判所が別段の命令をしていた場合はこの限りでない（民商法典1261条）。したがって，清算会社と取引を行う場合（例えば，清算会社から資産を購入する場合等），取引相手は清算人の権限について事前に確認する必要がある。

選任された清算人は，清算手続において下記(ア)から(カ)に定める職務を遂行しなければならない。

(ア)　解散に関する登記と通知

清算人は，会社の解散登記及び解散した旨の債権者への通知を行わなければならない。詳細は以下のとおりである。

①　解散登記

清算人は，会社が解散した日から14日以内に当該会社の解散と全清算人の氏名を商務省へ登記しなければならない（民商法典1254条）。解散登記が行われることによって，一般の第三者でも会社が清算に至ったことや清算人の情報を登記から確認することが可能になる。

② 解散通知

清算人は，会社が解散した日（又は裁判所が清算人を選任する場合には清算人が裁判所によって選任された日）から14日以内に，会社が解散した旨を現地新聞に1回以上公告し，また，会社の全ての債権者に対して配達証明郵便で通知し，未払債権に係る支払請求を行うよう求めなければならない（民商法典1253条）。

(イ) 貸借対照表の作成

清算人は，可及的速やかに会社の貸借対照表を作成し，監査人の監査を受けた上で株主総会を招集しなければならないとされている（民商法典1255条）。

(ウ) 株主総会の開催と清算の進捗状況の報告

① 株主総会（1回目）の開催

監査人による貸借対照表の監査を受けた後，清算人は，株主総会を招集し以下の事項につき承認を得なければならない（民商法典1256条）。

(a) 上記(イ)に基づき清算人が作成した監査済み貸借対照表の承認
(b) 清算人となった取締役の承認又は後任の清算人の選任
(c) 清算人による資産評価リストの作成その他会社の事業を完了するために適切と考えられる事項の遂行

清算人は，株主総会の少なくとも7日前までに株主総会の開催について現地新聞に1回以上公告し，さらに配達証明郵便で各株主にその旨を通知することによって株主総会を招集する必要がある（民商法典1175条）。

株主総会では，総議決権数の4分の1以上を保有する株主の出席が必要となり（民商法典1178条），また，上記(a)から(c)を可決するためには出席株主が保有する議決権数の過半数の賛成が必要となる。

② 2回目以降の株主総会の開催

1回目の株主総会以降，清算人は各年度の終了時に株主総会を招集しなければならない（民商法典1268条）。当該株主総会において，清算人は清算手続の進捗状況の詳細を含む会社の資産に関する管理報告書を株主に提出する必要がある。

また，清算人は必要に応じていつでも株主総会を招集することができる（民商法典1172条）。総議決権数の5分の1以上を保有する株主においても清算人に株主総会の招集を要請することができ，30日以内に株主総会が召集されない場合には株主が自ら株主総会を招集することができる（民商法典1173条，1174条）。

③ 商務省への進捗報告書の提出

清算人は清算手続が開始されてから3か月毎に清算の進捗状況を商務省に報告しなければならない。この報告書は，会社の株主や債権者等から要求された場合には開示する必要があるとされている（民商法典1267条）。

(エ) 会社の資産管理，債権回収及び残余財産分配

会社が解散し，清算手続が開始された後であっても，清算人は債権者からの未払債権に関する請求や第三者からのその他の請求に対応するために必要な範囲内で当該会社の事業運営及び債務履行を継続する義務があると解される。清算手続に関連して発生した手数料や費用については一般債務に優先して支払う必要がある（民商法典1263条）。また，清算人は，会社の資産を換価して未払債務の弁済に充てる義務があると解され，株主による払込みの未払がある場合には全額の払込みを請求することができる（民商法典1265条）。

但し，清算手続の結果，全ての債務を弁済するに足りる資産がないと判明した場合，清算人は裁判所に対して破産手続の申立てを行う必要がある（民商法典1266条）。破産手続が開始されて以降の会社の資産管理については破産法に基づき破産管財人が行うこととなる。

全ての債務を弁済した場合，清算人は会社の残余資産を各株主の株式保有割合に応じて分配する。なお，残余資産の分配についての条件が定められた優先株が発行されている場合には，当該条件に従って分配がなされる。

清算人は，会社の資産換価及び残余資産の分配に関して以下の行為を行うことができる（民商法典1259条）。

(a) 民事又は刑事訴訟の提起，防御又は和解
(b) 会社の清算を完遂するために必要な業務の遂行
(c) 会社資産の売却
(d) 民商法典 1265 条に基づく株主に対する払込未了分に係る払込請求
(e) その他清算手続に必要な行為（代理人の指名，弁護士の選任や会計士の雇用等）

(オ) 残余資産分配後の株主総会の開催

残余資産が分配された後，清算人は再度株主総会を招集し，清算手続がどのように遂行され，資産がどのように処分されたかを報告するための清算報告書を株主に提示しなければならない（民商法典 1270 条 1 項）。

(カ) 清算の完了登記

株主総会において清算報告書が承認された場合，清算人は株主総会の承認を得た日から 14 日以内に清算の完了を商務省に登記しなければならない（民商法典 1270 条 2 項）。

上記の他，清算人は株主総会から 14 日以内に会社の帳簿や財務諸表，清算手続に関する資料等を商務省の登記官へ提出する必要があり，登記官は 10 年間当該資料を保管することとされている（民商法典 1271 条）。もっとも，実務上当局において資料を保管する場所が十分確保されていないことから，実際にこれらの資料を提出することは求められていない。

(4) 清算人について

(ア) 清算人の選任

清算人とは，清算手続を管理する者をいい，資産の売却等，清算過程において必要な事業運営を含む会社の清算手続を円滑に行うために必要な全ての措置に関する責任を負う。民商法典上は清算人の資格及び要件について特に定められていない。会社の資産及び負債を管理する能力を有する者であれば，基本的には誰でも清算人を務めることができると解される。但し，会社の基本定款又

は付属定款において清算人の資格，要件又は選任手続について規定されている場合にはそれに従う必要がある。

会社の基本定款又は付属定款において何ら定めがない場合，会社の取締役が清算人となるが（民商法典1251条1項），解散後の株主総会において取締役がそのまま清算人を務めることを承認するか，又は他の者を清算人として選任するかを決議する（民商法典1256条）。但し，清算人としての適任者がいない場合には裁判所はその裁量により会社の清算人を選任することができ（民商法典1251条2項），実務上法務省執行局（Legal Execution Department）の執行官（execution officer）が清算人に選任されたケースもみられる。

また，判例上，複数の清算人が会社の資産管理又は分配に関して合意できない場合，会社又は利害関係人は単独での権限を有する清算人を選任するよう裁判所に申立てをすることができるとされている（1983年最高裁判所判決2301号）。

(イ) 清算人の交代

会社の清算人は，当該清算人が選任された経緯に応じて，以下のとおり株主総会決議又は裁判所の命令のいずれかにより解任されることがある（民商法典1257条）。

① 裁判所によって選任された清算人

裁判所によって選任された清算人は，裁判所の命令によってのみ解任することができる。この場合，会社の株式の5%以上を有する株主が清算人が解任されるべき理由を明記した上で裁判所に申立てをする必要があり，裁判所は申立ての内容を検討した上で解任するか否かを判断する。

② 裁判所によって選任されていない清算人

裁判所によって選任された者ではない清算人は，以下の二つの方法で解任することができる。

(a) 株主総会における出席株主の総議決権の過半数による決議
(b) 会社の株式の5%以上を有する株主からの申立てに基づく裁判所の命令

清算人に変更があった場合，清算人は当該変更を決定した株主総会決議又は裁判所の命令があった日から14日以内に商務省に変更登記を行わなければならない（民商法典1258条）。また，複数の清算人がいる場合で，各清算人がそれぞれ単独で行動することを認める株主総会決議又は裁判所の命令がなされたときは，当該株主総会決議又は裁判所の命令があった日から14日以内にその旨を商務省に登記しなければならない（民商法典1262条）。

(ウ) 清算人の罰則・責任

会社の清算人に課される可能性のある罰則・責任には，以下の二つがある。

① 1956年登録パートナーシップ，有限責任パートナーシップ，非公開会社，協会及び財団に関する犯罪法（「法人に関する犯罪法」）に基づく罰則

清算人が民商法典で定められた職務を遂行しなかった場合，8万バーツ以下の罰金に処される可能性がある（法人に関する犯罪法32条～38条）。

② 民商法典における不正行為に関する責任

清算人が職務の遂行において故意又は過失により第三者に損害を与えた場合，民商法典に反する不正な行為をしたものとみなされ，賠償責任を負う可能性がある。例えば，清算人が会社が債権者に対して一定額の債務を負っていることを知りながら債務を履行しなかった場合，清算人はこれによって損害を被った債権者に対して賠償責任を負うことがある。

(5) 清算完了後の法的効力について

清算が完了した場合，会社の法人格は消滅する。その結果，原則として法人としての権利や義務を負うことはないと解される。しかし，会社の清算が完了した場合であっても，債権者は，裁判所に対して，会社，株主及び清算人に対する自己の全債権に関して，清算完了登記から2年間，異議申立てを行うことができる。

一般に，清算手続が法令どおり行われた場合，清算の完了登記を行った後2年が経過すると，会社，当該会社の株主及び清算人は債務を免除される。但し，清算人が会社の債権者のいずれかに解散通知を送付しなかった場合には，清算

業務を法令どおりに行わなかったとみなされることがあるため，注意を要する。2010年最高裁判所判決4466号では，このような不公正な行為がなされた場合，会社又は当該会社の株主若しくは清算人は，清算の完了登記後2年が経過した後も債務を免除されることはないものとされている。

2 倒産法制

タイにおける倒産法制度では，債務者が債務を履行できない場合，債務者の財産を清算することによって債務を弁済する破産制度の他，債務者の事業を維持しつつ，経営再建の機会を与える事業更生制度が設けられている。

破産手続及び事業更生手続は，いずれも破産法に定められており，破産裁判所の監督下で実施される。

(1) 破　産

(ア) 破産手続の申立て

タイでは，債務者自らが破産手続を申し立てることはできない。破産手続は，債権者又は債権者の団体が裁判所に対して債務者が破産状態にあることを申し立てることにより開始される。破産手続の申立ては，以下の各要件が満たされている場合に可能であるとされている（破産法9条）。

① 債務者が支払不能状態（insolvent）にあること
② 申立人である単独又は複数の債権者に対する債務総額が，自然人債務者の場合100万バーツ以上，法人債務者の場合200万バーツ以上であること
③ 債務の弁済期日にかかわらず申立人である債権者に対する債務額を明確にできること

上記の他，支払不能状態にある債務者は，④タイ国内に居住地がある場合，又は，⑤破産手続の申立てがなされた時点若しくはその1年前までに自ら若しくは代理によりタイ国内で事業を営んでいた場合に，破産宣告がなされ得るとされていることから（破産法7条），実際には，この点も破産手続の要件とされていることとなる。

担保権者（secured creditor）[1] が破産手続を申し立てる場合，上記の要件に加えて，⑥担保権者がその担保物の価額を超えて債務者の財産から債務の弁済を

受ける権利の行使を妨げられる者ではなく，且つ，⑦-1 債務者が破産した場合には他の債権者のために当該担保を放棄する旨を申立書中に記載すること，又は，⑦-2 当該担保の査定を行い，当該担保権者に対する債務額が，担保の査定額を一定額以上（債務者が自然人の場合は100万バーツ以上，債務者が法人の場合は200万バーツ以上）上回る旨を申立書に記載することが必要とされている（破産法10条）。

この点，タイの民商法典上，抵当権設定者は，被担保債務の金額とその目的物の価額に差がある場合，原則としてその差額分（不足額）について責任を負わないとされている（民商法典733条）。もっとも，抵当権設定者と抵当権者の事前の合意次第では，不足額についても抵当権設定者が弁済することも可能とされているため，そのような合意がなされていた場合には，抵当権者も抵当権設定者に関する破産手続を申し立てることができることとなる。一方，質権の場合，質権設定者は原則として被担保債務の金額とその目的物の価額の差額分につき責任を負うとされているため（民商法典767条），質権者は，当該責任を免除していない限り（質権設定者との間でそのような合意がなされていない限り），質権設定者に関する破産手続を申し立てることができると解される。

(イ) 支払不能の判断

破産法においては，以下のいずれかに該当する場合，債務者は支払不能と推定される（破産法8条）。

① タイ国内か国外で行われたかを問わず，全債権者のために債務者の財産又は財産を管理する権利を他人に譲渡した場合
② タイ国内か国外で行われたかを問わず，虚偽の意思表示又は詐欺によって債務者の財産を譲渡した場合，又はこれを引き渡した場合
③ タイ国内か国外で行われたかを問わず，債務者が破産した場合に有利になるように，自らの財産を譲渡，又は当該財産に対する何らかの物権の設定を行った

1) 破産法の下では，「担保権者」とは債務者の財産に抵当権，質権若しくは留置権を有する債権者，又は質権の性質と同種の優先権を有する債権者を意味する（破産法6条）。したがって，不動産又は登録可能な機械に抵当権を有する抵当権者及び動産又は株式に質権を有する質権者を含む担保権者は，破産法の下では同様に保護され，同様の取扱いを受ける。

場合
④ 債務の弁済を遅らせること，又は債権者が債務の弁済を受けることを妨げることを目的として以下のいずれかの行為を行った場合
(a) タイから出国した場合，又はすでに出国しタイ国外に留まっている場合
(b) 居住していた場所を離れた場合，所在を隠した場合，又は事業所を閉鎖した場合
(c) 裁判所の管轄下から財産を持ち去った場合
(d) 支払うべきではない金銭の支払を命じる判決を許容した場合
⑤ 強制執行令状（writ of execution）に基づき財産を差し押さえられた場合，又は債務弁済のために差し押さえられる何らの財産も存在しない場合
⑥ 裁判所に対し債務弁済能力のないことを申告した場合（事案の内容を問わない）
⑦ いずれかの債権者に対し，債務弁済能力のないことを知らせた場合
⑧ 2人以上の債権者へ債務に関する和解を要請した場合
⑨ 30日以上の間隔で2回以上，債権者より債務弁済に関する催促を受理していたにもかかわらず，債務を弁済しない場合

なお，支払不能の推定は支払能力を証明することによってこれを覆すことができ，通常，決算報告書や貸借対照表を示すことによって反証がなされる。

(ウ) 清算人による破産手続の申立て

登記通常パートナーシップ（registered ordinary partnership）[2]，有限責任パートナーシップ（limited partnership）[3]又は株式会社等の法人（以下，総称して「対象法人」という）の場合，債権者による破産手続の申立て以外に，対象法人の清算人により破産手続の申立てを行うことが破産法で認められており（破産法88条），清算人は，対象法人の清算手続に際し，たとえ対象法人の出資金又は資

2) 登記通常パートナーシップは，商務省に登記され，各出資者とは独立した別個の人格を備えた法人格を有する事業体である。登記通常パートナーシップの全パートナーは，パートナーシップの全ての義務・債務につき共同で無限責任を負う。
3) 有限責任パートナーシップは，1人以上のパートナーが自己の出資額を限度とする個人責任を負い，且つ，1人以上のパートナーがパートナーシップの全ての義務について無制限の共同責任を負うパートナーシップである。

本金が全額支払われても資産額が負債額に満たないことが判明した場合，裁判所に対して破産手続の申立てを行うことができるとされている。

清算人による申立てを受理した場合，裁判所は直ちに対象法人の管財人を確定的に選任することとされている（破産法88条2項）。

但し，民商法典1266条では，たとえ対象法人の出資金又は資本金が全額払い込まれても資産額が負債額に満たないことが判明した場合，清算人は直ちに裁判所に対して破産手続の申立てを行わなければ「ならない」とされており，これに違反した場合の清算人に対する刑事罰も規定されている[4)]。そのため，破産法上は前記のとおり清算人は「任意」で対象法人の破産手続を申し立てることができるように規定されているものの，実際には，清算人には上記の場合には破産手続申立ての「義務」があるものと解される。

(エ) 暫定的措置

破産法には，破産手続中に債権者を保護するためいくつかの措置が定められており，破産手続において，債権者は，破産手続開始前，又は裁判所による確定的保全処分（absolute receivership）前に，裁判所に対して以下の措置を求めることができる。

① 財産の暫定的保全処分（temporary receivership）

財産の暫定的保全処分は，破産宣告を受ける前に債務者が財産を処分することを防止する目的の措置である。裁判所は，債権者より破産手続の申立てを受けた後，債務者が財産を処分する可能性について合理的な理由があると認めた場合，暫定的に管財人（receiver）を選任し，当該管財人に債務者の所有する全ての財産を管理させることができる（破産法17条）。また，債権者が財産の暫定的保全処分を申し立てる場合，これにより債務者に生じ得る損害について，裁判所から担保の提供を求められることがある。

なお，タイ法上，執行局（Legal Execution Department）に所属する公務員が裁判所の任命に基づき破産及び事業更生手続（後記(2)参照）の管財人を務める制度となっており，一般に管財人は破産手続及び事業更生手続を監督する役割を

---

4) 5万バーツ以下の罰金が科される（法人に関する犯罪法34条）。

担っていると解される[5)]。

② その他の措置

上記の他，債権者は，裁判所へ破産手続を申し立てた後，裁判所に対して以下の申請を行うことができる（破産法16条2項）。

(a) 日の出から日の入りまでの時間に管財人に債務者の住居若しくは仕事場に立ち入らせ，債務者の財産，印鑑，帳簿，書類等を調査させること，債務者を尋問させ，又は債務者を召喚させること
(b) 裁判所の管轄区域から逃亡せず裁判所の要求に応じて出頭することを保証するため，債務者に裁判所の認める担保を提供させること。担保が提供されない場合，裁判所は1回につき1か月以下，合計で6か月以下の期間，債務者を勾留することができる
(c) 裁判所が破産を宣告するか，申立てを却下するか，又は債務者から相応な担保が提供されるまで逮捕状（arrest warrant）を発行し，債務者を勾留すること

上記(a)から(c)の暫定的措置の申請にあたり，債権者は裁判所に対して以下の点を立証しなければならない（破産法16条1項）。

(i) 債務者が，債権者による債権回収を妨害すること，又は遅延させることを意図して，裁判所の管轄区域を離れているか，離れようとしていること，又はすでにこれを離れ，未だ管轄区域外に留まっていること
(ii) 債務者が，債権者らの破産手続の申立てに資する財産，印鑑，帳簿，書類等を裁判所の管轄区域から遠ざけるために隠匿，隠ぺい，譲渡，売却若しくは移管していること，又はそれらを行おうとしていること
(iii) 債務者が債権者に対する詐害行為を行っているか，行おうとしていること，又は破産法に罰則が規定されている違法行為を行っているか，行おうとしていること

5) もっとも，破産手続における管財人と事業更生手続における管財人とでは手続上の役割が大きく異なる。破産手続においては，財産の暫定的保全処分及び確定的保全処分に基づいて管財人が債務者の財産の管理処分権限を有するが，事業更生手続においては，債務者の財産の管理処分権は事業更生計画作成者に属し，管財人は主に手続進行を監督する役割を有する（後記(2)参照）。

債務者は裁判所に対して上記のような暫定的措置の取消しを申し立てることができるが，裁判所は，債務者からの申立てのない場合でも，自己の裁量で命令を取り消す，又は別の命令をなす権限を有する（破産法18条）。

また，債権者が不当に裁判所に前記①又は②の暫定的措置を申し立てた場合，債務者は，裁判所に対して申し立てることにより，裁判所が適当と認める額の賠償金を求めることができる。また，債権者が裁判所の命令に従わない場合，当該債権者に対して強制執行をすることができる（破産法29条）。

(オ) 財産の確定的保全処分

債権者が破産手続の申立てを行った場合，裁判所は前記(1)(ア)破産手続の申立てで述べた要件を検討し，これらが充足されていると裁判所が判断した場合には財産の確定的保全処分を決定する。一方で，これらが充足されていないと判断した場合や，債務者が支払能力を証明した場合又は債務者が破産すべきではないその他の理由がある場合には，裁判所は申立てを棄却する（破産法14条）。

財産の確定的保全処分制度は，債務者が破産状態に陥るような状態でも，裁判所が破産を宣告する前に，債務者が債権者と債務の弁済について合意する（和議）機会を与えることを目的としており，破産手続の申立てを受けた債務者には破産が宣告される前に必ず和議の機会が与えられる。

財産の確定的保全処分が決定された場合，管財人は，官報及び1紙以上の日刊新聞で財産の確定的保全命令（absolute receivership order）を掲載し，債権者に対してその確定的保全を公示する。公示内容には，破産手続の申立てがあった旨，裁判所による命令がなされた日，債務者の氏名・住所・職業，債権者による債権の届出期限が記載される必要がある（破産法28条）。

なお，暫定的保全処分と異なり，確定的保全処分に関しては，債権者に対して担保の提供は要求されない。

(カ) 財産の確定的保全処分による効果

① 財産の管理

確定的保全処分の決定は裁判所の令状とみなされ，裁判所に選任された管財人は，債務者の資産や事業に関連する印鑑・帳簿・書類及び債務者が占有する財産，又は第三者が占有し破産手続において債権者へ配当することが可能な財産等を差し押さえる権限を有することとなる（破産法19条1項）。

この場合，管財人は債務者の住居や債務者が占有する場所に立ち入り，必要に応じて鍵や扉，金庫等を壊すことも可能とされている（破産法19条2項）。差し押さえた財産は，原則として裁判所が債務者の破産を宣告するまでは売却されない（破産法19条3項）。

債務者に帰属する財産が隠匿されていると信じるに足る十分な根拠がある場合，裁判所は，当該財産の所在特定のため管財人又は裁判所職員へ捜索令状（search warrant）を発行することができる（破産法20条）。通常は，管財人が執行官（execute officer）へ財産の差押えを要請する。

これに対し債務者は，債務者の財産・印鑑・帳簿・書類及び債務者の事業を管財人に明け渡す義務があり（破産法23条），裁判所，管財人又は債権者集会の命令に基づく場合を除き自らの資産や事業を管理してはならないとされている（破産法24条）。また，債務者は財産の確定的保全処分を受けてから24時間以内に，管財人へ自身がパートナーとなっているパートナーシップの有無につき報告しなければならず，さらに確定的保全処分を受けてから7日以内に自身の資産・負債，支払不能となった理由，債権者一覧，担保として債権者に提供した財産とその提供日，今後債務者のものとなる財産，配偶者の財産，及び自身が占有する第三者の財産を書式に従って記載し，これを提出しなければならない（破産法30条）。

② 債務者の権利の制限

財産の確定的保全処分を受けた債務者（破産宣告を受け，復権していない債務者を含む）は，破産法により，以下のとおりその権利が制限される（破産法67条）。

(a) 債務者は，管財人の定める債務者とその家族の生活に必要な生活費の額から生計を立てなければならない。

(b) 債務者は6か月毎に，自身の収支を記載した帳簿を管財人に提出して報告し，また，何らかの財産を受領する場合には，債務者はその都度，管財人に対して書面にて報告しなければならない。

(c) 債務者は裁判所又は管財人が書面により許可した場合を除き，国外に渡航してはならない。また，債務者がその住居を移す場合には，新しい住所を管財人に通知しなければならない。

③ 訴訟の取扱い

債権者は，財産の確定的保全処分の前であれば，いつでも債務者に対して破産法に基づき弁済を受け得る自己の債権に関する民事訴訟を提起することができる（破産法26条）。但し，民事訴訟の係属後に財産の確定的保全処分が命じられた場合には，債務者に代わって管財人が当事者となる。その場合，管財人は裁判所に対して訴訟の停止を請求することができ，裁判所は，訴訟を停止することの他適切と判断する命令をなす権限を有するとされている（破産法25条）。

財産の確定的保全処分後は，債権者による民事訴訟の提起は認められず，すでに民事訴訟において判決を得た債権者（judgment creditor）やすでに訴訟を提起した債権者を含め全ての債権者は，破産法に定める手続に従った管財人への配当請求によってのみ債務の弁済を求めることができる（破産法27条）。

(キ) 管財人

管財人は，債務者の財産の配当処理を調整するとともに，債務者及び関係者に対して以下のような権限・責務を有するため，破産手続において重要な役割を有することとなる。

① 債務者の財産を管理・処分し，継続している債務者の事業を終了させること（破産法22条1号）
② 債務者の金銭，財産又は債務者が第三者より受領する金銭若しくは財産を回収すること（破産法22条2号）
③ 債務者の財産について原告又は被告として訴訟の当事者となること，又は第三者と和解すること（破産法22条3号）
④ 破産手続中に債務者又はその他の者が破産法に定める違法行為を犯している疑

いのある場合，捜査を実施すること（破産法160条）

⑤　債務者の事業を継続すべき事由がある場合に，債権者集会で承認を受けた上で自らその一切を管理すること，又は第三者若しくは債務者にその権限を与えること（破産法120条）

⑥　裁判所の要請に応じて債務者の事業や行為に関して裁判所に報告するとともに，裁判所による債務者への照会を援助すること（破産法142条）

㈠　債権者集会

財産の確定的保全処分により選任をされた管財人は，債務者が申し出る和議（和議については後記㈦和議を参照されたい）を受け入れるか，裁判所に対して破産宣告を申し立てるかを検討し，債務者の財産の管理方法について協議するため，できる限り速やかに債権者集会を招集しなければならない。招集にあたり，管財人は債権者集会の開催日時・場所を開催日の少なくとも7日前までに1紙以上の日刊新聞上で掲載して公告するとともに，可能な限り各債権者に対して通知するものとされている（破産法31条）。

財産の確定的保全処分を受けた債務者は，債権者集会へ出席し，集会において管財人や債権者からの質問に回答しなければならない（破産法64条）。

2回目以降の債権者集会は，管財人が必要と判断した場合，法律で開催が義務づけられた場合，裁判所の命令による場合，届出がなされた債務総額の4分の1以上の債権を有する債権者が書面で要求した場合に開催される。この場合，管財人は債権者集会の開催日時・場所及びその議題を開催日の3日前までに債権を届け出た債権者に通知する他，債権者による債権の届出期限が到来していない場合には，債務者が作成した債権者一覧に名前が記載されているか又はその他の証拠から明らかで，且つ，届出をしていない債権者にも通知する（破産法32条）。

債権者集会で投票が可能な債権者は，債権の届出をすることができる債権者で，且つ，集会前に債権の届出をした債権者に限られる（破産法34条1項）。債権者は，代理人を選任して自身の代わりに集会に出席させることも可能であるが（破産法34条2項），一般の配当以外の方法により当該債権者が債務者の財産から利益を受ける結果につながる議題については，当該債権者及びその代理人は投票することができないとされている（破産法34条3項）。

管財人は全ての債権者集会で議長を務め，議事録を作成した上で署名する（破産法33条）。また，集会での決定事項が，法律の規定に反しているか，債権者全員の共通の利益に反していると判断した場合には，管財人は集会日から7日以内に裁判所へ当該決定事項の実行禁止命令を要請することができる（破産法36条）。

㈴ 和　議

和議（composition）とは，債務者がその債務の一部の弁済又はその他の方法による債務の弁済を債権者に提案し合意するための破産法上の手続で，財産の確定的保全処分を受けてから破産宣告を受ける前に行われる和議と，破産宣告を受けた後に行われる和議に分けられる。

① 破産宣告前の和議

債務者は，債権者との間で債務の一部の弁済又はその他の方法による債務の弁済の合意を希望する場合，前記㈹①財産の管理のとおり自身の資産・負債，支払不能となった理由等を記載した書面を提出してから7日以内又は管財人が指定する日までに，管財人へ和議を書面にて提案することとされている（破産法45条）。債務者の和議案を受け入れるかどうかは債権者集会で検討される。和議の受入決定には，債権者らによる特別決議[6]を得なければならない（破産法45条）。和議の受入れを決議する債権者集会において，債権者は，債権者集会の前日までに管財人へ書面で通知することにより投票することも認められており，この場合，債権者自らが債権者集会に出席し，投票したものとみなされる（破産法48条）。

第1回債権者集会開催後，裁判所は直ちに債務者の公開尋問を実施し，債務者の事業・財産，支払不能になった理由，破産法及びその他の法律に反する行為の有無等を確認する（破産法42条1項）。管財人は公開尋問の日時をその7日前までに債務者及び債権者らに通知するとともに，1紙以上の日刊新聞に公

---

6) 債権者集会に自ら又は代理により出席し投票した債権者の過半数，且つ，債権総額の4分の3以上を占める債権者による賛成（破産法6条）。

告する（破産法42条2項）。公開尋問で債務者は，管財人，債権を届け出た債権者，又は裁判所による質問に自ら回答しなければならず，代理人を立てることは認められていない（破産法43条）。公開尋問が行われない限り，原則として債務者が提案する和議案を裁判所が承認することはできないとされている（破産法51条）。

債権者集会での特別決議により和議が可決された場合，債務者又は管財人は裁判所に対して和議の承認を請求することができる（破産法49条1項）。請求を受けた裁判所は，和議の承認につき検討するための日程を決め，管財人は，その7日前までに債務者及び債権者に通知するとともに，3日前までに和議，債務者の財産・事業，債務者の行為に関する報告書を裁判所に提出する（破産法49条，50条）。

和議の承認を判断するにあたり，裁判所は管財人が提出する報告書と，債権を届け出た債権者により申し立てられた異議がある場合にはそれを参考に検討する。なお，かかる債権者は，たとえ債権者集会の際に和議案に賛成していたとしても，裁判所に対して和議の異議を申し立てることができる（破産法52条）。

裁判所が和議を承認した場合，管財人は和議が承認されてから7日以内に官報及び1紙以上の日刊新聞に公告する（破産法55条）。裁判所により承認された和議は全ての債権者を拘束し，債務者は和議に定める内容以外の債務から解放されることとなる（破産法56条）。

② 破産宣告後の和議

債務者は，裁判所から破産宣告を受けた後であっても和議を申し出ることができ，この場合，和議の提案等の手続については前記①破産宣告前の和議における手続が準用される。但し，債務者が以前に提案した和議案が否決されている場合には，その決定から3か月以上の間隔を空けなければ和議を申し出ることができないとされている（破産法63条1項）。

裁判所が破産宣告後の和議を承認した場合，債務者を破産状態から解き，財産の管理権を与えるか，裁判所が適当と判断する命令をなすことができる（破産法63条2項）。

(コ) 破産宣告

破産法では，裁判所は，管財人が第1回債権者集会を開催した後，以下のいずれかの場合に，債務者に対して破産を宣告する権限を有すると定めている。

① 債権者集会において，債権者が破産宣告の申立てを決定した場合（破産法61条）
② 債権者集会において何らの決議も行われなかったとき，又は全ての債権者が債権者集会に出席しなかった場合（破産法61条）
③ 和議が承認されなかった場合（破産法61条）
④ 和議は承認されたものの，(i)債務者がこれに従った債務弁済をしない場合，(ii)和議の履行が不可能又は不当に遅延する可能性があると裁判所が判断した場合，又は，(iii)裁判所に対する詐欺又は不正行為によって和議が承認された場合のいずれかであって，管財人又は債権者が裁判所に和議の終了及び破産宣告を申し立てた場合（破産法60条）

裁判所により破産が宣告された場合，管財人は官報及び1紙以上の日刊新聞で破産者の氏名・住所・職業及び破産が宣告された日を公告する（破産法61条2項）。この場合，債務者は財産の確定的保全処分を受けた日から破産していたものとみなされることとなる（破産法62条）。

(サ) 債務の弁済請求

① 弁済請求手続

財産の確定的保全処分が決定した場合，債権者は，すでに民事訴訟で勝訴している債権者であるか，民事訴訟が係属中の債権者であるかにかかわらず，破産法に基づく弁済手続によらなければ弁済を受けることができない（破産法27条）。財産の配当による債務弁済を希望する債権者は，原則として財産の確定的保全処分の公示日から2か月以内に，管財人に対して，債権の詳細とその証拠を届け出なければならない。但し，債権者が（その国籍にかかわらず）タイ国外に居住している場合は，請求期限が最長で2か月延長され得るとされている（破産法91条）。

② 弁済請求が可能な債務

破産手続において弁済請求が可能なのは，その弁済期限にかかわらず財産の確定的保全処分の前に債務の原因が発生した債務に限られる。但し，以下のいずれかに該当する債務は弁済請求が認められていない（破産法94条）。

(a) 法律の禁止事項，若しくは倫理に反して生じた債務，又は強制執行が不可能な債務
(b) 債権者が債務者の支払不能を知りつつ発生させた債務（但し，債務者の事業を継続させるために発生させた債務を除く）

③ 担保権者による債務弁済請求

担保権者については，弁済請求をせずに自ら担保権を実行するか，破産法の手続により配当を請求するかのいずれかを選択できる。弁済請求をせずに担保権を実行する場合，担保権者は管財人による担保目的物の確認に応じなければならない（破産法95条）。破産法の手続により配当を請求する場合は，債権者は以下のいずれかの条件の下で弁済を請求することができる（破産法96条）。

(a) 当該担保権者が，担保として提供された財産を全債権者のために引き渡すことに同意した場合には，債権の全額について権利を主張することができる。
(b) 当該担保権者が，担保として提供された財産に対してすでに担保実行していた場合には，差額の未払債務について権利を主張することができる。
(c) 担保権者が管財人に，担保として提供された財産を競売により売却することを要求した場合には，差額の未払債務について権利を主張することができる。
(d) 担保権者が担保として提供された財産について査定を行った場合には，当該査定額との差額について権利を主張することができる。この場合，管財人はかかる財産を当該査定額で受け戻すことができる。

但し，法律の定めに基づき債務者が担保価値よりも多額の責任を負担しなく

てよい場合には，上記の規定は適用されないとされている（破産法97条）。

担保権者が債務の弁済を請求する場合，当該担保権者は自らが担保権者であることを宣言（債権の届出の際に提出する書面に自らが担保権者であることを記載）しなければならない。かかる宣言がなされなかった場合，当該担保権者は担保として提供された財産を管財人に返還しなければならず，当該担保権者の当該財産に対する権利は，かかる宣言の欠缺が誤って生じたものであることを裁判所に証明しない限り，消滅する。この場合，裁判所は担保として提供された財産の返還を命じることにより，又はその他の適切と認められる条件の下で，届出書の内容の変更を認めることができるとされている（破産法97条）。

④ 外国債権者による弁済請求

外国に居住する外国債権者が破産法の手続に則り債務の弁済請求を希望する場合，以下の要件を追加で満たさなければならない（破産法178条）。

(a) 当該外国債権者の国の法律及び裁判所における破産手続において，タイの債権者が債務者に対し債権を主張する権利が同様に与えられている旨を証明すること

(b) タイ国外で当該債務者の財産を受領する，又は財産の配当を受領する権利があるかを申告し，その権利がある場合には，タイ国外で当該債務者から受領した財産又は配当額をタイ国内の債務者の財産に加える旨を宣誓すること

⑤ 弁済請求の審査

財産の確定的保全処分から２か月が経過した場合，管財人は速やかに債務者及び債権者らを招集し，債権者による債権の届出を確認する。この際，管財人はその７日前までにその招集について知らせなければならない（破産法104条）。債権の届出の確認に際して，管財人は，債権者，債務者，又はその他の者を呼び出し，これについて照会することができるとされている（破産法105条）。特に異議が申し立てられない債権者については，別段の判断をすべき理由がある場合を除き，裁判所が弁済の許可を与えることとなる（破産法106条）。

㈳ 債権者を害する行為及び特定の債権者に有利となる行為の取消し

① 債権者を害する行為の取消し

民商法典 237 条[7] では,「詐害行為」とは債権者を害することを知りつつ行われた,何らかの法的行為を指すと規定されているが,債務者がこの詐害行為を行っていた場合,管財人は裁判所に対して当該詐害行為の取消しを請求することができるとされている(破産法 113 条)。なお,これによって利益を受けた第三者が,債権者が不利益を被るべきことを知らなかった場合には,管財人は取消しを請求することができないが,かかる行為が無償行為である場合には,債務者側において債権者がその行為により不利益を被るべきことを認識していることのみをもって管財人は取消しを請求することができるとされている。また,法的行為の対象が物に対する権利ではない場合には,管財人は法的行為の取消しを請求することができない。

さらに,上記詐害行為が破産手続の申立てが行われた日の前 1 年以内に行われた場合,無償行為である場合,又は債務者が相当の対価を取得していない場合には,債務者及びこれによって利益を受けた者は,債権者を害することを知って当該行為をしたものと推定される(破産法 114 条)。

② 特定の債権者に有利となる行為の取消し

破産手続申立ての日の前 3 か月以内に,特定の債権者を他の債権者よりも有利にすることを目的に,債務者が自らの財産を譲渡した場合,又は債務者が何らかの行為を行った場合若しくはそれらの行為を許容した場合,管財人は当該行為の取消しを裁判所に請求することができる(破産法 115 条 1 項)。

また,上記行為により有利になる債権者が債務者の関係者[8] である場合,裁判所は破産手続申立ての日の前 1 年以内に行われた行為についても取り消

---

7) 民商法典 237 条

1 項:債権者は,債務者が債権者を害することを知りつつ行った法的行為の取消しを裁判所へ請求することができる。但し,その法的行為により利得を得た者が,債権者が不利益を被るべきことを知らなかった場合には,この限りでないが,かかる行為が無償行為である場合には,債務者側のみの認識をもって取消しを請求するに足りる。

2 項:法的行為の対象が財産権(property right)ではない場合,前項の規定は適用されない。

8) 債務者の関係者とは,㋐債務者の取締役,㋑債務者の過半数の株式を保有する株主,㋒債務者の配偶者及び未成年の子供,㋓債務者と㋐㋑㋒の者が合わせて 30% 超の株式を保有している会社等とされている(破産法 6 条)。

すことが可能とされている（破産法115条2項）。

もっとも，破産手続の申立てが行われる前に，善意で相当な対価をもって取得した第三者の権利はかかる取消しによる影響を受けないとされている（破産法116条）。

(ス)　債務者の財産の配当

債務者の財産のうち，債権者への配当の対象とされる財産は以下のとおりである（破産法109条）。

① 破産宣告を受けた時点で債務者に帰属する全ての財産，及び第三者の財産に対する債権。但し，以下を除く。
  (a) 債務者及びその扶養家族（配偶者と未成年の子）の生計維持のために必要な身の回り品
  (b) 家畜，農作物，又は債務者が生計を立てるために使用している仕事道具で，その価値の合計が10万バーツを超えないもの
② 破産宣告から復権までの間に債務者が取得した財産
③ 破産手続の申立ての時点で債務者が所有者であったと推認される状況下において，債務者が，業務や取引の過程で真の所有者の承諾を得た上で所持し又は管理していたもの

管財人は，破産宣告の後速やかに，債務者の財産から管財人報酬その他の費用を控除した残額をもって，債権者に対して初回の配当を行わなければならない。その後原則として遅くとも6か月以内に次の配当が行われるが，裁判所が適当と判断した場合には，6か月の期間が延長される場合がある（破産法124条）。

管財人は，財産が配当される前に，配当表を債権者及び債務者に確認させるための日程と場所を決め，その7日以上前に1紙以上の日刊新聞にて公告するとともに，債権者及び債務者にこれを通知しなければならない。配当表に対し債権者らによる異議がない場合には，当該表の内容が正しいものとみなされ，管財人により配当手続が進められることとなる（破産法126条）。利害関係者に

より何らかの異議が唱えられた場合には，管財人はその異議を検討した上で，適当と判断する命令をなす（破産法127条）。

㈦ 破産者の復権

破産者の復権は，破産者自らが裁判所に復権の申立てを行った上で裁判所の命令により復権する場合（judicial discharge）と，法定の期間を経過した場合の自動的復権（automatic discharge）に分けられる（破産法67/1条）。

① 裁判所の命令による復権

裁判所の命令による復権は，破産者による裁判所への申立てに基づき（破産法68条），破産者が財産の半分以上を債権者に配当していること，且つ不正行為がないことを証明できる場合に認められることとされている（破産法71条）。

復権命令がなされた場合，破産者は債務の弁済請求（前記㈥②参照）が許されるあらゆる債務から解放されるが，(a)租税，(b)破産者の不正又は詐欺行為による債務，及び破産者が関与した不正・詐欺行為により請求がなされなかった債務を除くものとされている（破産法77条）。

② 自動的復権

自動的復権は，自然人の破産者が破産宣告を受けてから3年後に自動的に復権するものである。但し，次のいずれかに該当する場合はこの限りでない（破産法81/1条）。

(a) 当該破産者が以前に破産宣告を受けたことがあり，以前の破産宣告を受けてから，財産の確定的保全処分を受けるまで5年が経過していない場合，自動復権までの期間は5年に延長される。

(b) 当該破産者に不正行為があり，下記(c)に該当しない場合，自動復権までの期間は10年に延長される。但し，特別な理由がある場合で，破産宣告を受けてから5年以上が経過していた場合，裁判所は10年に達する前に当該破産者の復権を命じることができる。

(c) 公衆を欺く借入に関する法律に基づく公衆を欺く借入行為[9]により破産した場合，自動復権までの期間は10年に延長される。

破産者が復権した場合，管財人は官報及び1紙以上の日刊新聞にその旨を公告しなければならないとされている（破産法81/1条3項，76条）。

(ソ) 破産の廃止

復権手続に加え，以下のような場合，管財人又は利害関係者は，裁判所に破産の廃止を請求することができる（破産法135条）。

① 破産手続の申立人である債権者が裁判所費用，手数料又は保証金を支払わず，他の債権者からも協力が得られないことにより管財人が債権者らのために活動することが困難な場合
② 債務者が破産宣告を受けるべきでなかったことが証明された場合
③ 債務が全額弁済された場合
④ 最後の配当又は債権者に配当される財産がなくなってから10年間にわたり債権者へ配当される財産がなく，いずれの債権者も管財人に対して財産の回収を要請しない場合

上記①又は②を理由に破産が廃止される場合，債務者はその債務を免除されないとされている（破産法136条）。

破産者が裁判所による破産廃止の決定を受けた場合，管財人は官報及び1紙以上の日刊新聞にその旨を公告しなければならないとされている（破産法138条）。

(2) 事業更生

(ア) 事業更生の目的

事業更生（business reorganization）は，破産法90/1条から90/90条に規定されており，非公開会社と公開会社の他，特定の法律に基づき設立された法人

9) 公衆を欺く借入行為とは，自ら又は第三者に対して融資を提供した場合には金融機関が支払う法定金利額以上の利益が支払われることを10人以上の者に対して広告し，自ら若しくは第三者が融資を受けた資金を別の債権者への弁済に充てること，又は広告した利益を支払うような事業を営むことが不可能であることを知りながら借入を受ける行為を指す。

（以下，総称して「債務者」という）に適用され（破産法 90/1 条），支払能力のない債務者の事業維持と更生を目的としている。

破産手続では，債務者は債権者に配当できる資産が乏しいことから資産配分の決定が難しくなることが多く，債務者の信用も著しく失われるが，事業更生手続では，破産手続の下での会社清算価値に基づく弁済よりも多い弁済が期待され，債務者も事業を継続することができるため，債務者と債権者の双方にとってより有益な解決となり得る。

(イ) 事業更生手続の開始の申立て

事業更生手続の開始を申し立てることができる者は主に以下のとおりである（破産法 90/4 条）。

① 合計で 1000 万バーツ以上の確定した債権額を有する単独又は複数の債権者（担保権者であるか否かにかかわらない）
② 債務者
③ 債務者の事業を監督する政府当局（タイ銀行，タイ証券取引委員会，保険庁等）

また，事業更生手続の対象となり得る債務者は，①支払不能状態にあり，債務の弁済期限にかかわらず単独又は複数の債権者に対する確定した債務総額が 1000 万バーツ以上である債務者，及び，② 1000 万バーツ以上の債務について債務不履行に陥った債務者とされており（破産法 90/3 条），この場合には，上記①から③の当事者は，すでに同じ債務者に対し破産手続の申立てがなされているか否かにかかわらず，裁判所に事業更生手続の開始を申し立てることができる（破産法 90/2 条）。

但し，以下のいずれかの場合，事業更生手続開始の申立ては認められない（破産法 90/5 条）。

① 債務者の財産に対して裁判所が確定的保全処分を命じている場合
② 清算手続が完了しているか否かにかかわらず裁判所又は登記官が債務者の法人登記の取消しを命じているか，債務者の解散が登記されているか，その他の理由により債務者が解散している場合

事業更生手続開始の申立てに際して提出する申立書には以下のことを明記しなければならない（破産法90/6条）。

① 債務者が支払不能であること
② 債務者が総額1000万バーツ以上の債務を負う単独又は複数の債権者の氏名と住所
③ 事業更生の合理的な根拠と見込み
④ 事業更生計画作成者（plan preparer）の氏名と資格
⑤ 事業更生計画作成者の書面による承諾

事業更生計画作成者には，個人，法人，団体，債権者又は債務者の経営者が就任することができる（破産法90/6条2項）。

事業更生手続開始の申立てを受けた裁判所は，直ちに申立ての審理を行わなければならないが，これに先立ち，裁判所は審理の予定日を新聞公告等の方法により公示しなければならない（破産法90/9条）。審理において，その申立てが破産法に定める要件を充足しており，事業更生を履行し得る合理的な見込みがあり，申立人によって誠実に申立てが行われたと裁判所が判断した場合，事業更生の命令がなされる（破産法90/10条）。一旦なされた申立ては裁判所の許可がない限り取り下げることはできず，事業更生が開始された後は裁判所が取下げを許可することは認められていない（破産法90/8条）。

(ウ) 自動停止

裁判所により事業更生手続開始の申立てが受理されてから，事業更生計画の

履行期間の終了日，事業更生計画の履行が完了した日，裁判所が申立てを却下若しくはケースリストから削除した日，事業更生の命令を取り消した日，事業更生を廃止した日又は債務者の財産の確定的保全処分を命じた日のいずれかまでの間，債権者及び各利害関係者につき，以下の行為が禁止される（破産法90/12条）。これを「自動停止（automatic stay）」といい，債務者に対する保護措置となる。

① 債務者である法人の解散を裁判所に請求すること
② 債務者である法人の解散を登記すること，又はその他の事由により債務者が解散すること
③ 裁判所の許可が得られた場合を除き，政府当局が，債務者の事業に対して付与された許認可を剥奪すること，又は事業の停止を命じること
④ 裁判所による別途の判断がなされた場合を除き，裁判所が事業更生計画を承認した日より前に生じた債務について債務者の財産に関して民事訴訟を提起すること又は債務者が責任若しくは損害を負う可能性のある紛争に関して仲裁を申し立てること，破産手続の申立てを行うこと
⑤ 裁判所による別途の判断がなされた場合を除き，裁判所が事業更生計画を承認した日より前に生じた債務の訴訟に関して判決を得ている債権者が債務者の財産に対して強制執行すること
⑥ 裁判所の許可が得られた場合を除き，担保権者が担保権を実行すること
⑦ 自ら債務の弁済を執行できる債権者が，債務者の財産を没収又は売却すること
⑧ ハイヤーパーチェス契約，売買契約，賃貸契約等の契約により債務者が占有する債務者の事業において重要な財産の所有者が，当該財産の返還を請求すること，及び当該財産に関する訴訟を提起すること。但し，裁判所による別途の判断がなされた場合，事業更生が命じられてから2回連続でこれらの契約における対価が支払われなかった場合，又は重大な契約違反があった場合を除く。
⑨ 裁判所による別途の判断がなされた場合を除き，債務者の事業の通常の運営を継続するために必要なとき以外に，債務者が財産を譲渡，売却，賃貸し又は債務を負担すること
⑩ 事業更生手続開始の申立てを受理した日より前に裁判所が債務者の財産の差押え，押収，譲渡・処分禁止の仮処分を命じていた場合，又は管財人が暫定的に選任されていた場合，裁判所はその執行を留保することができる。

⑪ 電気・水道・電話等の公共サービス事業者が債務者への供給を停止すること。但し，裁判所の許可が得られた場合又は事業更生が命じられた日以降に生じた代金が２回連続で支払われなかった場合を除く。

自動停止により権利の制限を受けている債権者又はその他の利害関係者は，自動停止による権利の制限が事業更生に必要ではない，又は担保権者の権利が十分に保護されていない場合には，裁判所に対して，自己の権利を制限している自動停止について変更又は取消しを請求することができる（破産法90/13条）。

もっとも，以下の場合には，担保権者の権利は十分に保護されているものとみなされる（破産法90/14条）。

① 担保権者に対して，権利制限に服する担保財産の当該制限によって生じた価値の減少分に相当する金額が支払われた場合
② 担保権者に対して，元の担保の補償のため，権利制限に服する担保財産の当該制限によって生じた価値の減少分に相当する担保が提供された場合
③ 担保権者が同意するその他の措置がとられた場合，又は担保権者が事業更生手続の終了時に事業更生手続開始申立て時における担保財産の価値に相当する支払（利息及び契約上の利益の支払を含む）を受けることができると裁判所が判断するその他の措置がとられた場合

自動停止により禁止される訴訟若しくは強制執行にかかる時効期間，又は仲裁手続の申立て期限が自動停止の終了前に到来する場合，又は終了した日から６か月以内に到来する場合，これらの時効期間又は期限は自動停止が終了した日から１年後に到来するものとみなされる。但し，当初のこれらの時効期間又は期限が１年未満であった場合，当該期間が適用されることとなる（破産法90/15条）。

(エ) 事業更生命令後の手続

裁判所が債務者の事業更生を命じた後の手続は以下のとおりである。

① 事業更生計画作成者の選任

事業更生計画作成者は，申立人の推薦に基づき裁判所が選任する。但し，債務者又は債権者が別の作成者を推薦するか，申立人の推薦する作成者が適任でないと裁判所が判断する場合，管財人は債権者集会を招集し，当該集会にて事業更生計画作成者が決定される。また，裁判所が債権者集会の決定に同意しない場合には，管財人は速やかに再度債権者集会を招集し，別の事業更生計画作成者を選任する必要がある（破産法 90/17 条）。

事業更生計画作成者は，債務者の事業及び財産を管理する権限を有するとともに，債務者の株主としての権利（但し，配当を受ける権利を除く）も有することとなる（破産法 90/25 条）。

② 暫定的経営者

事業更生計画作成者が選任されるまでの間，裁判所は１人又は複数人の暫定的経営者（interim executive）を任命する。暫定的経営者は，事業更生計画作成者が選任されるまでの間，管財人の監督の下，債務者の事業及び財産を管理することとなる（なお，債務者の経営者も暫定的経営者となることができる）。管財人は，暫定的経営者に対して会計・財務記録等の詳細の説明を命じることができる。裁判所が適当と判断した場合，又は管財人が申し立てた場合，裁判所は暫定的経営者を解任して新たな暫定的経営者を任命することができる。新たな暫定的経営者が任命されていない間は，管財人が債務者の事業及び財産を管理する権限を有する（破産法 90/20 条）。

③ 債権者による債権の届出

債権者は，すでに訴訟を提起した債権者であるか，すでに民事訴訟において判決を得ている債権者であるかにかかわらず，事業更生手続においてのみ債務の弁済を受けることができる。債権届出書（application for repayment of debt）は，事業更生計画作成者の選任が公示された日から１か月以内に，管財人へ提出されることとなる（破産法 90/26 条）。届出の対象となるのは，弁済期限の到来の有無や条件付きであるか否かを問わず，事業更生が命じられる前の原因に基づいて生じた債権[10]に限定されるが，法律の禁止事項若しくは倫理に反して

10） その他の債権は，通常の訴訟等により弁済を受ける必要があると解される。

生じた債務，又は強制執行が不可能な債務は除かれる（破産法 90/27 条）。債権者が上記の期日までに債権を届け出ない場合，事業更生計画に別段の定めがあるか又は裁判所が事業更生命令を取り消さない限り，債権の弁済を受ける権利を喪失する（破産法 90/61 条）。

債権を届け出ることができる債権者は以下のグループに分類される（破産法 90/42 条 bis）。

(a) 事業更生手続において債権を届け出ることができる債権総額の 15% 以上の担保付債権を有する担保権者 1 人につき 1 グループとする。
(b) (a)に分類されない担保権者らを総じて 1 グループとする。
(c) 担保権を有しない債権者らのうち，請求権又は利益の大部分が一致又は類似している債権者らをそれぞれ 1 グループとする。
(d) 法律又は契約により，他の債権者が全額弁済された場合に限り弁済を受け得る債権者らを総じて 1 グループとする（破産法 130 条 bis）。

同じグループの債権者は同等の権利を有し，同様の取扱いを受けるとされている（破産法 90/42 条 ter）。

破産手続同様，担保権者は，弁済を受けるにあたり，事業更生の債権届出の手続を介さずに担保権を実行する方法と，破産法に定める債権届出を行った上で事業更生計画に基づいて弁済を受ける方法のいずれかを選択することができる。

④ 事業更生計画

事業更生計画作成者は，選任の旨が官報に公示された日から 3 か月以内に管財人へ事業更生計画を提出し，債権者らと債務者にもその写しを送付する（破産法 90/43 条 1 項）。但し，この期日は 1 回につき 1 か月，最高で 2 回まで延長することが認められている（破産法 90/43 条 2 項）。

事業更生計画には以下の内容を記載することとされている（破産法 90/42 条）。

(a) 事業更生の理由

(b) 事業更生が命じられた時点における債務者の資産・負債その他の義務
(c) 事業更生の方針と方法
(d) 担保物の受戻しと保証人の責任
(e) 事業更生計画遂行中における一時的な流動性不足に対する対応策
(f) 債権譲渡又は債務移転の場合の取扱い
(g) 事業更生計画管理者[11)](plan administrator)の氏名・資格・報酬・書面による承諾
(h) 事業更生計画管理者の選任・退任(任期)
(i) 5年を超えない計画遂行期間
(j) 資産又は契約上の権利にこれらから得られる利得を超える負担が伴う場合,資産又は契約上の権利の受領を拒否する旨

管財人は債権者集会を開催し,事業更生計画を承認するかどうかを決定する(破産法90/44条)。事業更生計画は以下のいずれかの場合に限り承認されることとなる(破産法90/46条)。

(i) 各債権者グループにおいて,債権者集会に自ら又は代理により出席し投票した債権者の過半数且つ債権総額の3分の2以上の賛成があった場合
(ii) 事業更生計画を承認したとみなされる特定の債権者[12)]でない少なくとも1債権者グループにおいて(i)の要件を満たす決議があり,且つ,各債権者グループの集会において事業更生計画に賛成投票した債権者の総債権額が,債権者集会に自ら又は代理人により出席して投票した債権者の総債権額の半分以上を占める場合(クラムダウン)

債権額を算出するにあたり,事業更生計画を承認したとみなされる特定の債権者は,債権者集会に出席し,事業更生計画に賛成投票したものとして扱われ

11) 事業更生計画管理者とは,事業更生計画に基づき債務者の事業及び財産を管理する者を指す(破産法90/1条)。
12) 事業更生計画を承認したとみなされる特定の債権者とは,事業更生計画作成者から,事業更生計画が裁判所により承認された場合に,承認された日から15日以内に債務の全額に利息を加えた金額を弁済する旨を提案された債権者等を指す(破産法90/46条bis)。

る（破産法 90/46 条 2 項）。

⑤ 裁判所による承認

債権者集会において事業更生計画が承認された場合，さらに裁判所による承認を受ける必要があるため，管財人は速やかに債権者集会の結果を裁判所へ報告する。裁判所による事業更生計画の審理は，管財人からの報告を受けてから速やかに実施されるものとされており，管財人は少なくとも 3 日前までに事業更生計画作成者，債務者及び債権者らに事業更生計画の審理の期日を通知しなければならない（破産法 90/56 条）。

裁判所は，以下の要件が充足されていると判断した場合，事業更生計画を承認する（破産法 90/58 条）。

1. 法定の記載事項（前記④の(a)から(j)）が全て記載されていること
2. 債務弁済案が，同じ債権者グループにおける債権者の間で不公平ではなく，また，債権者集会における事業更生計画の決議がクラムダウン（上記④の(ii)）によって可決された場合，当該計画における債務弁済案が破産手続に基づく財産の配当の順序と同じであること
3. 事業更生計画が遂行された場合に，債権者に対する弁済額が破産を宣告した場合を下回らないこと

裁判所が事業更生計画を承認した場合，遅延なくその旨を事業更生計画作成者及び事業更生計画管理者に通知する。また，事業更生計画管理者がその通知を知った時点から，事業更生計画作成者のあらゆる権利義務は事業更生計画管理者に移行する（破産法 90/59 条）。事業更生計画管理者は計画の変更や遂行期間の延長を申し出ることができる。遂行期間の延長は原則として 2 回まで，1 回につき 1 年まで認められるが，事業更生計画がほぼ完了していることが明らかな場合は，さらなる遂行期間の延長も認められる（破産法 90/63 条）。事業更生計画管理者は，定期的に管財人へ計画の遂行状況に関する報告書を提出しなければならないとされている（破産法 90/66 条）。

なお，事業更生計画の承認は，債務者とパートナーシップを組む者，債務者とともに連帯責任を負う者及び債務者の保証人に対しては拘束力を有さない

（破産法 90/60 条 2 項）。

裁判所が事業更生計画を承認しない場合，裁判所は債務者について破産宣告すべきかを検討することとなる（破産法 90/58 条 3 項）。

(オ)　債権者を害する行為及び特定の債権者に有利となる行為の取消し

①　債権者を害する行為の取消し

破産手続と同様，債務者が民商法典に定める詐害行為を行っていた場合，事業更生計画作成者，事業更生計画管理者又は管財人は，裁判所に対して当該詐害行為の取消しを請求することができるとされている（破産法 90/40 条 1 項）。

かかる詐害行為が事業更生手続開始の申立てが行われた日の前 1 年以内に行われた場合，無償行為である場合，又は債務者が相当の対価を取得していない場合には，債務者及びこれによって利益を受けた者は，債権者を害することを知って当該行為をしたものと推定される（破産法 90/40 条 2 項）。

②　特定の債権者に有利となる行為の取消し

事業更生手続開始の申立ての日の前 3 か月以内に，特定の債権者を他の債権者よりも有利にすることを目的に，債務者が自らの財産を譲渡した場合，又は債務者が何らかの行為を行った場合若しくはそれらの行為を許容した場合には，事業更生計画作成者，事業更生計画管理者又は管財人は，裁判所に対して当該行為の取消しを請求することができる（破産法 90/41 条 1 項）。

また，上記行為により有利になる債権者が債務者の関係者[13]である場合，裁判所は事業更生手続開始の申立ての日の前 1 年以内に行われた行為についても取り消すことが可能とされている（破産法 90/41 条 2 項）。

もっとも，事業更生手続開始の申立てが行われる前に，善意で相当な対価をもって取得した第三者の権利はかかる取消しにより影響を受けないとされている（破産法 90/41 条 3 項）。

---

13)　債務者の関係者とは，(ア)債務者の取締役，(イ)債務者の過半数の株式を保有する株主，(ウ)債務者の配偶者及び未成年の子供，(エ)債務者と(ア)(イ)(ウ)の者が合わせて 30% 超の株式を保有している会社等とされている（破産法 6 条）。

(カ) 事業更生手続の終了

事業更生計画で定める期限内に計画の遂行が完了した場合，債務者の経営者，事業更生計画管理者，暫定事業更生計画管理者又は管財人が裁判所へ報告し，事業更生手続の終了を申し立てることとされている（破産法 90/70 条 1 項）。一方，事業更生計画で定める期限内に計画の遂行が完了しなかった場合，裁判所は証拠資料，管財人・債権者による報告内容，及び債務者による異議申立内容に基づき破産宣告の是非を検討し，破産宣告が相当と判断する場合は，財産の確定的保全処分を命じるのに対し，債務者に破産宣告をするのが相当でないと判断するに足る合理的な根拠のある場合には，事業更生手続を終了する（破産法 90/70 条 2 項）。事業更生手続が終了した場合，債務者の経営者が事業及び財産の管理を再開することが認められる（破産法 90/75 条 1 号）。また，事業更生手続中は債務者の株主は株主としての権利が制限されるところ，事業更生手続の終了をもって当該権利が復権することとなる（破産法 90/75 条 2 号）。

事業更生手続の終了をもって，債務者は，すでに債権者が届け出た債権を除き，事業更生手続において届け出ることができた債権にかかる債務から免除されることとなる（破産法 90/75 条）。

なお，事業更生手続の終了は，それまでに事業更生計画作成者，暫定的経営者，事業更生計画管理者，暫定事業更生計画管理者及び管財人が行った行為には影響を与えない（破産法 90/76 条）。

あとがき

本書は，主としてタイへの進出を企図している，又は，既に進出済みの日本企業の担当者を対象として，タイにおける法務に関する事項を網羅的且つ平易に解説することを企図している。

タイにとって日本は主要な経済パートナーであり，日タイ間の貿易や日系資本の投資，その他日系企業の現地での活動実績も長年にわたって積み重なっていること等に鑑みると，今後も，日本企業が東南アジアにおける事業展開・投資を検討するにあたり，タイは主要な候補となる。

このような進出・投資に先立つ外資規制を含む進出スキームの検討や，進出後の事業運営の観点から，日本企業の担当者において，タイの法務面に関する情報が必要となる場面は多いと考えられる。もっとも，タイは，東南アジアの中では法制度の整備が進んでいるといわれる一方で，法令解釈や法執行に関して法令と実務が一致しない面があることや，当局の広範な裁量が認められていること等，他の東南アジア諸国と同様に予測可能性が高いとは必ずしもいえない。そのような，巷で入手できる一般的な情報から解決できない点に関する肌感覚やリスク認識が，タイでの実務経験を有しない日本企業の担当者の悩みどころとなることが多いように思われる。また，2020 年以降の新型コロナウイルスの感染拡大に伴う社会経済状況の変容に対応すべく，緊急勅令等の形でスピード感をもって制度が導入されることも多くなっている。

実務の積み重ねにより取扱いがある程度確立している部分と，当局や裁判所の裁量に委ねられる予測可能性が低い部分とを区別して把握することは可能であり，そのような分類の勘所をつかむことは日本企業の担当者にとっても有益であろう。

本書においては，以上のようなタイにおける法務面の特徴も踏まえ，一般的な法的事項の説明に留まらず，現地実務に精通した弁護士の知識・経験に基づいて，上記のような分類をも可能な範囲で試みている。一般的な法的事項の説明については読者自身による検討に役立てていただきつつ，他方で，そのような説明から一義的な結論が導かれない部分については，個別の事実関係に基づく詳細な分析検討や当局への照会・相談が必要と考えられるため，現地弁護士にご相談いただくことが肝要である。

西村あさひ法律事務所は，2013年7月にバンコク事務所を開設し，タイでビジネスを展開する国際的なクライアントへのリーガルサービスを提供してきた。さらに2019年10月には，SCL Law Groupと経営統合することによって，現地の法令及び実務に精通したタイ法弁護士の陣容を大幅に拡充し，日本法人の進出案件等に加え，タイ現地法人がタイ国内で抱えるローカル案件にも対応できる体制を整えている。

本書が，タイの法務面に関する日系企業関係者の理解の一助となり，ひいては日本企業の東南アジアにおける事業展開や投資の促進に少しでも役立つことがあれば，筆者一同にとっての望外の喜びである。

2021年10月

西村あさひ法律事務所

事項索引

【欧　文】

【あ　行】

【か　行】

【さ　行】

【た　行】

【な　行】

【は　行】

【ま　行】

【や　行】

【ら　行】

【わ　行】

タイのビジネス法務

2021年12月25日　初版第1刷発行

編　者　西村あさひ法律事務所

発行者　江　草　貞　治

発行所　株式会社　有　斐　閣

郵便番号 101-0051
東京都千代田区神田神保町 2-17
http://www.yuhikaku.co.jp/

印刷・株式会社理想社／製本・牧製本印刷株式会社

ISBN 978-4-641-04830-0

西村あさひ法律事務所編

――「アジアビジネス法務の基礎」シリーズ――

ベトナムのビジネス法務〔第2版〕

2020年12月　390頁 3500円

インドネシアのビジネス法務

2018年11月　206頁 2600円

インドのビジネス法務

2020年9月　232頁 2600円

ミャンマーのビジネス法務

2020年12月　350頁 3300円